사회 지식 프라임

청소년을 위한 통합사회

사회
지식
프라임

강준만 지음

사회와 개인 사이의 균형을 위하여

"그 누구도 섬은 아니다No man is an island."

영국 시인 존 돈John Donne, 1572~1631이 모든 사람은 휴머니티라고 하는 대륙의 한 부분으로서 다른 사람들에게서 고립된 존재가 아니라는 뜻으로 1624년에 한 말이다. 그렇다. 우리 인간은 다른 사람과 이야기하고, 시선을 교환하고, 거래를 하고, 싸우기도 하는 등 늘 다른 사람을 상대하면서 살아간다. 우리는 다른 사람과 의사소통을 하며 그런 관계 속에서 자신을 바라보기도 하는 등 끊임없이 사회적 상호작용을 하면서 살아간다.[1]

그렇긴 하지만 홀로 고립된 섬처럼 살아가는 사람들은 날이 갈수록 늘고 있다. 오늘날 영국에선 외로움으로 인한 고통을 겪는 이들이 인구 6,500만 명 중 900만 명에 달해 급기야 '외로움 담당 장관

Minister for Loneliness'까지 생겼다.[2] 물론 이는 전 세계적인 현상이며, 한국도 예외는 아니다. MBC의 〈나 혼자 산다〉와 SBS의 〈미운 우리 새끼〉 등과 같은 예능 프로그램의 높은 인기가 말해주듯이, 사회 구성의 주요 단위인 가족의 모습이 달라지고 있다. 부부와 미혼 자녀 1~2명으로 이루어진 3인 또는 4인 가구는 이제 '가족'의 전형적인 모습이 아니다.

2015년 기준 전국 1,901만 3,000가구 중 '부부+미혼 자녀'로 구성된 가구는 613만 2,000가구(32.3퍼센트)로, 1인 가구(518만 가구·27.2퍼센트)와 부부로만 이루어진 가구(295만 2,000가구·15.5퍼센트)보다 많았다. 하지만 통계청이 2015년 인구주택총조사 자료를 기초로 해 만든 '장래 가구 추계(2015~2045년)'에 따르면 당장 내년(2019년)이면 1인 가구(590만 7,000가구)가 부부+미혼 자녀(572만 1,000가구) 가구를 추월하고, 2045년(1인 809만 8,000가구, 부부+자녀 354만 1,000가구)이면 그 차이를 2배 이상 벌리게 된다. 가족의 범위가 사실상 '개인'으로 수렴하는 시대가 임박한 것이다.[3]

1인 가구의 급증과 함께 고독사孤獨死도 크게 늘고 있다. 고독사란 가족, 이웃, 친구 간 왕래가 거의 없는 상태에서 혼자 살던 사람이 홀로 임종기를 거치고 사망한 후 방치되었다가 발견(통상 3일 이후)되는 죽음을 말한다. 아직 고독사에 대한 통계조차 없지만, 서울시에서 확실한 고독사 사례는 162건으로 이틀에 한 번꼴로 발생하며, 의심 사례는 연간 2,181건으로 하루 6건씩 발생한다.[4]

1인 가구와 고독사의 급증은 "사회란 과연 무엇인가?"라는 의문을 제기한다. 각자 고립된 섬처럼 살아가는 사회가 좋은가? 이 물음은 '사회적 인간'과 '경제적 인간' 중 어느 쪽을 우선시하느냐에 달려 있다. '사회적 인간'은 개인과 사회의 연결을 인정하고 사회를 변화시키려 노력하는 데 비해, '경제적 인간'은 우리가 사회라고 믿는 공동체에는 실제 무수한 개인만 존재하며 그 개인들은 자신의 이익을 극대화하기 위해 행동한다. 경제적 인간에 비판적인 사람들은 사회적 인간, 즉 '잃어버린 사회'의 복원이 필요하다고 역설한다.[5]

경제적 인간은 주류 자본주의 경제학의 뿌리인 신고전파 경제학new classical economics의 인간관이다. 신고전파 경제학은 경제 현상을 개별적 경제 주체들의 행동이 낳은 집합적 결과로 설명하는데, 1979년에서 1990년까지 영국 총리를 지낸 '철의 여인' 마거릿 대처Margaret Thatcher, 1925~2013가 "사회라는 것은 없다. 남자와 여자, 개인 그리고 가족만이 있을 뿐이다"고 말한 것은 바로 그런 입장을 반영한다.[6]

신고전파 경제학은 제2차 세계대전 이후 미국에서 지배적 위치를 차지하게 되었는데, 여기엔 그럴 만한 이유가 있었다. 신고전파가 뿌리를 내리던 시절은 사회주의 사상이 자본주의의 존립을 위협하던 시절이었는데, 경제와 사회현상을 집단이나 계급에 근거하여 대립적 시각에서 분석하는 사회주의의 경제학 방법론은 지배 계층인 보수주의자들의 입장에서 보면 커다란 위협이었다. 따라서 "사회라는 것은 없다"며 각 개인의 성공과 실패의 요인을 각자 책임으로 돌리는 것은 지배 세력에는 좋은 논리였다.[7]

이렇듯 어떤 사회가 바람직한가 하는 것은 이념 문제와 직결되기 때문에 사람마다 생각이 다를 수밖에 없다. 하지만 그 어떤 유형의 사회를 원하건 그건 어디에 더 중점을 두느냐 하는 차이일 뿐 모든 사람이 합의할 수 있는 한 가지 원칙은 있다. 그것은 개인 문제를 무조건 사회 탓으로 돌리거나 사회 문제를 무조건 개인 탓으로 돌리는 양극단을 피하면서 사회와 개인 사이의 균형을 바로잡는 일이 필요하다는 것이다.

이 책은 그런 균형 감각을 갖기 위해선 우선 우리가 살고 있는 사회에 대한 이해부터 제대로 할 필요가 있다는 취지하에 자유, 평등, 정의, 인권, 행복, 문화, 환경, 시장, 세계화 등 9개의 주제로 나누어 사회에 대한 탐구의 길에 나섰다. 각 주제당 5개의 글로 총 45개의 소주제를 다루었는데, 탐구의 흥미를 자극하기 위해 모두 "왜?"라는 질문 형식의 제목을 붙였다.

왜 "왜?"라는 질문이 필요할까? 2017년에 나온 한국보건사회연구원의 「한국 국민의 건강 행태와 정신적 습관의 현황과 정책 대응」 보고서는 그 필요성을 잘 시사해주고 있다. 이 보고서에 따르면, 우리 국민 10명 중 9명이 '하나를 보면 열을 안다고 생각하는 것(선택적 추상화)'이나 '세상 모든 일은 옳고 그름으로 나뉜다고 생각하는 것(이분법적 사고)' 등과 같은 '인지적 오류' 습관을 갖고 있는 것으로 나타났다.[8] 이런 '인지적 오류'를 극복하고 세상을 올바로 관찰하고 올바른 판단을 내리는 데엔 "왜?"라는 질문을 던지는 게 큰 도움이 될 수 있다. 깊은 생각 없이 습관적으로 고정관념stereotypes에 의존해

관찰하고 판단하는 버릇을 의심해볼 수 있기 때문이다.

"왜?"라는 질문은 어떤 사회적 갈등에 대한 양극화된 태도마저 변화시킬 수 있다. 미국 일리노이대학 심리학과의 연구팀이 세계무역센터, 즉 9·11 테러의 현장에서 두 블록 떨어진 곳에 세워진 이슬람커뮤니티센터에 대한 시민들의 의견을 물은 연구 결과가 그걸 잘 말해준다. 연구팀이 1차 실험에서 항공기가 세계무역센터로 향하는 사진을 보여준 뒤 이슬람센터에 대한 의견을 묻자 진보파와 보수파의 견해가 극단적으로 갈리는 사실이 확인되었다.

2차 실험은 다른 자원자를 대상으로 하되 한 가지를 추가했다. 건강 유지와 관련된 3차례의 질문에 연속해서 대답하게 만든 것이다. 이때 한 그룹에는 "왜?"라고, 다른 그룹에는 "어떻게?"라고 물었다. 그 결과 "왜?"에 답변한 그룹은 이슬람센터에 대해 좀더 온건한 견해를 갖게 된 것으로 나타났다. 보수파와 진보파의 답변이 서로 근접한 것이다. 이와 달리 "어떻게?" 그룹에선 변화가 나타나지 않았다. 연구팀은 "'왜?'라는 질문은 사람들로 하여금 보다 큰 그림을 그리고 자신과 반대되는 관점에서 문제를 바라보는 추상적 사고를 유도한다"고 설명했다. 이에 비해 "어떻게?"라는 구체적인 질문은 당장 눈앞에 있는 특정한 대상에 집중하게 만든다는 것이다.[9]

우리는 무슨 일에서건 꼬치꼬치 따져 묻는 사람을 좋아하지 않는다. 그 심정은 얼마든지 이해할 수 있지만, 문제는 이런 습성이 필요 이상으로 확대되고 고착화되어 "왜?"라고 묻는 게 꼭 필요한 일에서조차 "왜?"를 회피한다는 데에 있다. 무슨 일이 생기면 왜 그런 일이 생기게 되었는가 하는 분석을 건너뛰고 곧장 문제 해결로 달려드는 경우가 너무 많다. 심지어 공적인 사회문제들마저 그런 취급을 받는다. 물론 성공하기 어렵다. 원인을 잘 모르거나 무시하면서 내놓는 답이란 건 뻔하기 때문이다. 그저 사람들이 보기에 그럴듯한 추상적이고 당위적인 주장만 난무할 뿐이다.

우리는 사회적으로 불미스러운 일이 생길 때마다 그 당사자들을 비판함으로써 그 일의 원인마저 그 사람들 때문이라는 식으로 마무리 지으려고 하는데, 이게 옳은 경우도 있지만 그렇지 않은 경우도 많다. 사람 탓만 하는 식의 해법은 그런 일들이 사람만 바뀐 채 계속 일어날 수밖에 없게 만드는 결과를 초래할 뿐이다. 한 걸음 더 들어가 "왜?"라는 질문을 던지는 게 필요하고, 바로 여기서 이론이 요구된다. "왜?"라는 질문의 전부는 아닐망정 상당 부분은 이론이 있을 때에 더 쉽고 정확하고 일관되게 설명할 수 있다. 이론은 사실상 인과관계에 대한 설명이기 때문이다.

우리 사회의 모든 문제에서부터 개인의 심리 문제에 이르기까지, 이론을 알거나 이론을 찾으려고 노력하면 도움 되는 게 많다. 특히 사실과 정보의 홍수 또는 폭발이 일어나고 있는 디지털 시대에 이론의 필요성은 더욱 커졌다. 사실과 정보의 홍수에 휩쓸려 떠내려가는 사람이 점점 더 많아지고 있기 때문이다. 이 책에 실린 45개의 글이 대부분 이론을 다루고 있는 것도 바로 그런 이유 때문이다. 물론 이론에 대해서도 끊임없이 "왜?"라는 질문을 던져야 한다. 그렇게 열린 자세로 이론을 이용해 좀더 긴 '시야'와 깊은 '안목'을 갖고 세상을 이해하고 꿰뚫어보려는 노력을 해보자. 그런 노력을 하는 데에 이 책이 작은 도움이나마 될 수 있기를 바란다.

2018년 2월

강준만

차례

제1장

자유

왜 자유에 대한 생각이
사람마다 다를까?

소극적 자유와 적극적 자유

"자유가 아니면 죽음을 달라!" 흔히 자유에 관한 명언으로 거론되는 이 외침은 1775년 3월 23일 영국의 지배를 받던 식민지 시절의 미국 애국자인 패트릭 헨리Patrick Henry, 1736~1799가 영국에 대한 미국인들의 무장봉기를 호소한 연설에서 한 말이다. 미국은 1776년 7월 4일 독립선언을 하고 7년간의 독립전쟁 끝에 1783년 영국에서 완전히 독립한 자유국가가 되었다.

이후 자유는 미국의 본질이라고 해도 좋을 정도로 미국인들의 사랑을 받는 단어가 되었다. 호주 작가 돈 왓슨Don Watson은 "미국을 여행하다 보면 자유라는 케케묵은 말을 귀 따가울 정도로 자주 듣는다"며 "우리가 아는 자유와 미국인들이 아는 자유는 그 개념이 다르다"고 말한다.[1] 미국인들이 생각하는 자유와 호주인들이 생각하는 자유가 정말 다를까? 개인별로 차이가 있기 때문에 그렇다고 단언할 수는 없지만, 그토록 수많은 총기 난사 사건이 터져도 많은 미국인이 여전히 '개인 총기 소유'를 기본적인 자유의 문제로 인식하는 걸 보면 미국인들의 자유 개념이 유별난 건 분명하다. 미국인들은 자유를 '간섭의 부재'로 생각하는 경향이 있다. 국가를 비롯한 누군가가 자신을 간섭하지 않고 자유롭게 놔두면 그게 곧 자유라고 생각하는 경향이 있다는 것이다. 그러나 과연 그게 자유의 전부일까?

영국의 역사가·철학자·정치사상가인 이사야 벌린Isaiah Berlin, 1909~1997은 1958년 '자유의 두 가지 개념'이라는 강연에서 자유를 '소극적 자유negative freedom'와 '적극적 자유positive freedom'로 구분했다. 소극적 자유는 남의 간섭과 방해를 받지 않고 원하는 대로 행동할 수 있는 권리가 보장되는 자유이며, 적극적 자유는 공동체 참여를 통해 자아실현을 할 수 있는 자유를 말한다.[2] 이 구분에 따르자면, 미국인들이 소중히 여기는 자유는 바로 소극적 자유다.

벌린은 소극적 자유를 진정한 자유로 보았으며, 적극적 자유는 가치에 관한 일원론적 관점을 전제한다는 점에서 위험하다고 보았다. 가치 일원론이란, "사람들이 믿어온 모든 적극적 가치들이 궁극적으로 양립 가능하며, 어쩌면 그것들 사이에 서로 밀접한 연관성이 있다는 확신"을 가리키는데, 이 관점에 따르면, "국가, 계급, 국민"이라는 주체가 이성이나 역사의 필연성이라는 이름 아래 진정한 자

유의 목표를 설정하고 사람들로 하여금 그것을 자발적으로 수용하도록 강제하는 것이 얼마든지 가능해진다.[3]

실제로 나치 독일과 구蘇소련과 같은 국가들이 바로 이 적극적 자유 개념에 호소하여 당시의 체제를 정당화했으며, 자신들이 자유의 진정한 친구인 양 확신하는 기이한 일이 벌어졌다.[4] 벌린은 그런 역사적 상황에 경종을 울리기 위해 '자유의 두 가지 개념'을 제시한 것이었다. 그는 훗날(1989년) 한 인터뷰에서 당시 기세를 올리던 사회주의, 공산주의 등 좌파적 사고에 대항해 자유주의를 옹호하려는 것이 자신의 의도였다고 고백했다.[5]

그렇다고 해서 벌린이 적극적 자유를 완전히 배제한 것은 아니다. 벌린이 적극적 자유에 비해 소극적 자유를 자유 개념의 핵심으로 삼은 이유는, 역사적으로 볼 때 적극적 자유에 대한 옹호가 오히려 자유에 대한 지배로 전도되는 경우가 많은 데 비해 소극적 자유는 그런 경우가 훨씬 더 드물다는 점이었다.[6]

1997년부터 2007년까지 영국 총리를 지낸 토니 블레어Tony Blair, 1953~가 1997년 사망 직전의 벌린에게 소극적 자유와 적극적 자유의 구분에 관한 편지를 쓴 것도 적극적 자유를 완전히 배제할 수는 없지 않느냐는 뜻에서였다. 벌린은 적극적 자유라는 개념을 여러 가지 다양한 의미로 사용했는데, 그중 몇 가지만이 전체주의적인 경향성을 갖고 있었다. 블레어가 적극적 자유 개념을 옹호한 것도 전체주의적인 경향성이 없는 적극적 자유도 있다는 이유 때문이었다. 블레어가 옹호한 적극적 자유 개념은 유럽과 북미의 중도좌파에 핵심

자유주의 자유주의liberalism는 개인의 자유를 중시하면서 사회와 집단은 개인의 자유를 보장하기 위해 존재한다고 보는 이데올로기다. 사회철학적으로는 개인의 합리성을 신봉하는 이념 체계로서 의회 민주주의와 시장경제를 주장하면서 방법론적으로는 사회현상에 대해 개인의 행동이 기반이 된다는 것을 기본 입장으로 삼는다. 그런데 자유주의는 최근 4세기 동안 서양 문명을 이끌어온 대표적인 이념이기 때문에 역사적으로, 각 나라마다 각기 다른 의미로 쓰여 혼란을 초래하고 있다. 예컨대, 미국 내 정치 세력은 크게 보아 보수파 Conservative와 리버럴Liberal로 구분되는데, 리버럴은 말 그대로라면 '자유주의자'이지만 보수적인 성격이 강한 유럽의 자유주의자와는 다르다. 미국에는 사회주의로 대표되는 진보 정치 세력이 독자적인 정당으로 뿌리를 내리지 못했기 때문에 리버럴은 자유주의자와 진보 세력을 아우르는 개념으로 쓰인다. 그래서 자유주의는 유럽에선 좌파가 우파를, 미국에선 우파가 좌파를 비난하기 위해 쓰고 있다. 한국에선 유럽과 미국의 용법이 혼재되어 쓰이기 때문에 더욱 혼란스럽고, 그래서 자유주의를 둘러싼 논쟁이 자주 일어난다. 예컨대, 김성구는 "오늘날 진보의 가장 위험한 적은 보수주의자들이 아니라 짝퉁 진보로 행세하는 자유주의자들이다"고 주장하는 반면, 김만권은 "이런 논리가 진보를 향해 '진보는 다 똑같다. 다 빨갱이다'라고 내뱉는 보수의 논리와 근본적으로 무엇이 다른지 알 수가 없다"고 반박한다. 홍훈, 「근대 경제학 내의 자유주의: 비판적인 관점에서 본 그 의미와 한계」, 『사회비평』, 제8호(1992년 9월), 51쪽; 김지석, 『미국을 파국으로 이끄는 세력에 대한 보고서: 부시 정권과 미국 보수파의 모든 것』(교양인, 2004), 101쪽; 김성구, 「진보의 적은 보수가 아니라 자유주의자들이다」, 『미디어오늘』, 2012년 3월 7일; 김만권, 『정치가 떠난 자리』(그린비, 2013), 71쪽.

전체주의 전체주의全體主義, totalitarianism는 개인의 모든 활동은 오로지 집단·사회·국가 등 전체의 존립과 발전을 위하여 존재한다는 이유로 개인의 자유를 억압하는 사상과 체제로, 그 전형적인 예는 독일의 나치즘 체제와 구소련의 스탈린 체제다. 오늘날엔 민주주의 국가에서 테러와의 전쟁 등을 이유로 개인의 모든 사생활을 감시하는 체제를 가리켜 '연성 전체주의soft totalitarianism'라고 부르는 것처럼 변형된 형태로 자주 사용되고 있다. 지그문트 바우만·레오니다스 돈스키스, 최호영 옮김, 『도덕적 불감증』(책읽는수요일, 2013/2015), 137쪽.

적인 역할을 했다.[7]

필립 페팃Philip Pettit, 1945~, 퀜틴 스키너Quentin Skinner, 1940~ 등은 간섭의 부재 또는 불간섭non-interference이 곧 자유를 의미하지는 않는다고 주장한다. 예컨대, 인자한 주인을 둔 노예는 아무런 간섭 없이 살아갈 수 있지만 자유롭다고는 할 수 없으므로, 자유의 반대말은 간섭이 아니라 종속 혹은 지배라는 것이다. 이들은 소극적 자유도 적극적 자유도 아닌 제3의 자유로 '비지배상태non-domination'를 강조하는 '공화주의적 자유'를 제시했다.

공화주의republicanism는 비지배 상태의 자유를 최대한 실현하기 위해 개인이 책임감 있는 시민으로서 중요한 공적 사안의 논의에 적극적으로 참여하고, 이를 위한 자치 구조와 제도가 갖추어져야 한다고 주장하는 정치철학적 견해를 말한다. 공화주의적 자유는 적극적 자유와 비슷해 보이지만, 어떤 일원론적 가치를 배제하면서 자의적 지배에서 해방되어 개인들의 이익과 목표를 추구하는 것을 자유로 본다는 점에서 차이가 있다.[8]

공화주의의 역사는 고대 그리스 철학자 아리스토텔레스Aristotles, B.C.384~ B.C.322의 시절까지 거슬러 올라가는데, 이 오래된 전통을 이어받은 오늘날의 공화주의를 '신공화주의'라고 한다. 신공화주의가 제시하는 비지배 자유의 원칙은 자유주의가 불간섭의 원칙에만 집착한 나머지 자율적인 개인의 공동체에 대한 헌신에 무관심했다는 점과 더불어 공동체주의가 선험적이고 자연발생적인 연대감을 지나치게 강조함으로써 개인의 자유를 파괴하고 다양성을 해칠 수 있

는 전체주의적 방향으로 전환될 수 있다는 우려를 동시에 극복할 수 있는 것으로 평가받고 있다.[9]

조승래는 공화주의 자유론은 오늘날의 세상을 지배하는 신자유주의에 도전할 수 있는 소중한 사유의 방식을 제공한다고 평가한다. 신자유주의가 빈부 양극화를 심화시키고 있는 상황에서 자유는 더는 간섭의 부재로서 소극적으로만 해석되어서는 안 되며, 진정한 인간적 자유는 강자와 약자가 아량과 시혜라는 종속적 관계로 맺어진 상황을 벗어나 동등한 시민으로서 입법과 정책 결정 과정에 평등하게 참여할 수 있을 때 가능하다는 것이다.[10]

"자유는 건전한 절제를 전제로 한다"는 건 누구다 다 동의하는 상식이지만, 우리가 일상적 삶의 작은 일에서조차 자주 절제하지 못하듯이, 절제란 결코 쉬운 일이 아니다. 그래서 평등을 위한 자유를 시도해보기도 전에 '불평등은 자유의 불가피한 결과'라며 자유와 평등은 양립하기 어렵다는 결론을 서둘러 내리는 경우가 많다.[11]

인류 역사가 자유와 평등을 추구해온 긴 여정이었던 만큼 둘을 양립시키기 위한 노력은 앞으로도 계속될 것이다. 그간 자유의 문명화 과정이 '~으로부터의 자유freedom from'에서 '~으로의 자유freedom to'로, 다시 거기에서 '~을 위한 자유freedom for'로 자유의 적용 외연이 확대되어왔듯이,[12] 자유를 적극적으로 해석하는 시도도 멈추지 않을 것이다. 그런 노력과 시도를 위해서라도 우리는 자유에 대한 생각이 사람마다 다를 수 있다는 점에 대한 이해를 분명히 해두는 게 좋다. 그래야 비교적 생산적인 상호 소통이 가능해지기 때문이다.

왜 우리는 때로 자유를
싫어하거나 두려워하는가?

자유로부터의 도피

"인간이라는 불행한 피조물은 그가 타고난 자유의 선물을 가능한 한 빨리 양도해버릴 상대방을 찾아내고자 하는 간절한 욕구밖에 갖고 있지 않다."[13]

러시아 작가 도스토옙스키Fyodor Mikhailovich Dostoevskii, 1821~1881의 『카라마조프의 형제』(1880)에 나오는 말이다.

"자유란 책임을 의미한다. 대부분의 사람들이 자유를 두려워하는 이유가 여기에 있다."

영국 작가 조지 버나드 쇼George Bernard Shaw, 1856~1950의 말이다.

아니 그게 말이 되나? 누가 자유를 싫어하거나 두려워한단 말인가? 하지만 에리히 프롬Erich Fromm, 1900~1980은 『자유로부터의 도피Escape from Freedom』(1941)에서 자유를 갈망하던 독일인들이 혁명으로 세운 '바이마르공화국(1919~1933년)'을 붕괴시킨 나치의 파시즘을 지지함으로써 사실상 자유로부터 도망치는 모습을 실감나게 그려냈다.

프롬은 『자유로부터의 도피』를 출간한 지 25년 후 "근대인은 아직도 모든 종류의 독재자들에게 자신의 자유를 넘겨주도록 갈망되고 있거나 유혹당하고 있다. 아니면 기계 속의 하나의 작은 톱니바퀴로 그 자신을 변화시킴으로써 자유를 상실하고 있으며, 잘 먹고 잘 입고 있긴 하나 자유인이 아닌 자동인형이 되고 말았다"고 주장했다.[14]

프롬은 문제의 원인이 대중의 '권위주의적 성격authoritarian character'에 있다고 보았다. 우리 인간은 성장 과정에서 부모의 보호와 권위에 의존하는 삶을 살다가 자립할 때에 충분한 힘을 갖지 못하면 오

TIP

히려 자유가 부담스러워진다. 이 부담을 이겨내지 못하면 성인이 되어서도 새로운 보호와 권위를 찾게 되는데, 이렇듯 자유로부터 도피하여 새로운 권위에 기대려는 심리 상태가 바로 '권위주의적 성격'이다.

권위주의적 성격은 개인적으로 권위주의를 내재화한 것으로, 그 핵심은 삶이 자기 자신, 자신의 관심, 자신의 소망 등이 아니라 그 밖에 있는 힘에 의해 결정된다고 믿는 확신이다. 프롬은 "이런 생각을 가진 사람이 행복할 수 있는 유일한 길은 이러한 힘에 굴종하는 데에 있다"며 "권위주의적 성격에서 나오는 용기란 본질적으로 운명 또는 그의 상관이나 지도자가 그에게 요구한 것을 견뎌내는 용기다"고 말한다.[15]

그런데 인간은 왜 그다지도 쉽게 권위에 복종하는 걸까? 프롬은 스스로 국가나 교회 혹은 일반적인 여론에 복종하고 있는 동안에는 안전하게 보호받고 있다고 느끼게 되며, 복종을 통해 자신이 경배하는 힘의 일부가 되고, 그리하여 스스로 강해진다고 느끼기 때문이라고 말한다. 또 그 힘이 자신을 대신해서 결정해줌으로써 자신은 잘못을 저지르지 않는다고 느끼며, 또한 그 힘이 자신을 지켜주기 때문에 결코 외로울 수 없으며, 이 권위가 자신으로 하여금 죄를 짓지 않도록 도와줄 것이며, 설사 죄를 짓는다 해도 이에 대한 벌은 단지 자신이 전지전능한 그 힘에게 되돌아가는 것에 불과하다고 생각하기 때문이라는 것이다.[16]

게다가 사람들은 나름의 확고한 심리적 방어기제를 갖고 있다. 자신의 주체성과 자발성을 강조하는 버릇이 바로 그것이다. 프롬은 많은 사람이 믿어 의심치 않는 자신의 자발성은 커다란 환상의 하나로 자기 자신 이외의 다른 사람의 영향을 받아서 유래된 것에 불과하다는 점을 강조한다. 결정을 내린 것은 자기 자신이라며 자신을 설득하는 데 성공할 수는 있지만, 우리는 사실상 고독에 대한 두려움과 우리의 생명과 자유와 안락에 대한 더 직접적인 위험에 사로잡혀 다만 다른 사람들의 기대에 따르고 있을 뿐이라는 것이다.[17]

제2차 세계대전 기간 중 나치 치하에서 600만 명의 유대인이 학살되는 동안 선량한 독일인들은 과연 무얼 하고 있었느냐는 의문과 관련해 프롬의 책은 출간 이후 오랫동안 폭넓은 공감을 얻었다. 독일 나치스 친위대 중령으로 제2차 세계대전 중 유대인을 학살한 전범인 아돌프 아이히만Adolf Eichmann, 1906~1962과 관련, 프롬은 『소유냐 존재냐To Have or to Be?』(1976)에서 '관료주의적 인간'의 문제를 제기했다. 그는 "아이히만은 관료의 극단적인 본보기였다. 아이히만은 수십만의 유대인들을 미워했기 때문에 그들을 죽였던 것이 아니다"며 다음과 같이 말했다.

"그는 누구를 미워하지도 사랑하지도 않았다. 아이히만은 '자신의 임무를 수행한 것이다.' 유대인들을 죽일 때 그는 임무를 충실히 수행했다. 그는 그들을 독일로부터 단지 신속히 이주시키는 책임을 맡았을 때도 똑같이 의무에 충실했을 뿐이다. 그에게 가장 중요한 것은 규칙을 준수하는 것이었다. 그는 규칙을 어겼을 때에만 죄의식을 느꼈다. 그는 단지 두 가지 경우에만, 즉 어릴 때 게으름 피웠던 것과 공습 때 대피하라는 명령을 어겼던 것에 대해서만 죄의식을 느꼈다고 진술했다."[18]

물론 오늘날의 관점에서 보자면 프롬의 주장은 다소 과장된 것으로 볼 수도 있겠지만, 전체주의 운동이 사라졌거나 그 역사조차 없었던 나라에서도 프롬의 메시지는 많은 것을 시사해주고 있다는 점에 주목할 필요가 있을 것 같다. 특히 '관료주의적 인간'의 문제가 그러하다.

윌리엄 화이트William H. Whyte, Jr., 1917~1999는 『조직 인간The Organization Man』(1956)에서 조직의, 조직에 의한, 조직을 위한 삶을 사는 인간형을 제시했다. 그는 "조직의 요구는 강력하고 끊임없다"며 "조직에 굴복해야만 마음의 평화를 얻는 것이다"고 했다.[19] '조직 인간'은 그간 미국 사회를 지배해온 프로테스탄트 윤리의 역사적 변형을 의미했다. 일과 근면, 절제된 만족과 같은 프로테스탄트 윤리가 '사회화'와 '순응주의'에 의해 대치된 것이다.[20] 미국에선 오늘날에도 지식인들이 미국인들의 그런 '자유로부터의 도피' 현상을 지적하고 있다. 예컨대, 데니스 저드Dennis Judd는 다음과 같이 말한다.

"미국인을 개인주의자로 보는 것은 난센스다. 우리는 가축이나 다름없는 국민이다. 범죄에 대해 걱정할 필요가 없으며 우리 재산이 안전하게 지켜질 것이라고 누군가 말해주기만 한다면 스스로의 많은 권리들을 포기할 체제순응적인 들쥐떼 같은 존재가 우리다. 우리는 공공 영역에서라면 결코 참지 않을 각종 제약들을 회사 생활에서는 감내한다. 그런데도 많은 사람들이 인식하지 못하고 있는 것은, 특정한 종류의 회사 내 생활이 점차 우리 모두의 미래 생활이 될 것이라는 점이다."[21]

한국에서도 '자유로부터의 도피'가 자주 거론된다. 과연 '자유로부터의 도피'가 이루어지고 있느냐 하는 건 보는 관점에 따라 다를 수 있겠지만, 우리가 자주 안전과 평안을 위해 권위에 굴복하고 사회에 동조함으로써 사실상 자신의 자유를 스스로 반납하거나 유예하는 유혹을 받는 경향이 있다는 건 부인하기 어려울 것이다. "자유란 책임을 의미한다. 대부분의 사람들이 자유를 두려워하는 이유가 여기에 있다"는 조지 버나드 쇼의 말을 다시 음미해보는 게 좋을 것 같다.

왜 모범적 시민이
희대의 살인마가 될 수 있는가?

악惡의 평범성

홀로코스트는 "과연 인간이란 무엇인가"라는 본질적인 의문을 불러일으킨다. 이런 의문과 관련하여 자주 논의되는 인물이 바로 앞서 언급한 아돌프 아이히만Adolf Eichmann, 1906~1962이다. 그는 독일 나치스 친위대 중령으로 제2차 세계대전 중 유대인을 학살한 혐의를 받은 전범이었다. 그는 독일이 패망할 때 독일을 떠나 도망쳐 아르헨티나에 정착했다. 그곳에서 약 15년간 숨어 지내다가 1960년 5월 11일 이스라엘 비밀 조직에 체포되어 9일 후 이스라엘로 압송되었다. 그는 1961년 4월 11일부터 예루살렘 법정에서 재판을 받았으며, 그해 12월 사형 판결을 받고 1962년 5월 교수형에 처해졌다.

홀로코스트 홀로코스트Holocaust는 독일 나치의 유대인 대학살을 가리키지만, 원래 소문자로 쓴 홀로코스트holocaust는 짐승을 통째로 구워 신 앞에 바치던 유대교의 제사 의식에서 유래된 말로 '대학살, 대파괴'를 뜻하는 단어다. 홀로코스트는 핵전쟁으로 인한 인류 섬멸의 가능성을 가리키는 상징적인 단어나 대학살의 일반 명칭으로 자주 사용되지만, 유대인들은 이런 용법을 좋아하지 않는다. 1986년 노벨평화상 수상자이며 미국의 유대인 지도자인 엘리 위셀Elie Wiesel, 1928~2016은 홀로코스트를 다른 고통과 비교하는 것은 "유대인 역사에 대한 총체적인 배신 행위"라고 주장했다. 노르만 핀켈슈타인, 신현승 옮김, 『홀로코스트 산업: 홀로코스트를 초대형 돈벌이로 만든 자들은 누구인가?』(한겨레신문사, 2003/2004), 84쪽.

미국 정치학자 해나 아렌트Hannah Arendt, 1906~1975는 『뉴요커』라는 잡지의 특파원 자격으로 이 재판 과정을 취재한 후 출간한 『예루살렘의 아이히만』(1963)이라는 책에서 '악의 평범성the banality of evil'이라는 개념을 제시했다. 아이히만이 유대인 말살이라는 반인륜적 범죄를 저지른 것은 그의 타고난 악마적 성격 때문이 아니라 아무런 생각 없이 자신의 직무를 수행하는 '사고력의 결여' 때문이라고 주장한 것이다.

아렌트의 이런 주장은 미국 전역에 걸쳐 엄청난 논쟁을 불러일으켰다. 악의 화신으로 여겨졌던 인물의 '악마성'을 부정하고 악의 근원이 평범한 곳에 있다는 주장 때문이었다. 아이히만이 평범한 가장이었으며 자신의 직무에 충실한 모범적 시민이었다고 하는 사실이 사람들을 곤혹스럽게 만들었다.

아이히만은 학살을 저지를 당시 법적 효력을 가지고 있었던 히틀

러의 명령을 성실히 수행한 사람에 불과했다. 그는 평소엔 매우 '착한' 사람이었으며, 개인적인 인간관계에서도 매우 '도덕적'인 사람이었다. 그는 재판에서 자신이 저지른 일의 수행 과정에서 어떤 잘못도 느끼지 못했고, 자신이 받은 명령을 수행하지 않았다면 아마 양심의 가책을 느꼈을 것이라고 대답했다.[22]

모범적 시민이 희대의 살인마가 될 수 있는 '악惡의 평범성'의 근거가 된 '권위에 대한 복종obedience to authority'은 이후 미국 심리학자 스탠리 밀그램Stanley Milgram, 1933~1984과 필립 짐바르도Philip Zimbardo, 1933~ 등의 연구에 의해서도 입증되었다.

밀그램은 나치 치하의 독일인들이 어떻게 수백 만 명의 유대인을 학살할 수 있었는지 알고 싶어서 1961~1962년 '권위에 대한 복종' 실험을 했다. 그가 1963년에 발표한 실험 결과는 엄청난 충격과 더불어 뜨거운 논란을 불러일으켰다. 어떤 실험이었던가?

참여자들은 실험의 목적을 알지 못한 채, 선생님 역할을 맡아 참여자들에게 보이지 않는 칸막이 너머에 있는 학생이 문제를 틀릴 때마다 전기 충격의 강도를 높이라는 지시를 받는다. 실험의 목적을 알고 있는 학생 역할의 협조자들은 전기 충격이 가해질 때마다 고통스러운 연기를 했으며, 이 소리는 참여자들이 모두 들을 수 있게 만들었다.

참여자 대부분은 학생의 괴로운 목소리를 듣고 몇 번 전기 충격을 주고 더는 할 수 없다는 의사를 표현했으나, 실험자가 "그 정도의 전기로는 사람이 죽지 않습니다. 결과에 대해서는 제가 모든 책임을 지겠습니다"라고 하자 놀랍게도 참가자의 65퍼센트(40명 중 26명)가 "제발 그만!"이라는 비명이 터져나오는 데도 450볼트에 해당하는 전기 충격에 도달할 때까지 버튼을 계속 눌렀다. 상식적으로 450볼트의 전기라면 거의 모든 사람이 죽을 수밖에 없는 데도 책임을 지겠다는 실험자의 권위에 쉽게 굴복한 것이다.[23]

1971년에 이루어진 짐바르도의 실험 결과도 가학적 성격 유형 아닌 사람들도 상황이 바뀌면서 쉽게 가학적 행태를 보일 수 있다는 사실을 보여주었다. 비가학적 성격 유형의 사람들로 하여금 죄수들을 통제하는 임무를 맡겼더니 이들도 잔인성, 모욕, 비인간화의 행태를 보이며 통제하기 시작했고 그 정도는 급속도로 상승했다는 것이다. 이 실험은 어떤 식으로 이루어졌던가?

미국 스탠퍼드대학의 심리학부 건물 지하에 가짜 감옥을 만들고 지역신문을 통해 실험 지원자를 모집했다. 모두 72명이 지원했는데, 이들 중에서 가장 정상적이고 건전한 사람 21명을 선발했다. 간수 역할을 맡은 사람들은 점점 더 잔인하고 가학적이 되어갔으며, 한 죄수는 36시간 만에 신경 발작 반응까지 보였다. 이런 문제들로 인해 연구자들은 원래 이 실험을 2주간 계속하려고 했지만 6일 만에 중단하고 말았다.[24]

정상적인 사람도 교도소라고 하는 특수한 상황에서는 '괴물'로 변할 수 있다고 하는 가설은 2004년 5월 바그다드의 아부그라이브Abu Ghraib 감옥에서 벌어진, 미군에 의한 이라크 포로 학대 파문으로 입증되었다. 포로들에 대한 고문과 학대는 미 정부의 비밀 작전 계획에 따른 것으로 국가 차원에서 저지른 전쟁 범죄임이 밝혀졌지만, 그렇다 하더라도 미군 병사들이 포로들을 짐승처럼 다룬 건 전 세계인들을 경악시켰다. 이 파문으로 인해 가장 유명해진 미군 일등병 린디 잉글랜드는 21세의 여군으로 함께 기소된 상병 찰스 그라너의 아이를 임신 중이었다. 그럼에도 그녀는 포로들에게 상상하기 어려운 수준의 학대 행위를 하면서도 웃는 모습을 보여주었다.

이 사건의 재판에 피고를 변호하는 전문가 증인 자격으로 깊이 개입했던 짐바르도는 "이라크에서 진행된 일들이 나로서는 전혀 놀랍지 않다"며 "교도소처럼 힘의 불균형이 심한 장소에서는 교도관들의 엄청난 자기 통제가 없다면 최악의 상황이 조성될 수 있다"고 말했다.[25]

스탠리 밀그램과 필립 짐바르도의 이론들을 가리켜 '상황주의situationism'라고 한다. 사람의 특성이 아니라 상황이 중요하고, 영혼보다는 맥락이 중요하다는 것이다. '악의 상황 이론situational theory of evil'이라고도 하는데, 그 반대는 '악의 기질 이론dispositional theory of evil'이다.[26] 인간의 덕을 강조하는 윤리학자들은 '인성 교육'의 중요성을 강조하지만, 상황주의는 '인성 교육'과 같은 지름길에 속지 말라고 경고한다.[27]

스탠퍼드대학 실험에서 이루어진 발견의 의미는 사이버공간에 적용시킬 수 있다. 사이버공간이 우리의 행동에 영향을 미치는 방식이나 영향력은 바로 가상으로 만든 감옥과 같은 환경이 간수와 죄수로 참가했던 사람들에게 미쳤던 영향력과 같다는 것이다. 이와 관련, 황상민은 "자신의 행동을 통제할 수 있다는 믿음은 사실이 아니며 대부분의 인간은 만들어진 환경, 즉 사이버공간에서 정해진 특성에 따라, 마치 연극 대본에 따르는 배우처럼 행동하게 된다"며 "가령 채팅을 하러 사이버공간에 들어갔을 때 우리는 일상생활에서 사용하는 말들과 다른 용어를 사용하여 대화할 뿐 아니라 쉽게 그 상황에서 요구하는 표현이나 행동을 적극적으로 하게 된다"고 했다.[28]

오프라인 세계에선 너무 착했기 때문에 그간 억눌린 게 있었을 테고, 그래서 비교적 익명匿名이 보장되는 온라인이라는 새로운 상황에서는 그 억눌림을 터트리고 싶어 하는 걸까? 실제로 경찰 수사를 받을 정도로 문제가 된 악플러들의 한결같은 공통점은 전혀 그럴 것 같지 않은 사람들이라는 점이다. 그들의 그럴 수밖에 없는 처지가 가슴 아프긴 하지만, 이는 사이버공간이 한恨풀이 성격의 배설 공간일 수 있다는 걸 말해준다. 그런 배설 행위에 박수를 보내는 이들도 정도만 덜할 뿐 비슷한 유형의 사람들로 보아도 무방하다. 실은 이들이 '간수' 역할을 하면서 악플러들의 인정 욕망을 자극하는 건지도 모른다.

모든 건 상황에 따른 것일 뿐, 악한 인간은 존재할 수 없는가? 그렇진 않다. 아렌트도 일부 가해자들의 가학 성향을 언급하면서 드물게나마 괴물들이 존재한다는 데에 동의했다. 도덕성이 결여된 사이코패스의 악행을 상황 탓만으론 돌릴 수 없다는 것이다.[29]

'악의 평범성'은 권위에 대한 복종 의식이 우리 모두에게 있으며, 사람에 따라선 그게 지나친 수준으로 나아갈 수도 있다는 경각심을 환기시킨 개념으로 이해하면 되겠다. 우리 인간이 너무도 쉽게 권위에 복종해 인간성을 상실할 수 있다는 사실은 인간의 자유란 과연 무엇인가 하는 근본적인 의문을 갖게 만든다.

왜 10대들은 획일적인
따라 하기에 집착하는가?

동조

평범한 부모들이 자식들에게 강조하는 처세술 중의 하나로 "더도 덜도 말고 중간만 가라"는 말이 있다. 중간을 가기 위해선 어떻게 해야 하는가? 늘 남들을 관찰해야 하고, 눈치가 빨라야 한다. 즉, '동조同調'의 기술을 익혀야 한다. 동조conformity란 원래 '형식form을 공유한다'는 뜻으로, "어떤 특정인이나 집단에서 실제적이거나 가상적 압력을 받아서 자기 자신의 행동이나 의견을 바꾸는 것"을 말한다.

정답이 C인 매우 쉬운 문제가 있다. 그런데 이 문제를 풀기 위해 모인 실험 참가자 5명 중 4명이 모두 오답인 A라고 말한다. 이 상황에서 자신 있게 정답 C를 외칠 수 있는 사람이 얼마나 될까? 실험 참가자 중 75퍼센트가 적어도 한 번은 다수의 의견을 따라 틀린 답을 말했다. 분명히 C가 정답이라고 생각하면서도 "주위 사람들이 모두 A라고 대답하게 되면 어떡하지? 내가 C라고 말하면 이 사람들이 나를 이상하게 생각하지 않을까, 내게 화를 내지 않을까, 아니면 더 나아가 나를 조롱하지 않을까?" 등과 같은 걱정에 빠진 사람들은 다수의 편에 서기 위해 자신의 판단과는 다른 선택을 하게 된다는 것이다.

이는 미국 사회심리학자 솔로몬 애시Solomon E. Asch, 1907~1996가 1952년에 실시한 '동조 연구' 실험 내용이다. 애시는 이 실험을 통해 사람들이 인지된 집단 압력에 굴복하여 자신들이 확실하게 믿고 판단하는 것조차도 거부한다고 주장했다. "남과 다르다는 것에 대한 두려움 때문에 남들과 똑같이 표현을 하면서 동질감과 소속감을 찾는다"는 것이다.[30]

애시는 왜 이런 실험을 했을까? 폴란드계 유대인으로 제2차 세계대전 이후에 연구 활동을 시작한 애시는 어떻게 그 많은 독일인이 자신들의 자유를 포기하고 사람을 대량 학살한 나치의 이데올로기를 흔쾌히 따를 수 있었는지 알아내기로 결심했다.[31] 우리는 부화뇌동附和雷同에 대해 안 좋게 이야기하지만, 애시의 연구 결과는 '인간은 부화뇌동하는 동물'이라는 걸 말해준다. 애시는 "우리 사회에서 순응하려는 경향이 이렇게 강하다는 것은, 다시 말해 선량하고 지적인 젊은이들이 상황에 따라서는 흑백도 뒤바뀔 수 있다는 생각을 기꺼이 받아들인다는 것은 심상치 않은 문제이다"며 "우리가 얻은 결과는 현재의 교육 방법이나 우리 행동의 지침이 되고 있는 가치관에 의문을 제기하고 있다"고 말했다.[32]

사실 애시의 실험에서 참가자들에게 틀린 답을 말하라고 요구한 사람은 없었지만, 실험 참가자들은 집단의 의견을 거스른다는 생각 때문에 괜히 스스로 불편해한 나머지 틀린 답을 택한 것이다. 우리의 일상적 삶에서도 옷은 어떻게 입어야 한다고 말하는 사람은 거의 없지만, 우리는 다른 사람들을 의식해 옷은 어떻게 입는 것이라는 나름의 규칙들을 갖고 있다. 이런 삶의 방식에 대해 심리학자 샘 소머스Sam Sommers는 다음과 같이 말한다.

"그런 의미에서 우리는 스스로 생각하는 것만큼 독립적인 개개인은 아니다. 동조하려는 경향의 가장 흥미로운 측면은 아마 그것이 우리 행동의 아주 미묘한 부분에까지 영향을 끼친다는 점일 것이다. 즉 다른 사람의 직접적인 간청 없이도 우리의 사고와 행동은 급격하게 변할 수 있다. 그것이 바로 우리 행동을 좌우하는 보이지 않는 손이다. 그 보이지 않는 손이 우리 머릿속을 가득 채우고 있다."[33]

애시의 연구는 17개 국가에서 133번이나 재연되었는데, 그 결과들을 종합해보면, 개인의 정체성이 타자와 연결되어 발달하는, 소위 집단주의 문화권에서는 집단에 순응하는 비율이 개인주의 사회에서보다 높았다. 서유럽과 북미가 25퍼센트 수준을 보인 반면 아프리카, 오세아니아(남태평양의 여러 섬), 아시아, 남미는 평균 37퍼센트를 나타냈다. 개인적 차이도 있다. 자존감이 높은 사람은 집단의 영향력을 덜 받지만, 권위적 성격의 소유자는 그런 영향력에 더 많

TIP

사회적 증거 사회적 증거social proof는 사람들이 하는 행동이나 믿음은 진실일 것이라고 생각하는 경향을 말한다. 미국 심리학자 스탠리 밀그램은 1968년 남자 1명을 길모퉁이에 세워놓고 텅 빈 하늘을 60초 동안 쳐다보게 하는 실험을 실시했다. 대부분의 행인은 그냥 지나쳤다. 다음번엔 5명이 똑같은 행동을 하도록 했다. 길을 가다 멈춰 서서 빈 하늘을 응시한 행인은 이전보다 4배 많아졌다. 15명이 서 있을 땐 길 가던 사람 가운데 45퍼센트가 멈춰 섰으며, 하늘을 응시하는 사람들의 수가 늘어나자 무려 80퍼센트가 고개를 올려 하늘을 쳐다보았다. 이 실험에서 나타난 것처럼 사람들은 동료의 압력이나 징계가 두려워 하늘을 본 것이 아니라, 정말 볼 것이 없다면 많은 사람이 쓸데없이 하늘을 응시하겠느냐고 생각했기 때문에 따라서 한 것이다. 이게 바로 동조와 다른 점이다. 강준만, 「왜 좋은 뜻으로 한 사회고발이 역효과를 낳을 수 있는가?: 사회적 증거」, 『생각의 문법: 세상을 꿰뚫는 50가지 이론 3』(인물과사상사, 2015), 33~38쪽.

이 휘둘린다.[34]

동조는 미디어의 선택과 활용 과정에서도 나타난다. 특히 SNS는 그 어떤 다른 미디어보다 동조를 촉진하는 경향이 있다. SNS에서 다수를 점하는 의견이 실제보다 다수로 보이고, 소수를 점하는 의견이 실제보다 소수로 보여, 다수는 점점 더 득세하고 소수는 점차 사라지는 현상이 SNS의 의견 흐름에 나타날 수 있는데, 이런 과정은 SNS 내에서 증폭되는 동조 과정을 통해 여론 지각에서 착시나 오해가 발생할 수 있다는 것을 말해준다.[35]

동조와 유사 개념으로 '사회적 증거social proof', '응종compliance', '복종obedience'이 있다. 사회적 증거는 그 어떤 압력을 느끼지 않더라도 그냥 다수의 행동을 믿고 따라하는 것을 말한다. 응종은 '명시적' 요청이나 부탁이 있을 때 이를 들어주는 것을 말한다. 의사의 지시를 따른다든지, 친구의 부탁을 들어준다든지, 외판원의 구매 요청에 응한다든지 하는 것들이 모두 응종에 속한다. 복종은 권위를 부여받은 사람의 명시적 명령에 따르는 것을 말한다.[36]

부정적인 일의 경우, 응종이나 복종보다 무서운 게 동조다. 아무런 흔적을 남기지 않기 때문이다. 놈 슈펜서Noam Shpancer는 "우리는 언제 동조하고 있는지조차 모를 때가 있다. 그것이 바로 우리의 홈베이스이자 우리의 기본 모드이기 때문이다"고 말한다. 그는 동조를 뇌 속에 새겨져 있는 '디폴트default(초깃값)'로 간주한다. 우리는 생존과 성공을 위해 동맹이 필요하다는 걸 본능적으로 알고 있다는 것이다.[37]

동조는 나쁘거나 바람직하지 못한 걸까? 우리는 공식적으로는 그렇게 평가하는 경우가 많지만, 비공식적으로는 "혼자 사는 세상이 아니다"는 상식에 더 기우는 경우가 많다. 동조에 대해 현실적인 자세를 취하는 실뱅 들루베Sylvain Delouvee는 "이와 같은 다수의 영향력은 우리 사회에서 종종 부정적인 의미를 내포하고 있어서 순응하는 사람은 남의 영향을 쉽게 받고 자신의 신념을 고수하지 못하는 줏대 없는 사람으로 여겨지기도 한다"며 "하지만 어떤 사회든, 조직이든, 단체든 대다수의 구성원이 공동 규칙을 공유하고 이에 동조해야만 존재하고 기능할 수 있다"고 말한다.[38]

하지만 바로 그런 이유 때문에 동조는 한 단체나 조직에서 '왕따'나 '따돌림'이라는 반인권적 행위를 유발하는 원인이 되기도 한다.

특히 '또래 압력peer pressure'이 크게 작용하는 아이들 사이에서 그런 일이 많이 일어난다. 또래 집단의 압력은 아이들의 순응성을 높여 주는 작용을 하기 때문이다. 이와 관련, 맷 리들리Matt Ridley는 다음과 같이 말한다.

"대부분의 사람들은 또래 집단의 압력이 아이들의 순응성을 높여 주는 작용을 한다고 생각한다. 중년의 발코니에서 내려다보면 10대들은 획일적인 따라 하기에 집착하는 것처럼 보인다. 그것이 헐렁 헐렁한 바지건, 주머니가 많이 달린 바지건, 커다란 작업복이건, 배꼽이 훤히 드러나 보이는 티셔츠건, 야구 모자를 뒤로 쓰는 것이건, 10대들은 비굴하기 짝이 없는 자세로 유행이라는 독재자 앞에 납작 엎드린다. 괴짜는 조롱감이고 독불장군은 추방감이다. 무조건 코드에 복종해야 한다."[39]('또래 압력' 참고)

10대들이 또래 압력으로 인해 유행이라는 독재자 앞에 납작 엎드리는 것을 비굴하다고 할 수는 없을망정, 같은 이치로 '왕따'나 '따돌림'에 가담한다면 그건 비굴할 뿐만 아니라 악행惡行이라고 할 수 있다. 자신의 속마음은 그렇지 않은데도 남들이 하니까 어쩔 수 없이 따라서 약자를 괴롭히는 행위에 동참한다면, 그걸 과연 '자유로운 행위'라고 할 수 있을까? 이 물음이 시사하듯이, 동조는 "자유란 무엇인가?"라는 근본적인 의문을 제기한다.

단체나 조직에서 배척받지 않기 위해 하는 동조는 우리 사회의 모든 분야와 전 국면을 지배하고 있지만, 우리는 "나의 동조는 불가피하지만, 너의 동조는 추하다"는 이중 자세를 취하는 데에 매우 익숙해져 있다. 특히 타인의 정치적 성향을 평가할 때에 더욱 그런 경향을 보인다. 우리 인간이 '부화뇌동하는 동물'인 것이 분명할진대, 부화뇌동하지 않는 사람을 평가할 때엔 '모나다'고만 할 게 아니라 그 점을 고려한 '프리미엄'을 부여하는 게 공정하지 않을까?

왜 자유가 많아질수록
불만족이 높아지는가?

선택의 역설

　미국 미래학자 앨빈 토플러Alvin Toffler, 1928~2016가 1970년에 출간한 『미래의 충격Future Shock』은 세계 50개국에서 700만 부 이상 팔리면서 토플러를 하루아침에 세계적인 명사로 만들어주었다. 토플러가 말하는 '미래의 충격'은 테크놀로지 등의 발전으로 인한 급격한 변화에 따른 개인의 부적응 현상을 가리킨다. 이 책에서 '변화의 방향'보다는 '변화의 속도'를 강조한 토플러는 미래의 딜레마가 '선택의 과잉overchoice'이라고 말했다.[40]

　그로부터 30여 년 후인 2004년 미국 심리학자 배리 슈워츠Barry Schwartz, 1946~는 『선택의 역설The Paradox of Choice』에서 선택 사항이 너무 많으면 오히려 선택을 하지 못하는 '선택의 역설'을 제시했다. 이 책이 베스트셀러가 되면서 '선택 피로choice fatigue'라는 신조어까지 생겨났다.[41]

슈워츠는 토플러와는 달리 심리학자답게 생활 주변에서 출발한다. 그는 오늘날 전형적인 슈퍼마켓에서 파는 쿠키는 175종류, 크래커 상표는 85가지가 되어 소비자를 무력하게 만든다고 말한다. 사람들이 야채 가게에서 잼을 고르거나 대학 수업의 에세이 주제를 고를 때, 대안이 더 많을수록 선택을 할 가능성은 적어진다는 것이다. "선택은 더이상 우리를 자유롭게 하지 못하고 쇠약하게 한다. 학대한다고 말할 수도 있을 것이다."[42]

시나 아이엔가Sheena Iyengar의 실험에 따르면, 마트에서 6종류의 잼이 진열된 시식 코너를 거친 손님들 중 30퍼센트가 잼을 구입했지만, 24종류의 잼이 진열된 시식 코너에선 겨우 3퍼센트만이 잼을 구입한 것으로 나타났다. 아이엔가는 이와 유사한 여러 종류의 실험을 통해 선택지가 많을수록 소비자의 구매 욕구와 만족도가 떨어지며 선택 기회가 많을수록 잘못된 결정을 한다는 것을 입증했다. 왜 그럴까? 아이엔가는 선택지가 많으면 우리의 기억 활동과 심리가 혹사당하며, 선택할 수 있는 대안이 많을수록, 우리가 버릴 수밖에 없고 또 아쉬워하게 될 대안, 즉 '기회비용'이 발생하기 때문이라고 설명한다.[43]

애플의 스티브 잡스Steve Jobs, 1955~2011는 이런 선택의 역설을 멋진 한마디로 표현했다. "사람들은 일상 속 선택의 순간에 대해 고민할 시간이 없다." 자신이 창업한 애플에서 쫓겨났던 잡스가 1997년 9월 애플에 복귀 후 제품 종류의 70퍼센트를 없애버리면서 한 말이다. 즉, 브랜드는 그 선택의 순간을 도와주기 때문에 정보가 넘쳐나는 시대에는 브랜드가 더욱 중요하다는 논리였다.[44]

선택의 확대는 자유의 확대를 의미하는데, 자유가 많아질수록 불만족도 높아진다는 연구 결과도 있다. 저스틴 울퍼스Justin Wolfers와 베시 스티븐슨Betsey Stevenson은 여성의 자유와 행복의 상관관계에 관한 연구에선 지난 수십 년 동안 여성의 상황이 크게 개선되었음에도 더 불만족스러워졌다는 '여성 행복 감소의 역설'을 주장했다.[45]

슈워츠는 최고만을 추구하는 '극대화자maximizer'는 결코 만족할 수 없는 비참의 나락으로 떨어질 수 있다며, 그 대안으로 '만족자satisfier' 모델을 제시한다. 만족자는 나름으로 기준과 표준을 갖고 있기에 그걸 충족시킬 때까지만 탐색을 하며, 그 시점이 되면 탐색을 중단한다. 예컨대, 만족자는 자신이 갖고 있는 기준의 크기, 품질, 가격에 맞는 스웨터를 발견하면, 더는 가게를 둘러보지 않고 그것을 구매한다는 것이다.[46]

디지털 시대는 선택의 역설을 심화시킨다. 디지털 영역은 모든 것을 '예'나 '아니오'라는 별개의 기호적 언어로 표현하게끔 강요하면서 선택의 문제로 내모는 편향성을 띠기 때문이다.[47] 또한 디지털 기술이 양산해내는 정보의 과잉은 관심의 빈곤을 가져온다. 눈이 어지러울 정도로 정보가 흘러넘치는데 관심을 어디에 두어야 할지 헷갈리지 않겠는가. 조지프 나이Joseph Nye는 이를 가리켜 '과잉의 역설paradox of plenty'이라 부르면서 그 의미에 대해 다음과 같이 말한다.

"이쯤 되면 부족한 것은 정보가 아니라 관심이 되는 셈이다. 이제 값진 시그널과 단순한 소음을 분명하게 구별할 줄 아는 사람이 파워를 갖게 된다. 그에 따라 선별하고 편집하는 사람이나 큐 사인을 내리는 사람들의 수요가 늘어나게 된다. 사람들에게 관심을 집중시킬 대상을 알려주는 사람에게는 이런 작업이 파워의 원천이 된다."[48]

그걸 상업화하겠다고 나선 사람들이 있다. 정보 홍수에 대해 컴퓨터업계는 협력적 필터링collaborative filtering 기술 개발로 대처해왔다. 컴퓨터 이용자의 모든 사용과 소비 기록을 입력시켜 그걸 근거로 불필요한 정보를 필터링해주겠다는 것이다. 이는 사람들이 유사한 취향을 가진 사람들의 추천을 잘 받아들인다는 점에 착안한 것이다.[49]

1990년 협력적 필터링을 위한 프로그램인 태피스트리Tapestry가

개발되었을 때만 해도 사람들은 별 관심을 보이지 않았지만, 1995년 온라인서점 아마존이 출범하면서 모든 것이 변했다. 아마존은 처음부터 "이 책을 주문하셨네요. 비슷한 책을 한 권 더 사실래요?"라고 즉석에서 책을 추천하는 협력적 필터링을 이용했다.[50]

이후 협력적 필터링은 광범위하게 이용됨으로써 '나보다 나를 더 잘 아는 컴퓨터'라거나 '자아 추출extraction of self'이라는 말까지 등장했다. 이에 대해 심슨 가핀켈Simson Garfinkel은 이렇게 말한다. "자아 추출은 컴퓨터가 개인 사생활과 인간의 정체성에 행사하는 가장 큰 위협 중 하나이다. 프로파일에는 여러분이 읽은 문서, 알고 있는 사람, 가본 적이 있는 곳, 여러분이 말한 단어가 모두 포함되어 있다. 당신의 정체성은 당신 안에만 존재하는 것이 아니라 자아 추출 모델 안에도 존재하게 된다."[51]

선택이 어렵거나 고통스러운 건 "나는 무엇을 원하는가?"라는 답에 시원하게 답할 수 없기 때문이기도 하다. 그래서 미국에는 심지어 '원톨로지스트wantologist'라는 신종 직업마저 생겨났다. 원톨로지스트는 고객이 마음속으로 절실히 원하는 게 무엇인지 알아보고 결정해주는 사람이다. 이에 대해 앨리 러셀 혹실드Arlie Russell Hochschild는 이렇게 탄식한다. "이제 전문가의 지도 없이는 우리가 일상에서 가장 필요로 하고 원하는 게 무엇인지조차 제대로 분간할 수 없는 시대가 됐다는 말일까?"[52]

오늘날 사람들은 '선택하지 않기를 선택하는 것choosing not to choose' 의 유혹을 받기도 한다. 관광에서 발생하는 수많은 선택의 고민을 여행사에 떠넘기는 패키지 관광 상품이 인기를 끄는 것도 바로 그런 이유 때문이다.[53] 선택의 자유를 스스로 포기하는 사람들에게 과연 자유란 무엇을 의미하는 걸까? 자유가 의외로 쉽지 않은 개념이라는 걸 절감하지 않을 수 없다.

제2장

정의

왜 '최대 다수의 최대 행복'은 비판을 받는가?

공리주의

　오늘날엔 공리주의utilitarianism를 보수주의 사상이라고 비판하는 게 진보의 당연한 의무인 것처럼 생각되지만, 공리주의는 한 세기 이상 지배적인 윤리 이론이었으며, 그중에서도 특히 정의에 대해 가장 영향력 있는 이론이었다. 공리주의는 처음 세상에 선을 보인 시절엔 혁명적인 사상으로 여겨졌다. 공리주의의 창시자인 제러미 벤담Jeremy Bentham, 1748~1832은 여성 투표권, 보통선거권, 표현의 자유, 정교분리 등을 주장한 당대의 반항아요 급진주의자였다.[1]

　벤담은 1789년에 출간한 『도덕과 입법의 원리』에서 "자연은 인류를 고통pain과 쾌락pleasure이라는 두 주권자의 통치 아래 두었다"

며 "이 둘이 모든 행위, 모든 말, 모든 생각에서 우리를 지배한다"고 선언했다. 벤담에게 도덕의 최고 원칙은 행복을 극대화하는 것, 즉 쾌락이 고통을 넘어서는 것이며, 옳은 행위는 공리功利를 극대화하는 모든 행위다. 따라서 공리란 쾌락이나 행복을 가져오고, 고통을 막는 것 일체를 가리킨다. '공리'는 영어의 utility를 번역한 말인데, 오늘날 더 널리 쓰이는 말로 바꾸자면 '효용'이나 '유용성'이다.[2]

공리주의의 일반적 정의는 행위의 정당성 여부는 행위의 결과가 좋고 나쁨에 의거하여 평가되어야 한다는 윤리론이다. 공리주의는 공동체 전체의 행복을 목표로 하므로 그 전제에서 개인주의적 요소는 약하다. 인간이 인간이라는 사실만으로 존엄성을 갖는다는 명제는 자유주의에서는 본질적이라고 주장될 수 있지만 공리주의에서는 부정될 수 있는 것이다.[3]

공리주의는 '최대 다수의 최대 행복the greatest happiness of the greatest number'이라는 슬로건을 내걸고 "행복을 추구하고 고통을 피하세요"라고 속삭임으로써 행복을 추구하는 사람들의 마음을 사로잡았다. 벤담은 인간의 욕망엔 질적 차이가 없다며 쾌락과 고통을 계산할 수 있다고 생각했는데, 이 '행복의 양적 동질화' 발상은 민주주의의 확장에 엄청난 기여를 했다. 왕이나 귀족의 행복은 상인이나 농부의 행복과 다르지 않으며, 영국인의 행복은 프랑스인의 행복과 다르지 않다는 발상은 사람들이 누려야 하는 권리도 똑같아야 한다는 평등주의로 연결되었기 때문이다.[4]

정의에 대한 철학적 논의에선 늘 '공리주의'와 '칸트주의'가 부딪

히는데, 공리주의는 어떤 원칙이나 규칙이 되도록 많은 사람에게 좋은 것이 옳은 것이라고 보는 반면, 칸트주의는 인간에게는 선험적인 도덕률이 있어서 아무리 좋은 일이라도 그것을 어기면 도덕과 어긋난다고 본다.[5]

공리주의를 통렬하게 비판한 이마누엘 칸트Immanuel Kant, 1724~1804는 도덕이란 행복 극대화를 비롯한 어떤 목적과도 무관하며, 도덕은 인간 그 자체를 목적으로 여기고 존중하는 것이라고 주장했다. 이 주장에 따르면, 우리 인간이 다른 동물처럼 쾌락이나 고통 회피를 추구한다면, 우리는 진정으로 자유롭게 행동하는 것이 아니라 오직 식욕과 욕구의 노예로 행동하는 것이다. 자유롭게 행동한다는 것은 자율적으로 행동한다는 뜻이며, 자율적으로 행동한다는 것은 천성이나 사회적 관습에 따라서가 아니라 내가 나에게 부여한 법칙에 따라 행동하는 것이다.[6]

이렇듯 인간의 존엄성을 강조한 칸트의 『도덕 형이상학의 기초』(1785)는 18세기 혁명가들이 인권이라 부른 것과 오늘날 우리가 보편 인권이라 부르는 개념에 막강한 토대를 제공했지만,[7] 인간을 너무 과대평가했거나 신비화시킨 게 아닌가 하는 의문을 불러일으킨다. 공리주의와 칸트주의를 모두 비판하는 마이클 샌델Michael J. Sandel이 잘 지적했듯이, 칸트의 견해에서 가장 공감하기 어려운 부분은 타인을 도울 의무에 관한 것이다.

칸트는 어떤 행동의 도덕적 가치는 그 결과가 아니라 동기에 있다고 했다. 중요한 건 옳은 일을 하는 것이며, 그 이유는 옳기 때문이라야지, 이면에 숨은 동기 때문이어서는 안 된다는 것이다. 따라서 동정심에서 나온 선행은 도덕적 가치가 떨어지며, 연민과 동정이 메마른 인간 혐오자가 순전히 의무감에서 타인을 도울 때 도덕적 가치를 갖는다. 중요한 점은 선행의 동기가 그 행동이 옳기 때문이라야지, 쾌락을 주기 때문이어서는 안 된다는 것이다.[8]

선뜻 동의하기 어려운 주장이다. 새로운 사상과 새로운 이론을 세우기 위해선 극단적이어야 하는가? 솔직히 벤담이나 칸트 모두 극단적이라는 생각을 떨치기 어렵다. 부정적인 의미로 하는 말은 아니다. 새로운 사유의 세계를 제시하는 천재의 창조성은 어느 정도의 극단성 없인 발휘될 수 없으니까 말이다.

조너선 하이트Jonathan Haidt는 다소 냉소적으로 "어떤 식으로 행동하면 좋을지 알아내고자 할 때 벤담은 우리에게 산수를 이용하라고 권한 반면, 칸트는 논리를 이용하라고 이른 것이다"며 "이렇듯 도덕의 모든 내용을 단 한 문장, 단 한 가지 공식으로 압축해냈다는 점에서는 둘 다 체계화의 기적을 이룬 것이나 다름없었다"고 말한다.[9]

공리주의는 벤담 이후에 다른 학자들에 의해 발전을 거듭했기 때문에 하나의 통일되고 완결된 형태의 이론이 아니며, 공리주의라는 이름 안에는 서로 다른 다양한 형태의 이론들이 자리 잡고 있다. 오늘날 공리주의의 주류라고 할 수 있는 것은 1981년 R. M. 헤러R. M. Hare, 1919~2002에 의해 주창된 '선호 공리주의preference utilitarianism'다.

여러 종류의 공리주의가 있기에 공리주의 비판은 어떤 공리주의를 비판하는 것인가 따져볼 필요가 있지만, 일반적으로 공리주의는

TIP

선호 공리주의 선호 공리주의는 행복을, 선호 또는 욕구의 내용이 무엇이든지 간에 단순히 그러한 선호 또는 욕구의 만족으로 정의한다. 선호의 만족이 실제로 뇌의 유쾌한 상태를 만들어내는가 그렇지 않은가는 중요하지 않다. 중요한 것은 누군가가 실제로 관련된 선호를 가지고 있고 또한 그 선호가 실제로 이런 방식 또는 저런 방식으로 충족되었다는 점이다. 널리 알려진 피터 싱어Peter Singer, 1946~의 『실천윤리학』(1993)은 바로 이 선호 공리주의를 옹호하면서 발전시킨 책이다. 프랭크 러벳, 김요한 옮김, 『롤스의 '정의론' 입문』(서광사, 2011/2013), 68쪽.

정의와 권리를 원칙이 아닌 계산의 문제로 간주함으로써 개인의 권리를 존중하지 않으며, 인간 행위의 가치를 하나의 도량형으로 환산해 획일화하면서 그것들의 질적 차이를 무시하고 쾌락으로 환산할 수 없는 인간의 다양한 가치를 제대로 고려하지 못해 인간의 존엄성을 저하시킨다는 비판을 받고 있다.[10]

존 롤스John Rawls, 1921~2002가 공리주의에 반대하는 것은 공리주의가 사람들이 서로 분리된 존재들이라는 점을 진지하게 고려하지 않기 때문이다. 롤스가 보기에, 전체적 행복을 극대화하는 것은 잘못된 목표인데, 왜냐하면 그와 같은 전체적 행복을 누릴 수 있는 하나의 전체적인 인격체가 존재하지 않기 때문이다. 즉, 단지 서로 분리되어 있는 사람들이 존재하기 때문에 어떤 사람들에게 더 많은 행복을 만들어주기 위해 다른 사람들을 불행하게 만드는 것은 잘못된 일이라는 것이다.[11]

이런 비판이 시사하듯이, 오늘날에도 정의를 규명하려는 시도는 반드시 공리주의라는 산을 넘어야만 한다. 롤스는 공리주의를 비판하면서도 높이 평가했는데, 그건 공리주의에 대항할 수 있는 체계적이면서도 작동 가능한 도덕관이 형성되지 못했다는 이유에서다. 그는 공리주의를 비판하는 사람들의 견해가 도덕만 앞세운 나머지 상대적으로 체계적이지 못하고 구성적이지 못한 것을 안타까워했다. 그의 공리주의 비판과 정의론의 목표도 공리주의의 전면 부정이 아니라 공리주의보다 나은 설명을 제공하려는 것이었다.[12]

즉, 공리주의는 수선의 대상이지 폐기의 대상은 아니라는 이야기다. 공리주의는 무엇보다도 주어진 상황에서 가능한 한 대안들이 무엇인지, 무엇이 최선의 대안인지 결정할 수 있는 판단 기준을 제시해 주고, 결과에 대한 평가 기준을 제공해준다.[13] 그래서 여러 지식인이 공리주의의 부정적 이미지에도 공리주의의 일부를 껴안으려는 시도를 멈추지 않고 있다.

공리주의의 일부나마 껴안으려는 시도는 매우 조심스럽게 이루어지는 반면, 공리주의 비판은 좀 거친 경향이 있다. 예컨대, 마이클 샌델이 제시한 '브레이크가 고장 난 전차'의 이야기를 보자. 철로 끝에 인부 5명이 있는데, 이들은 전차에 깔려 죽을 위기에 처해 있다. 그런데 때마침 철로를 바라보며 다리 위에 서 있는 큰 몸집의 남자가 있다. 이 남자를 밀어 전차가 들어오는 철로로 떨어뜨리면 남자는 죽겠지만 인부들은 목숨을 구할 수 있다. 공리주의자라면 이 경우 5명보다 1명이 죽는 것이 도덕적으로 옳다는 판단을 할 텐데, 샌들은 그래도 괜찮은 거냐며 이를 공리주의 비판의 근거로 삼는다.[14]

샌델은 한국의 청중마저 사로잡을 정도로 강의를 잘하기로 유명한 학자인데, 이와 같은 비유와 가정은 과연 온당한 걸까? 박동천은 그런 상황에선 어떻게 결정해도 슬프고 회한이 남는 결정이라며, 이 이야기를 공리주의 비판으로 사용하는 것은 공정한 비판이 아니라고 주장한다. 이와 같은 상황에 대해서는 칸트주의가 아니라 성경책을 보든 불경을 보든, 어떤 다른 교과서를 보든지 어느 것이 도덕적으로 정당한지에 대한 답은 나올 수가 없다는 것을 강조하고 이야기해야 공정한 논의가 된다는 것이다.[15]

공리주의가 '브레이크가 고장 난 전차'와 같은 비유로 공격을 받는 것은 자업자득自業自得일 수도 있다. 인간의 쾌락과 고통을 계산할 수 있다며 계량화를 하고자 했던 시도의 부메랑이라는 것이다. 당신들이 그렇게 산수의 엄밀성을 뽐내겠다면 이 문제에 대해서도 답해보라고 요구하는 것은 이해할 수 있는 일이긴 하지만, 그렇게 함으로써 똑같아지는 건 아닐까? 이론이나 주장에 어떤 결함이 있다고 해서 전체가 부정될 수는 없다는 데에 동의한다면, 좀더 성의 있는 자세로 공리주의 비판에 임하는 게 옳지 않을까?

사실 공리주의에 관한 논의엔 매우 이상한 점이 있다. 논의의 장과 실천의 장 사이에 큰 괴리가 있다는 사실이다. 지식인들 사이에선 공리주의의 일리를 인정하자는 주장조차 매우 어려울 정도로 반反공리주의 분위기가 팽배하지만, 샌델이 지적한 것처럼, "벤담의 철학은 오늘날에도 정책 입안자, 경제학자, 경영자, 일반 시민들에게 막강한 영향력을 행사"하고 있으니 말이다.[16] 공리주의가 처음 나왔을 때는 급진적이었는데 인간 평등 의식이 보편화되면서 급진적으로 보이지 않고 수구적으로까지 보이게 된 것은 세상의 진보라는 점에서 반길 일이겠지만, 논의의 장과 실천의 장 사이에 존재하는 큰 괴리를 인정하면서 고민해보는 성실한 자세가 필요하다 하겠다.

왜 2030세대는 남북 단일팀
구성에 반대했는가?

공정으로서의 정의

평창올림픽 여자 아이스하키 남북 단일팀 구성과 관련, 2018년 1월 11일 국회의장실 · SBS가 전국 19세 이상 성인 남녀 1,000명을 대상으로 진행한 설문조사 결과 72.2퍼센트가 '단일팀을 무리해서 구성할 필요가 없다'고 답했다. 특히 문재인 대통령 핵심 지지층인 20~30대가 가장 크게 반발했다. 19~29세 응답자 중 82.2퍼센트, 30~39세 응답자 중 82.6퍼센트가 반대의 뜻을 나타냈다. 3~4명이나마 한국 선수의 출전을 가로막는 단일팀 구성은 공정하지도 정의롭지도 않다는 이유에서였다. 한 시민은 "남북 단일팀은 소수의 인권을 희생해 대의를 이루겠다는 전체주의적 발상"이라며 국가인권위원회에 진정을 내기도 했다.

이는 뜻밖의 결과로 받아들여졌다. 공정과 정의를 표방한 문재인 정부의 정책이 핵심 지지층에서 공정과 정의의 이름으로 비판을 받았다는 것도 놀라웠지만, 1990년대 초반 탁구와 축구 단일팀이 구성될 때에 국민의 지지를 받았던 것과 비교해볼 때 큰 변화였다. 정부여당 쪽에서 나온 "여자 아이스하키팀은 메달권 밖에 있다"거나 "선수 개인 욕망 넘어 역사 만든다는 자부심 가져달라"와 같은 발언들이 결코 해선 안 될 말로 여겨진 것도 과거와는 크게 다른 모습이었다.

왜 그런 일이 벌어진 걸까? 그간 누적된 북한에 대한 불신도 주요 이유였겠지만, 공정과 정의에 대한 감각이 그만큼 예민해졌기 때문으로 볼 수 있다. 특히 2030세대는 10대 시절 '교육 지옥'을 거쳐 이제 '취업 지옥'과 '주거 지옥'에 직면해 '헬조선'을 외칠 정도로 고통스러운 상황에 처해 있다. 한국이 과연 '지옥과 비견될 정도로 살기 나쁜 나라'인 헬조선인지에 대해선 논란이 있겠지만, 2030세대가 과거 그 어떤 세대보다 공정과 정의에 대한 갈증이 심해진 상황에 처해 있다는 건 분명하다.

그런데 과연 남북 단일팀은 '전체주의적 발상'인가? 그렇게까지 말하긴 어렵겠지만, '최대 다수의 최대 행복'을 추구하는 '공리주의적 발상'인 건 분명해 보인다. 미국 정치철학자 존 롤스John Rawls, 1921~2002는 1971년에 출간한 『정의론』에서 공리주의가 다수의 행복이라는 명목 아래 소수의 행복을 희생시킨다는 점을 비판하면서

'공정으로서의 정의justice as fairness'를 제시했다. 그는 『정의론』 첫머리에서 "사상 체계의 제1덕목을 진리라고 한다면 정의는 사회제도의 제1덕목이다"고 단언했다.[17]

가수 김건모는 〈핑계〉(1993)에서 "내게 그런 핑계 대지 마 입장 바꿔 생각을 해봐. 니가 지금 나라면 넌 웃을 수 있니"라고 절규했는데, 정의의 실현을 위해선 무엇보다도 그렇게 입장을 바꿔 생각해보는 것이 필요하다. 물론 남녀관계의 애정 문제는 정의의 영역 밖에 있는 것이지만, 남북 단일팀 구성처럼 사회적 문제에서 갈등이 발생할 경우엔 꼭 필요한 일이다. 남북 단일팀 구성과 관련해 개인의 권리보다 국가와 민족을 앞세우는 사람들은 올림픽 출전을 위해 모든 걸 바쳐왔음에도 국가와 민족을 위해 그 꿈이 박탈당해야만 하는 선수의 입장에서 생각을 해봐야 한다. 그 선수도 "대를 위한 소의 희생은 불가피하다"고 말할 수 있을까?

어떤 갈등 상황에서 무엇이 공평한지를 평가할 때 입장을 바꿔 생각하는 게 어렵거나 번거롭다면 아예 그 어떤 입장도 갖지 않는 '원초적 입장original position'이라는 가상의 세계로 들어갈 필요가 있다. 이게 바로 롤스의 제안이다. 그런 원초적 입장을 갖는 데에 필요한 건 '무지의 장막veil of ignorance'이다. '무지의 장막'은 롤스가 자신의 입장이나 역할을 배제한 채 무엇이 공평하다고 생각하는지를 상상해보라는 의미에서 제시한 개념이다. 무지의 장막이 쳐진 상태에서 사람들은 누구도 상대의 능력, 재산, 신분, 성gender 등의 사회적 조건을 알 수 없다. 롤스는 그런 상황에서 사람들이 어떤 계층에 특별히 유리하거나 불리하지 않도록 조화로운 사회계약을 체결할 것이라며, 그렇게 합의되는 일련의 법칙이 정의의 원칙이 되어야 한다고 주장한다.[18]

김만권은 '무지의 장막'의 핵심 메시지는 타인이 처한 열악한 상태를 좋은 상태로 향상시켜 놓는다면 내가 어려워졌을 때 나의 처지도 안전할 수 있기 때문에 개인의 이기적 결정이 열악한 상황에 있는 사람들의 처지를 향상시킨다는 것이라고 말한다. 즉, 이타심이 아니라 자기 자신을 위해 사회적 안전망을 만들어야 한다는 것이다. 그는 자신의 수업을 들은 한 장애인 학생이 쓴 리포트를 읽고 많은 눈물을 흘린 사연을 소개했다. 그 학생은 리포트에서 자신이 그간 접했던 모든 소수자 배려의 논리가 '소수자가 불쌍해서'였는데, 롤스를 알고 난 다음에는 자신 있게 자신의 권리를 요구할 수 있게 되었다고 한다.[19]

'공정으로서의 정의'란 말은 이렇듯 정의의 원칙이 공정한 원초적 상황에서 합의된 것이라는 생각을 담고 있는데, 롤스의 정의관에 따르면 정의를 고민하는 올바른 방법은 원초적으로 평등한 상황에서 어떤 원칙에 동의하겠는지를 묻는 것이다. 롤스는 정의가 무엇인지라는 물음에 직접 대답하기보다는 공정한 절차에 의해 합의된 것이면 정의로운 것이라는 순수한 절차적 정의관을 내세웠다고 볼 수 있겠다.[20]

롤스는 원초적 입장을 바탕으로 다음과 같은 '정의의 2원칙'을 제시한다. "제1원칙: 각 개인은 다른 사람들의 유사한 자유와 양립

할 수 있는 가장 광범위한 기본적 자유에 대해 동등한 권리를 가진다. 제2원칙: 사회적·경제적 불평등은 (a) 최소 수혜자들the least advantaged에게 가장 큰 혜택이 돌아가야 하는 동시에, (b) 공정한 기회의 평등하에 만인에게 개방되어 있는 공직과 지위에 결부되도록 조정되어야 한다."[21]

이렇듯 제1원칙은 '평등한 자유의 원칙', 제2원칙은 '차등의 원칙difference principle'과 '기회균등의 원칙'으로 구성되어 있어 롤스는 사실상 3개 원칙을 내세운 셈이다. 또 이 3가지 원칙엔 '우선성의 원칙'이 적용되는데, 평등한 자유의 원칙이 최우선이고 다음이 기회균등의 원칙, 마지막이 차등의 원칙이다. 즉, 평등한 자유의 원칙이 충족되지 않으면 기회균등의 원칙을 적용할 수 없고, 기회균등의 원칙이 적용되지 않으면 차등의 원칙이 적용될 수 없다.[22]

재산과 소득의 분배는 반드시 균등해야 하는가? 이 물음에 부정적인 롤스는 불평등이 존재할 수 있으며 그것 자체가 부정의한 것은 아니라는 입장을 취한다. 다만 그러한 불평등이 정의로운 불평등이 되기 위해서는 최소 수혜자 계층(최하위 계층)에게 이득을 보상해주는 것이어야 하는데, 이게 바로 3원칙 중 가장 중요한 '차등의 원칙'이다. 불평등이 너무 커져서 최소 수혜자가 손해를 보기 시작하면 이 지점에서 재화 분배의 불평등이 고착되기 때문에 이걸 조정해야 한다는 것이다. 국가가 노사 간의 임금 결정 과정에 개입하여 임금의 최저 수준을 정해주는 '최저임금제'와 같은 정책은 바로 이 원칙에서 유래한 것이다.[23]

롤스는 차등의 원칙이 다른 어떤 대안적인 원칙들보다 합당하다는 것을 보여줄 수 있는 정당화의 방법으로 '반성적 평형 상태 reflective equilibrium'를 제시했다. 원초적 입장에서 채택된 정의의 원칙들과 우리의 숙고된 판단들 간의 상호 조정 과정으로 이해되는 반성적 평형 상태를 통해서 우리는 정의의 원칙을 더 합당한 것으로 정당화할 수 있다는 것이다. 그래서 롤스의 정의관은 이른바 '숙의 민주주의deliberative democracy'의 이론적 토대가 된다.[24]

롤스는 "법과 기준이 공적으로 인정된 기준에서 크게 일탈할 때는 그 사회의 정의 관념에 직접 호소하는 것이 가능하다"며 시민 불복종civil disobedience을 정당화했다. 그는 시민 불복종을 "일반적으로 법이나 정부의 정책에 변화를 가져올 목적으로 행해지는, 공공적이고 비폭력적이며 양심적이긴 하지만 법에 반하는 정치적 행위"로 정의했는데, 이는 다수자의 정의감에 호소함으로써 다수자들이 참여자들의 입장에서 다시 생각해보도록 만들어 부정의를 바로잡을 수 있는 중요한 역할을 하게 된다.[25]

롤스의 정의론은 당시의 시대적 상황을 반영한 것이었다. 롤스가 '공정으로서의 정의'라는 첫 논문을 발표한 건 1958년이었는데, 당시 급속한 경제성장으로 중산층이 성장해 사회의 중추가 되자 미국 정부는 다수에게 이익이 되는 방향으로 정책을 폄으로써 하층의 소수가 불리해지는 상황을 초래하고 있었다. 따라서 이제는 다수에서 소수로 이익을 돌리는 정책의 틀이 필요하게 되었고, 롤스는 그런 변화된 상황에 응답한 셈이었다고 볼 수 있다.[26]

TIP

숙의 민주주의 숙의 민주주의는 기존의 대의 민주주의representative democracy가 비교적 결과 중심인 데 비해 과정과 결과를 모두 중시하는 민주주의로 정당성을 토의 절차 여부에서 찾는다는 점에서 '토의 민주주의', '심의 민주주의', '논의 민주주의'라고도 한다. 숙의 민주주의에선 단순한 설문 형식의 기존 여론조사 대신 시민 대표 참여단을 구성해 여러 차례에 걸친 토의를 중심으로 이루어지는 '공론 조사deliberative polling'를 하는데, 이는 우리나라에서 2017년 7~10월 신고리원자력발전소 5·6호기 건설 중단 여부를 결정하기 위해 도입된 바 있다. 숙의 민주주의는 국민의 시민의식에 지나치게 비중을 둔 비현실적인 개념이라는 비판이 있으며, 대의 민주주의를 대체하기보다는 보완하는 수단으로 받아들여지고 있다. 강준만, 『현대정치의 겉과 속』(인물과사상사, 2009), 293~295쪽.

롤스는 불평등을 완화하고 이를 통해 협력과 안정이라는 목적을 촉진할 행정적 수단과 정책적 처방에 초점을 맞추었을 뿐, 힘의 구조적 불평등에 도전하진 않았다는 비판도 있지만,[27] 이런 비판에도 롤스는 오늘날의 한국에서도 사회정의를 외치는 사람들에겐 끊임없이 호출되는 이름이 되었다.

우리의 일상적 삶에서 정의는 비교적 분명하게 판단할 수 있는 것이지만, 정의에 대한 학술적 논의는 이렇듯 합의를 끌어내기 어려운 복잡한 주제다. 아니 합의에 도달하기 위해서라도 정의에 대한 논의는 더욱 어렵고 추상적인 세계로 들어갈 수밖에 없다. 롤스가 『정치적 자유주의』(1993)에서 잘 지적했듯이, "갈등이 더욱 깊어질수록 이 갈등의 뿌리에 관한 분명하고 정리된 견해를 얻기 위하여 추상의 수준을 높일 수밖에 없다".[28] 그래야 최소한의 소통이라도 가능해지니까 말이다. 그러니 롤스의 이론이 너무 난해하다거나 구체적 현실과 잘 들어맞지 않는다고 타박할 일은 아니다. 그런 점에서 본다면, 성공의 확률이 낮더라도 이해당사자들에게 '무지의 장막' 속으로 들어가 입장 바꿔 생각해보자고 말하는 게 결코 부질없는 일은 아니다.

왜 '정의의 여신'은
눈을 떠야 하는가?

자유주의적 공동체주의

　영어에 'blind justice'라는 말이 있다. 눈이 멀었거나 눈을 감은 정의로 번역하기 쉽지만, 그게 아니라 눈을 통해 그 누구도 차별하지 않는 '공평한 정의'를 말하는 것이다. 정의를 나타내는 그리스 동상들은 정의의 여신이 눈을 가린 채 저울을 들고 있는 모습을 하고 있다. 눈을 가린 건 뇌물을 보지 말고 정실이나 시각적 편견의 포로가 되지 말라는 뜻이다. 이집트인들은 완벽한 정의 구현을 위해 한 걸음 더 나아가 모든 재판을 서로 아무도 볼 수 없는 깜깜한 방에서 하기도 했다.[29]

　'blind justice'는 존 롤스John Rawls, 1921~2002가 말한 '무지의 장막

veil of ignorance'과 비슷하다. 그런데 무지의 장막이 작동하기 위해선 합리적 이기심을 갖춘, 즉 자신의 이해관계에 민감하면서도 얼마간의 '정의감'은 갖춘 그런 도덕적 개인이 필요하다. 그런 도덕적 개인은 얼마나 될까?

미국 정치철학자 마이클 샌델Michael J. Sandel, 1953~은 그런 개인은 아무런 연고나 소속감이 없는 '무연고적 자아the unencumbered self'여야 할 텐데, 그런 사람이 현실 세계에서 가능하겠느냐고 반문한다. '무연고적 자아'에서 연고는 우리 인간이 어떤 식으로든 이 세상에 발을 붙여야 한다는 의미다.[30] 즉, 롤스의 분배 정의론은 그것이 전제해야만 하는 가장 결정적인 지반이라고 할 수 있는 가족이라든지 지역사회와 같은 공동체를 빠트리고 있기 때문에 성립될 수 없다는 것이다.[31]

샌델은 롤스의 정의론을 대체적으로 긍정하지만, 바로 이 공동체 문제가 롤스의 정의론과 샌델의 정의론이 갈라서는 결정적인 지점이다. 정의의 여신상 비유를 들어 말하자면, 샌델의 정의의 여신은 눈을 뜬 여신이라고 할 수 있다. 집단을 이루어 살아가는 인간의 삶을 잘 들여다보고, 무엇이 좋은 것인지에 대한 이해를 충분히 가져야 한다는 이유에서다.[32]

샌델의 『정의란 무엇인가』(2009)는 미국에서 10만 권 정도가 판매된 반면, 2010년에 우리말로 옮겨진 한국어판은 200만 권이나 팔렸다.[33] 놀라운 기록이다. 이런 느닷없는 '정의란 무엇인가' 열풍에 대해 "책의 표지에 하버드 강의 장면을 넣어서 많이 팔렸을 것이다"라는 말이 나오기도 했지만,[34] 그 이유가 무엇이건 정의에 대한 관심이 높아진 건 환영할 만한 일이었다.

롤스와 샌델의 차이는 '선(좋음)the good'과 '권리(옳음)the right'의 관계에서 무엇이 우선인가 하는 점에 대한 차이이기도 하다. 롤스는 기본적으로 선(좋음)보다는 권리(옳음)가 우선이라는 입장을 취하는 반면, 샌델은 권리(옳음)보다는 선(좋음)이 우선이라는 입장을 취한다. 롤스는『정치적 자유주의』(1993)에서 "옳음과 좋음은 상보적이다the right and the good are complementary"며 '옳음과 좋음의 상보성'을 모색하고 있긴 하지만, '좋음에 대한 옳음의 우선성'을 여전히 포기하진 않는다.[35]

샌델은 "좋은 삶에 대한 특정 개념을 전제하지 않고서 옳음을 확인하거나 정당화할 수 있는가"라는 의문을 제기하면서 선(좋음)에 대한 권리(옳음)의 우선성만을 강조할 경우, 공동체 구성원들 간의 갈등을 올바로 조정할 수 없으며, 그런 사회나 국가는 결코 살기 좋은 곳이 아니라고 주장한다.[36]

롤스는 정의감이 다른 감정들을 교정하거나 부정의를 시정할 수 있다는 이유로 다른 감정들과 비교하여 정의감에 우월한 지위를 부여한다. 반면 샌델은 정의감의 발휘가 안고 있는 역사적 제약과 상황적 한계에 주목하면서 정의감을 자비, 사랑, 우애 등과 같은 덕목들과 나란히 놓는다. 샌델은 정의감은 사회적 선이 문제되는 모든 곳에서 항상 발휘될 수 있거나 발휘되어야 하는 것이 아니며, 그렇지 못할 경우 정의 또한 미덕이 아니라 악덕이 될 수도 있다고 주장

한다.[37]

샌델이 보기에, 롤스의 자유주의적 인간관은 도덕적 개인주의로, 자유에 대한 이런 생각에는 집단적 책임 의식이 들어설 여지가 없다. 정의에 관해 생각할 때 공동체의 문제를 배제해야 한다면, 오늘날 독일인이나 일본인이 과거의 전쟁 범죄에 대해 배상하고 반성해야 할 특별한 책임을 떠맡거나, 현 세대 미국인이 노예제도나 인종차별 정책의 부당함을 배상하고 반성해야 할 특별한 책임감을 느낄 이유는 없다는 것이다.[38]

이렇듯 롤스와 샌델의 차이는 사회가 우선인가 개인이 우선인가 하는 관점의 차이이기도 하다. 샌델의 비판에 따르면, 롤스는 개인의 자율성, 즉 자신의 선(좋음) 관념을 선택할 개인의 능력에 절대적인 우선성을 부여하는데, 이는 인간이 사회 이전에 개인으로 존재한다고 보는 것이다. 반면 샌델은 우리의 정체감은 우리 자신이 특정한 가족이나 계급, 공동체, 국가, 민족의 구성원이며, 특수한 역사를 지니고 있으며, 특정 국가의 시민이라는 의식에서 분리될 수 없다고 본다.[39]

김영기는 "공동체 전체의 조화나 연대성에 대한 강조는 좋지만, 우리가 어떤 기준, 어떤 원칙에 합의하여야 할 것인지에 관한 구체적 제안이 없이 공동체적 가치나 연대성만을 강조하는 것은 정의 문제를 둘러싼 현실의 갈등을 풀어나가는 데 크게 도움이 되지 않는다"며 이런 의문을 제기한다. "샌델이 강조하듯이 정의에 대한 논의를 미덕과 좋은 삶에 대한 논의로부터 떼어낼 수 없다 하더라도,

그 미덕이나 좋은 삶은 누가 결정할 수 있을까?"[40]

샌델의 사상은 공동체주의communitarianism로 분류되는데, 샌델은 그런 분류를 반기지 않는다. 샌델은 특정 공동체가 규정하는 것은 무엇이든 정의가 될 수 있다는 상대론적 견해를 암시하는 느낌이 들기 때문이라고 말하지만,[41] 개인주의가 강하고 개인의 자율성에 절대적인 우선성을 부여하는 미국이나 유럽에선 공동체주의에 대한 생리적 반감이 매우 강하기 때문이다. 그런 반감을 피하기 위해 '신공동체주의neo-communitarianism'를 내세우는 사람들도 있다. 샌델이 한국에 와서 가졌던 첫 기자 인터뷰에서 어떤 문제에 대해 "공동체주의자로서 당신의 입장은 무엇인가?"라는 질문을 받자마자 "나는 공동체주의자가 아니다. 나는 자유주의자다"라고 답한 것도 그런 사정을 잘 말해준다.[42] 그럼에도 샌델이 선(좋음)의 우선성과 공공선의 가치를 중시한다는 점에서 그의 정의관은 '공동체주의적 공화주의' 또는 '자유주의적 공동체주의'로 불린다.

'정의란 무엇인가' 열풍이 불기 5년 전인 2005년 한국 방문 시 샌델은 집단주의 문화권인 한국엔 공동체주의에 대한 생리적 반감이 없을 걸로 짐작해 자신의 주장이 잘 받아들여질 것이라고 상당한 기대를 걸었던 것 같다. 하지만 결과는 전혀 딴판이었다. 그는 공동체주의에 대한 한국 지식인들의 적대적 반응을 보고 깜짝 놀랐는데, 나중에 미국이나 유럽과는 다른 정치적·문화적 배경의 중요성을 이해하게 되었다고 토로했다.

"전통과 공동체, 권위를 중요시하는 한국 사회에서는 자유주의적 개인주의가 기운을 북돋우는 것이요, 힘을 주는 해방적 이상이요, 진보적 개혁을 위한 유망한 자원이라는 것을 나는 깨달았다. 자유주의적 정치철학에 대한 내 자신의 도전은, 자유주의적 개인주의가 너무나 친숙해서, 대부분의 공적 담론에서 지배적 힘을 가진 정통적인, 그리고 인식하지 못하는 사이에 이루어지는 출발점으로 역할을 하게 된 사회에서 형성된 것이었다."[43]

송재룡은 공동체주의에 대한 오해와 편견은 특히 서구의 계몽주의적 사상의 전통을 갖고 있지 못한 나라들, 예컨대 한국을 포함하는 아시아와 중남미의 여러 사회에서 자못 심각하다고 말한다. 이들 사회는 공동체주의를 자신들의 역사를 오랫동안 수놓아온 권위주의적·집단주의적 전통과 유사한 어떤 것으로 간주한다는 것이다.[44] 미국의 공동체주의자들은 한국의 자유주의자들보다 자유주의적이며, 한국의 자유주의자들은 미국의 공동체주의자들보다 공동체주의적이라는 말은 바로 그런 오해를 꼬집은 것이라고 볼 수 있겠다.[45]

그간 한국에서 공동체주의는 엄격한 개념 규정 없이 바람직한 의

미의 '사회적 자본'을 강화시키자는 의미로 많이 사용되어왔다.('사회적 자본' 참고) 그래서 김의수는 우리에게 요구되는 과제는 이중적이라며 "우리는 한편으로 집중화와 권위주의의 전통에서 무시돼온 진정한 의미의 공동선의 지향과 민주질서의 회복을 위해 노력해야 하고 또한 동시에 나타나는 파편화 현상의 극복을 위해 새로운 공동체운동을 전개해야 한다"고 말한다.[46]

그렇다. 우리에게 주어진 과제는 이중적인 것이므로 무엇보다도 균형 감각이 요구된다. 한국에서 이루어진 그간의 공동체 운동은 사실상 관제 운동의 성격이 컸기 때문에 시늉에 그치고 말았다. 시민운동은 낮은 곳에 임하긴 했지만, 이슈 중심의 엘리트 운동의 성격이 강했다. 진정한 의미의 공동체 운동은 종교와 사적 연고주의가 흡수해버렸다고 해도 과언이 아니다. 앞으로 이런 현실적인 문제에 대한 논의가 왕성하게 이루어져야 할 것이다.

그렇게 하기 위해선 무엇보다도 기존의 정책 의제 설정을 문제 삼는 것이 필요하다. 공동체 문화와 같은 사회적 자본은 아예 정책 범주에 들어가 있지 못한 현실을 문제 삼을 필요가 있다는 뜻이다. 모든 정책이 눈에 잘 보이는 것 중심으로 입안되고 집행되는 건 '정치적 논리'에서 비롯된 것이므로, 그런 '정치적 논리'를 극복하거나 완화하기 위해서도 공동체에 관한 논의가 활발하게 이루어져야 할 것이다.

왜 우리는 영화나 드라마의
해피엔딩에 집착하는가?

공평한 세상 오류

대형 사무실의 온도 조절기는 대부분 가짜다. 실제로 작동하는 온
도 조절기를 설치한 사무실들도 있겠지만, 미국엔 온도 조절 기능이
전혀 없는 가짜가 많다. 미국 도시의 횡단보도 앞에는 길을 건너려
는 사람이 누르게끔 되어 있는 신호등 버튼이 있는데, 이것도 가짜
인 경우가 많다. 그 버튼을 누른다고 해서 파란 불이 더 빨리 들어오
는 건 아니라는 말이다. 물론 지역에 따라 작동하는 신호등 버튼을
설치한 곳도 있긴 하겠지만 말이다.

이런 가짜 버튼을 가리켜 '플라세보 버튼placebo button'이라고 부른
다. 약효가 전혀 없는 거짓 약을 진짜 약으로 가장해 환자에게 복용

토록 했을 때 환자의 병세가 호전되는 심리적 효과를 뜻하는 '플라세보 효과placebo effect'를 원용해서 붙인 이름이다. 그런데 플라세보 버튼은 어떤 플라세보 효과를 낳는 것일까? 사람들에게 자신이 통제할 수 있다는 환상을 주어 불쾌하거나 지루한 상황을 더 잘 견뎌내게 만드는 효과를 발휘한다.[47]

미국 심리학자 엘렌 랭어Ellen Langer, 1947~는 그런 환상을 가리켜 '통제의 환상illusion of control'이라고 불렀다. 현실적으로 권한이 없는 뭔가에 대해 통제하거나 영향을 미칠 수 있다고 믿는 경향으로, '통제력 착각'으로 부르기도 한다. 로또에 당첨되기 위해 1등이 많이 나온 집을 찾아가기도 하고, 그간 나온 당첨 번호들에 대한 분석을 하는 등 다양한 행동을 하는 것이 좋은 예다.[48]

사회적 차원에서 통제의 환상은 이른바 '공평한 세상'이라는 신화를 만들고 유포시키는 동력이 되기도 한다. 자신이 통제할 수 없는 사건들에 대해서 통제감을 갖는 사람들은 결국 세상사 모든 일이 순전히 우연한 것은 없고 당사자들에게 책임이 어느 정도는 있는 걸로 믿는 경향이 있다는 것이다. 그래서 교통사고를 당한 행인은 어딘가 부주의한 데가 있었으며, 성폭행을 당한 여자는 당할 만한 소지가 있었다고 여기며, 가난한 사람들은 게으르며 노력을 충분히 하지 않는 구석이 있다고 여긴다. 이승에서 불공평한 대접을 받았으면 저승에 가서 복을 받거나 다음 생에 부귀를 누릴 것이라는 생각도 그런 경우다.

이런 생각이나 믿음을 가리켜 '공평한 세상 오류just-world fallacy' 또는 '공평한 세상 가설just-world hypothesis'이라고 한다. 1960년대부터 관련 실험을 해온 사회심리학자 멜빈 러너Melvin J. Lerner가 제시한 것이다. 그는 그런 연구 결과를 토대로 1980년에 『공평한 세상에 대한 믿음: 근본적 망상』이라는 책을 출간했다. 이 오류는 사실상의 '피해자 탓하기blaming the victim, victim blaming'로, "뿌린 대로 거둔다You reap what you sow"는 말이 그 슬로건이라고 할 수 있다. '자업자득自業自得', '인과응보因果應報', '업보業報'라는 말을 즐겨 쓰다 보면 그런 오류에 빠질 가능성이 높아진다.[49]

러너가 관련 연구를 하게 된 이유는 그가 젊은 시절 정신병자들을 치료하는 의사와 간호사 사이에서 일했을 때 이들이 환자의 등 뒤에서, 가끔은 그 환자의 면전에 대고 그들에 대한 농담을 하는 장면을 여러 번 목격하면서 느낀 충격 때문이었다. 그 불행한 사람들에게 어찌 그럴 수 있단 말인가? 그런 생각을 하긴 했지만, 러너는 의사와 간호사들을 무정한 사람들로 여기지 않았으며 오히려 그들이 환자를 치료하며 대면하는 불쾌한 현실에 대처하기 위해 그러한 행동을 하는 거라고 보았다. 연구 끝에 러너는 공평한 세상을 믿으려는 욕구가 그런 반응의 주된 동기라고 결론 내렸다. 이 환자들이 정신병에 걸린 것이 자업자득이라고 본다면, 그들에 대한 농담을 해도 꺼림칙하지 않았을 것이라고 해석한 것이다. 러너의 결론은 우리의 모든 삶의 영역에 광범위하게 적용될 수 있다.[50]

러너의 연구 결과는 정의에 대해 매우 곤혹스러운 문제를 제기한다. 사람들이 정의가 진정 살아 있는 세상은 환상에 불과하다는 점

TIP

피해자 탓하기 피해자 탓하기는 개인 또는 집단에 어떤 불행한 일이 일어났을 때 가해자에게 책임을 묻고 비판을 하기보다는 오히려 피해자에게 책임을 묻고 비판을 하는 것을 말한다. 성폭행을 당한 여성에게 그렇게 당할 만한 행실을 보였기 때문에 그런 일이 일어난 게 아니냐는 반응을 보이는 것이 전형적인 예다. 이 용어는 미국 심리학자 윌리엄 라이언William Ryan, 1924~2002이 흑인들이 겪고 있는 빈곤의 책임을 흑인들에게 돌리는 주장을 반박하기 위해 1971년에 출간한 『피해자 탓하기』에서 처음 사용했다. William Ryan, 『Blaming the Victim』(New York: Vintage Books, 1971).

을 인정하면서도 마음의 안정과 평안을 유지하기 위해 정의를 회복할 수 없는 상황에 처한 피해자를 탓한다는 것이니, 이 어찌 놀랍거니와 무서운 일이 아니랴.

닐 로즈Neal Roese는 "좋은 사람에게 나쁜 일이 일어난다는 것은 '세상은 일반적으로 정의롭고 대부분 공정하다'라는, 많은 사람들이 공유하고 있는 암묵적인 전제에 위반되는 것이다"며 "그래서 이런 '공정'이라는 느낌을 유지하기 위해서 사람들은 피해자를 비난한다"고 말한다.[51] 엘리엇 애런슨Elliot Aronson은 "똑같이 한 일에 대해 동등한 보수를 받는 문제, 살아가는 데 기본이 되는 생활필수품을 제공받는 문제, 나아가서 아무런 잘못이 없는 데도 불구하고 마땅히 받아야 할 것 또는 꼭 필요한 것을 받지 못하는 세상에 살고 있다는 것은 상상만 해도 끔찍하다"며 "모든 잘못을 희생자의 성격이나 장애 때문이라고 뒤집어씌우면서 피해를 입은 피해자를 비난하는 경향은 아이러니컬하게도 이 세상은 아주 공정한 곳이라고 보려는 욕

구를 나타낸다"고 말한다.[52]

'세상이 공정하다는 믿음belief in a just-world'은 미디어, 특히 텔레비전 드라마에 의해 강화되기도 한다. 마르쿠스 아펠Markus Appel의 2008년 연구에선 드라마와 코미디를 즐겨 보는 사람들은 뉴스와 다큐멘터리를 즐겨 보는 사람에 비해 '세상은 정의롭다'고 믿는 비율이 높은 것으로 나타났다. 아펠은 픽션이 '시적 정의poetic justice'라는 주제를 끊임없이 우리 뇌에 주입함으로써 세상이 전반적으로 정의롭다는 과도한 낙관을 심는 데 일말의 책임이 있을지도 모른다고 결론 내렸다.[53]

'시적 정의'는 시나 소설 속에 나오는 권선징악勸善懲惡과 인과응보因果應報의 사상으로, 17세기 후반 영국의 문학 비평가 토머스 라이머Thomas Rymer, 1643~1713가 만든 말이다. 그는 극의 행위가 개연성과 합리성을 가지고 도덕적 훈계와 예증으로 교훈을 주어야 하며 인물들은 이상형이거나 그들 계층의 일반적인 대변자로서 행동해야 한다고 주장했다.[54]

웨인 다이어Wayne Dyer, 1940~는 "세상은 공평하다"고 믿는 사람들에게 이렇게 조언한다. "세계가 언제나 모든 게 공평하도록 지어졌다면, 어떤 생명체든 단 하루도 살아남을 수 없다. 새는 벌레를 잡아먹어서는 안 되며, 누구도 자신의 욕구를 충족할 수 없으리라." 폴커 키츠Volker Kitz와 마누엘 투쉬Manuel Tusch의 조언은 더욱 적극적이다. 이들은 "세상이 공평하다는 믿음을 단호히 떨쳐버려라"며 다음과 같이 말한다.

"세상이 공평하다는 믿음을 단호히 떨쳐버려라. 때론 누군가 이유 없이 횡재하기도 하고, 누군가는 노력하고도 손해를 본다. 세상에는 우리 힘으로 어쩔 수 없는 일들이 너무도 많다. 그렇기 때문에 지금 당장 잘못한 것도 없이 피해를 보는 것 같아도 언젠가 이유 없이 득을 볼 수도 있다.……나에게도 언제든 예기치 않은 불행이 찾아올 수 있다고 생각하면, 타인의 불행을 지켜보면서 함부로 그 원인을 당사자에게 돌리지 않게 된다. 그럴 때에야 불공평한 세상의 민낯을 제대로 볼 수 있고, 우리가 바꿔나갈 수 있는 것을 하나씩 바꿔나가면서 인생의 많은 부분들을 조금 더 정의롭게 꾸려나갈 수 있다."[55]

그렇게 하기 위해 우선 '자업자득', '인과응보', '업보' 등과 같은 말을 조심스럽게 사용할 필요가 있지 않을까? 영화나 드라마를 볼 때에도 권선징악과 인과응보로 대변되는 해피엔딩을 바라지 않는 게 필요할지도 모르겠다. 작가와 제작자들이 관객이나 시청자의 그런 암묵적 요구에 굴복해 '시적 정의'의 구현에 앞장설 수밖에 없다고 한다니 말이다.

왜 '응징적 정의'만으론
세상을 바꿀 수 없는가?

회복적 정의

사법제도에서 정의는 3종류가 있다. 응징적 정의retributive justice, 실리적 정의utilitarian justice, 회복적 정의restorative justice가 바로 그것이다. 응징적 정의는 '응보적 정의', '보복적 정의'라고도 하는데, 목숨에는 목숨, 눈에는 눈, 이에는 이로 처벌함으로써 상호성의 원칙을 추구하는 것을 말한다. 실리적 정의는 개별 가해자를 처벌함으로써 얻게 될 미래의 더 큰 사회적 공익에 대해 생각하는 정의로 벌금·구금·사회봉사, 자격 박탈, 치료·교육을 통한 갱생 등 3가지 유형의 처벌을 부과한다. 회복적 정의는 범죄 피해자가 입은 손해의 회복에 초점을 맞추며 그 과정에 모든 당사자가 관여할 것을 요하는 형사 사법 이론·과정을 말한다. 응징적 정의와 실리적 정의는 범죄자의 처벌에 중점을 두는 반면, 회복적 정의는 그런 처벌 위주의 정책이 별 효과가 없어 세상을 바꿀 수 없다는 깨달음과 반성에서 비롯되었다.[56]

미국에서 '회복적 정의의 아버지'로 불리는 하워드 제어Howard Zehr, 1944~는 『회복적 정의란 무엇인가?』(1990)에서 "우리는 정의를 응보로 정의하지 말고, 원상회복으로 정의해야 한다"고 주장한다. 사법의 첫 번째 목적은 피해자에 대한 원상회복과 치유여야 하며, 피해자와 가해자의 관계 치유는 사법에서 두 번째로 중요한 관심 사항이 되어야 한다는 것이다.[57]

제어는 자신의 주장이 망상적이며 비현실적으로 받아들여질 수도 있다는 걸 인정하면서도 노예제도 폐지의 목소리도 한때는 마찬가지 입장이었다는 점을 강조한다. 오늘날 상식이라고 생각하는 것의 상당수가 한때는 이상적인 것으로 여겨졌다는 것이다. 그는 "회복적 정의는 나에게조차도 이상주의적인 것으로 받아들여질 때가 있음을 고백할 수밖에 없다"며 "그러나 나는 이상을 믿는다. 우리는 쉽게 이상을 잊고 살지만 이상은 여전히 우리에게 방향성과 기준을 제시하는 등불로 남아 있다"고 말한다.[58]

제어의 그런 이상이 터무니없는 것만은 아니다. 실제로 청소년 폭력 가해자와 피해자 사이의 중재 활동에 대한 연구들을 종합한 결과에 따르면, 회복적 정의의 과정은 과거의 일반적인 청소년 범죄 처리 절차에 비해 재범률을 26퍼센트나 낮춰주었고 재범의 죄질도

훨씬 가벼워졌다고 한다.[59]

물론 회복적 정의 개념을 수용한다 해도 모든 범죄에 다 적용할 수 없다는 건 분명하다. 가해자가 얼굴을 마주 보고 진심 어린 사과와 보상을 건네는 것만으로도 피해자의 두려움과 분노를 덜어줄 수 있는 경우도 있지만, 범죄의 피해자가 두려움에 휩싸여 남은 삶을 제대로 살아가지 못하는 경우엔 이야기가 달라진다.[60]

또 회복적 사법 프로그램에 참여하는 범죄자가 과연 자발적으로 참여했느냐 하는 문제도 제기될 수 있다. 범죄자가 회복적 프로그램에 참여하겠다는 의사를 밝힐 때, 회복적 프로그램에 참여하면 가혹한 형벌을 피할 수 있다고 판단했을 가능성이 있다는 것이다.[61]

한국에서 회복적 정의를 위한 시도는 2006년부터 한국형사정책연구원의 정책 연구 과제로 진행된 '피해자-가해자 대화 모임'을 통해 이루어졌다. 한국에서는 사법 분야와 더불어 교육 분야에서 그 응용이 비교적 활발하다. 일부 학교들이 실시하고 있는 '회복적 생활교육'이 바로 그것인데, 이는 '회복적 정의의 교육적 접근'으로 볼 수 있다. 회복적 생활교육에서 이루어지는 모든 대화의 기본은 '서클' 형태로 이루어지는데, 서클은 구성원들이 둥글게 둘러앉은 상태에서 토킹 스틱talking stick을 들고 순서대로 돌아가면서 이야기하는 것이다.[62]

응징적 정의와 회복적 정의는 상호보완적인 것이어야지 양자택일을 해야 할 문제는 아닌 것 같다. 그런데 우리의 현실은 아직도 회복적 정의에 무관심한 편이다. 예컨대, '학교폭력예방 및 대책에 관토킹 스틱 토킹 스틱은 대화를 나누는 집단에서 경청敬聽을 유도하기 위한 소도구로, 이걸 손에 든 사람만이 말할 수 있다. 토킹 스틱의 기원은 북미 인디언들의 부족 회의로 거슬러 올라간다. 인디언 부족 회의에선 이 지팡이를 들고 있는 사람에게만 발언권이 허용되었으며, 지팡이를 갖고 있는 동안에는 누구의 간섭도 받지 않고 다른 사람들을 충분하게 이해시킬 때까지 자신의 의견을 말할 수 있었다. 이런 커뮤니케이션 방식은 오늘날 소통이나 자기계발 분야에서 왕성하게 도입되고 있다. 최화진, 「인디언식 '이야기 막대' 들고 갈등 함께 풀어요」, 『한겨레』, 2015년 1월 20일; 스티븐 코비, 김경섭 옮김, 『성공하는 사람들의 8번째 습관』(김영사, 2004/2005), 274, 278쪽; 「Talking stick」, 『Wikipedia』.

한 법률'만 해도 피해자 회복보다 빠른 시간 안에 사건을 처리하는 것에만 급급해 갈등에 대한 근본적인 해결 방안을 제시하지 못하고 있다는 지적이 끊이지 않는다.[63]

'회복적 생활교육' 전문가인 박윤서는 학교에서 누군가를 괴롭히면 '선생님한테 혼나요'라는 대답 대신 '누가 힘들어요'라고 말하는 분위기를 만들어야 한다고 말한다. 그는 인과응보因果應報와 사필귀정事必歸正으로 요약되는 '응보적 정의' 대신 반성, 성찰, 치유가 중심이 되는 '회복적 정의'가 좀더 확산되어야야 한다며 다음과 같이 말한다.

"우리나라 청소년들은 학교에서 엄벌주의에 순응하며 살아갑니다. 응보적 정의에 기반한 엄벌주의는 '잘못을 인정하는 건 바보다', '걸리지만 않으면 문제없다'는 식의 왜곡된 정의를 형성할 수 있습니다. 이런 문제를 극복하기 위해서는 나의 잘못 때문에 누군가 힘들어진다는 점을 알게 하고 관계를 회복하게 하는 게 중요합니다. 그러한 '회복적 생활교육'의 중심에 학교를 중심으로 하는 지역사회 공동체가 있어야 합니다."[64]

한국에서 회복적 정의의 실천에 가장 큰 걸림돌은 정의로운 응징적 정의마저 이루어지지 않는 법과 규율 집행의 불공정성에 있는 것 같다. 2017년 1월『동아일보』가 여론조사 회사인 엠브레인과 함께 20대 이상 남녀 1,000명에게 모바일 설문조사를 벌인 결과, 무려 91퍼센트가 한국은 '유전무죄有錢無罪·무전유죄無錢有罪'가 통하는 사회라고 응답했다. 심지어 71.4퍼센트는 "매우 그렇다"라고 답했다.[65] 학교 폭력 역시 '유전무죄·무전유죄'의 관행과 무관치 않다는 인식이 광범위하게 퍼져 있는 상황에서 회복적 정의가 뿌리를 내리긴 어려울 것이다. '응징적 정의'만으론 세상을 바꿀 수 없지만, 응징적 정의라도 제대로 해야 그다음 단계로 나아갈 수 있지 않을까 하는 생각이 든다.

제3장

평등

왜 "재분배는 강제 노동과 다를 바 없다"고 하는가?

자유 지상주의

    1971년 미국 하버드대학 철학과 교수 존 롤스John Rawls, 1921~2002가 『정의론A Theory of Justice』을 출간해 큰 사회적 반향을 불러일으키자, 롤스의 주장에 결코 동의할 수 없었던 같은 철학과 후배 교수 한 명이 반격을 준비하기 시작했다. 3년 후인 1974년에 출간된 『아나키, 국가 그리고 유토피아Anarchy, State, and Utopia』가 바로 그 반격의 산물인데, 이 책의 저자는 로버트 노직Robert Nozick, 1938~2002이다. 이 책은 오늘날까지도 '자유 지상주의libertarianism'라는 이념의 원칙들을 가장 조리 있고 체계적으로 표현한 저술로 인정받고 있다.[1]

    libertarianism은 개인을 통제하는 어떤 권위도 부정하고 최소 정

유토피아 유토피아는 "이상향理想鄕, 이상적인 나라"란 뜻이다. 영국 작가이자 정치가인 토머스 모어Thomas More, 1478~1535가 『유토피아』(1516)에서 만든 말이다. utopia는 그리스 어로 "not a place", 즉 "nowhere"라는 뜻이다. 이 세상 그 어느 곳에도 없다는 말이 되겠 다. 유토피아의 반대라 할 암흑향暗黑鄕은 디스토피아dystopia다. 영국 작가 올더스 헉슬리 Aldous Huxley, 1894~1963의 『멋진 신세계』(1932)라는 소설은 현대의 기술 진보가 악몽과 같 은 유토피아, 즉 디스토피아를 낳는 걸 그림으로써 당시 풍미하던 유토피아에 대한 기대와 환상에 정면 도전했다. 강준만, 「utopia」, 『교양영어사전』(인물과사상사, 2012), 690~691쪽.

아나키즘 아나키즘은 '지배자 또는 통치의 부재'를 뜻하는 그리스어 anarchy에서 유래한 말로, 정치적 권위의 일반 원리를 부정하면서, 그러한 권위 없이도 사회질서가 이룩될 수 있고 또 그렇게 되는 것이 바람직하다고 주장하는 이념과 운동이다. 아나키즘은 흔히 '무 정부주의'로 번역되는데, 이런 번역이 아나키즘에 대한 오해를 낳고 있다고 해서 최근엔 아나키즘이란 말을 그대로 쓰고 있다. 아나키즘은 프랑스의 사상가 피에르 조제프 프루동 Pierre-Joseph Proudhon, 1809~1864이 1840년에 출간한 『소유란 무엇인가』에서 예찬론을 펴면서 하나의 사회 이념으로 등장했다. 이후 아나키즘의 종류와 갈래가 워낙 다양해져 쉽 게 정의하기가 어려운 개념이 되었지만, 그 핵심은 '자연 상태의 사회', 즉 개인들과 자유 의사로 결합된 집단들의 자율적 사회를 적극적으로 옹호하는 것이다. 강준만, 「아나키즘」, 『나의 정치학 사전』(인물과사상사, 2005), 144~153쪽.

부를 정치적 목표로 하며 자유경쟁 시장을 본질적 제도로 삼는 이 념이다. 국내에선 자유 지상주의, 자유 해방주의, 자유 의지주의, 절 대 자유주의 등 다양하게 번역되며, 아예 번역으로 인한 오해의 소 지를 없애기 위해 리버테리어니즘으로 부르기도 한다. 자유 지상주 의를 보수주의의 한 유파로, 아나키즘anarchism을 자유 지상주의의 좌파로 보는 입장도 있다. 유형도 다양하거니와 응용도 다양해 적잖 은 혼란을 불러일으키는데, 심지어 리버테리언 사회주의, 리버테리

언 공산주의, 리버테리언 공동체주의 등의 용어도 쓰인다.[2]

지적 신념으로서 자유 지상주의의 원조는 오스트리아 경제학자 프리드리히 하이에크Friedrich August von Hayek, 1899~1992다. 그는 『자유 헌정론』(1960)에서 복지 정책 등과 같이 경제 평등을 성취하려는 시도는 하나같이 강압적이고, 자유 사회를 파괴하게 마련이라고 주장했다. 이어 미국 경제학자 밀턴 프리드먼Milton Friedman, 1912~2006은 『자본주의와 자유』(1962)에서, 국가가 할 일이라고 널리 인식된 행위 가운데 상당수가 개인의 자유를 침해하는 위법 행위라고 주장하면서 사회보장제도, 최저임금제, 고용 차별 금지법 등에 반대하고 나섰다.

미국의 리버테리어니즘은 1960년대 후반에서 1970년대 초반 베트남전쟁, 사회복지의 확대, 불경기, 워터게이트 사건 등에 대한 반응으로 일어나기 시작했으며, 1980년대에 친親시장, 작은 정부를 지향하던 미국의 로널드 레이건Ronald W. Reagan, 1911~2004, 영국의 마거릿 대처Margaret Thatcher, 1925~2013 행정부의 정책에서 가장 뚜렷하게 나타났다.[3]

자유 지상주의는 오늘날 흔히 개인주의적 우파 이념으로 분류되지만 인권 중에서 프라이버시 보호처럼 개인의 자유에 관련된 사안에선 확고하게 인권 원칙을 옹호한다. 그래서 2001년 9·11 테러 이후 조지 W. 부시 대통령의 대對테러 전쟁 당시 미국 내에서 이루어지는 정보기관의 시민 도감청에 대해 자유 지상주의자들이 강력하게 저항했던 것이다.[4]

리버테리어니즘을 표방하는 싱크탱크인 케이토연구소는 2006년 경제적 이슈에선 보수지만 개인적 자유에는 진보 성향을 보이는 미국 유권자들을 리버테리언으로 분류하면서 이런 유권자의 규모가 10~20퍼센트에 이른다고 발표했다.[5]

노직의 핵심 주장은 '최소국가론the minimal state theory'과 '소유권리론the entitlement theory'이다. 전통적인 자유주의 입장은 국가를 사회의 질서유지와 외부의 침입을 보호하는 하나의 도구인 동시에 항상 개인의 권리를 위협하는 존재로 간주하지만, 노직은 국가가 없는 자연 상태보다는 국가가 존재하는 것이 개인의 권리를 잘 보호할 수 있다고 생각했다. 개인의 권리를 침해하지 않으면서 존재하는 국가, 그게 바로 노직이 주장하는 최소국가다.[6]

최소국가론의 당연한 귀결이라고 할 수 있는 소유권리론은 3가지 분배 정의의 원칙으로 이루어져 있다. 첫째, 최초 획득에서의 정의 원칙이다. 둘째, 이전移轉에서의 정의의 원칙이다. 셋째, 교정의 원칙이다. 노직은 정당한 소유가 성립하려면 소유를 발생시킨 최초 획득이 정당해야 한다고 본다. 최초의 정당한 취득이 성립된 이후에는 소유물의 이전이 정당하게 이루어져야 한다. 이 두 원칙에 의해 소유가 성립되어야 하며, 취득과 이전의 과정에서 부정함이 있었다면 교정해야 한다는 것이다.[7]

이러한 교정의 원칙은 한국처럼 재벌의 부의 축적이 국가의 개입으로 인해 이루어진 국가에선 매우 급진적인 원칙으로 작용할 수 있다. 사실 한국에서 통용되는 자유 지상주의는 노직의 자유 지상주의와는 거리가 멀다. 노직이 말한 이 3원칙을 그대로 실천하고자 할 경우, 자유 지상주의는 매우 진보적인 이념이 될 수도 있는데 한국의 자유 지상주의자들은 그 3원칙은 외면하고 있기 때문이다.[8]

노직은 부유한 사람들에게 강제로 세금을 부여하여 가난한 사람을 구제하는 정책을 반대한다. 노직은 그런 재분배는 결국 타인의 즐거움을 위해 노동을 해야만 하는 불행한 사람에게 타인의 즐거움에 상응하는 부담을 지운다는 점을 간과하고 있기 때문에 강제 노동과 다를 바 없다고 주장한다. 최소국가 이상으로 확장된 '재분배 국가'는 일부 개인들을 타인의 이익을 위한 수단으로 사용함으로써 개인의 존엄성과 권리를 침해할 수 있다는 것이다.[9]

하지만 노직은 개인의 자발적인 자선 행위에 반대하지 않으며 오히려 이를 개인 소유권을 행사하는 훌륭한 방식이라고 권장한다. 모든 사회 구성원이 각자의 가치관에 입각한 좋은 삶을 추구하는 것이 바람직하며, 이러한 삶이 각자가 최선의 세계로 간주하는 유토피아의 삶이기 때문이라는 것이다. 노직은 각자의 권리가 존중되고 침해되지 않는 최소국가가 이러한 다양한 유토피아를 위한 토대가 된다고 주장한다. "최소국가는 우리들을 불가침의 개인으로 대우한다. 즉, 우리는 최소국가 안에서 결코 타인의 도구나 수단 또는 자원으로 이용당하지 않는다"는 것이다.[10]

마이클 샌델은 자유 지상주의자들이 의존하는 자유 개념이 잘못되었다고 본다. 그들이 주장하는 절대적인 자기 소유권이라는 게 있다면, 낙태, 간통, 매춘, 장기 거래, 조력 자살assisted suicide 등에 국

가가 개입할 여지는 없다는 이야기인데, 과연 그래도 괜찮으냐는 것이다.[11]

　아무래도 노직은 나중에 자신의 주장에 무리가 있다고 생각했던 것 같다. 말년의 노직은 자신의 자유 지상주의가 젊은 날에 지녔던 수많은 견해 중의 하나였을 뿐이라며 자신이 자유 지상주의자임을 부정했으니 말이다. 이에 대해 김만권은 "자신에게 쏟아진 수많은 철학적 비판을 피하기 위해서가 아니라 신자유주의의 확산 속에 피폐해지는 인간의 삶 앞에서 자신의 신념이 무력한 것임을 스스로 확인할 수 있었기 때문일 것이다"고 말한다.[12]

　자유 지상주의는 시장에 대한 엄청난 믿음, 아니 종교적 신앙을 드러내고 있지만, 시장이 제대로 작동하지 않아 수많은 비극이 발생한 것은 엄연한 역사적 사실이 아닌가. 이 지구상의 그 어떤 선진국도 시장에 개입하지 않으면서 자유 지상주의의 원칙만으로 국가 운영을 한 적은 없다. 그래서 자유 지상주의가 구현되는 유토피아를 꿈꾸는 것인지 모르겠지만, 유토피아는 어디까지나 유토피아일 뿐 현실을 직시하는 것이 좋을 것 같다.

왜 인생이 우리가 처한 환경에
좌우되면 안 되는가?

자원의 평등 이론

"인생의 결과는 우리가 처한 환경이 아니라 우리의 선택에 좌우되어야 한다."[13] 좋지 못한 환경에서 태어나 성장하면서 고통을 받은 사람으로선 한번쯤 생각해봤음직한 당위겠지만, 현실 세계는 '선택'보다는 '환경'이 큰 지배력을 행사하는 곳임을 어찌 부인할 수 있으랴. 2000년에 출간한 『자유주의적 평등』에서 이 당위를 천명하고 나선 미국의 법학자이자 철학자인 로널드 드워킨Ronald M. Dworkin, 1931~2013은 학자로서 생애 내내 이 문제를 놓고 씨름한 자유주의자이면서 평등주의자였다.

드워킨은 "현대 모든 정치 이론의 심장은 그것이 페미니즘이든 자유 지상주의이든 무엇이든 상관없이 각 개인이 평등하게 중요하다는 발상"이라며, 일해야만 평등하게 대접받을 수 있다는 발상은 우리가 늘 주장해오던 인간으로서 평등을 부정하는 것이라고 주장한다. 그는 "어떤 정부도 그 정부가 통치하고 충성을 요구하는 시민들의 운명을 평등하게 배려하지 않는다면 그 정부는 정당하지 않다"며 다음과 같이 열변을 토한다.

"평등한 배려equal concern는 정치 공동체의 최고의 덕목이며, 그것이 없는 정부는 조직 독재일 뿐이다. 그리고 한 국가의 재산이 매우 불평등하게 분배되어 있을 때 그 국가의 평등한 배려를 의심하게 된다. 왜냐하면 재산의 분배는 법적 질서의 산물이기 때문이다. 한 시민의 재산은 그가 속한 공동체가 어떤 법을 제정하느냐에 따라 상당 부분 달라진다. 그 법에는 소유, 절도, 계약 그리고 불법행위를 다스리는 법뿐만 아니라 복지법, 세법, 노동법, 시민권법, 환경규제법, 그리고 다른 모든 실제적인 것들에 대한 법들이 포함되어 있다."[14]

우리는 세상이 불공평하다고 투덜대면서도 부자는 부자가 될 만한 능력을 갖고 있었다는 점을 수긍하는 이중성을 보인다. 아니 어쩌면 그건 이중성이라기보다는 자신이 어찌할 수 없는 사회체제를 받아들이는 게 좋다는 걸 깨달은 '체념의 지혜'라고 보는 게 옳을지도 모르겠다. 그런데 드워킨은 이 발언을 통해 불평등은 법적 질서의 산물이라는 것을 단언하고 있지 않은가. 우리가 주변에서 볼 수 있는 부자치고 부동산 투기 또는 투자로 큰돈을 벌지 않은 이가 드물다. 부동산 투기(투자)로 번 돈을 불로소득으로 간주해 대부분을 세금으로 환수하는 법이 있었다면 어떻게 되었을까? 불평등은 법적 질서의 산물이라는 드워킨의 주장에 공감하지 않을 수 없으리라.

재분배를 위한 과세는 세금을 내는 사람들의 자유를 침해하는가? 그렇지 않다는 게 드워킨의 생각이다. 왜냐하면 무엇을 자유에 대한 제약으로 볼 것인가 하는 판단은 애당초 정당한 재산권이 무엇인지에 대한 판단에 달려 있기 때문이다. 드워킨의 생각에는 애당초 큰 부자가 자신의 전 재산에 대한 권리를 가지고 있지 않기 때문에 그 일부를 취하는 것은 자유를 진정으로 침해하는 것이 아니다. 자유란 할 수 있는 권리가 있는 것을 하거나 도덕적으로 정당한 것을 하는 데 있다고 보는 것이다.[15]

드워킨은 "정치 공동체의 약자라 하더라도 강자와 똑같이 정부의 관심과 존중을 받을 권리가 있다"는 정치적 평등 이념을 주장하면서, "우리는 고통 받는 사람들에게 어쨌든 그들이 평등한 배려를 받고 있음을 설명할 수 있어야 한다"고 역설한다. 그가 강조하는 '평등한 배려'는 모든 것을 구성원들이 똑같이 나누는 것이 아니라 '시민적 자격의 평등'과 '정치적 자격의 평등', '사회경제적 자원 분배의 평등'이다. 똑같이 나누자는 게 아니라 '허용할 수 있는 불평등'과 '허용할 수 없는 불평등'을 확정해야 한다는 것이다.[16]

드워킨은 자신의 분배 정의론을 '자원의 평등equality of resources' 이론으로 부른다. '자원의 평등'은 사람들의 복지 수준이 동일하도록 물질적 자원을 분배하는 '복지의 평등'과는 달리, 사람들의 복지나 행복과는 관계없이 자원 자체를 평등하게 분배하는 것이다. 사람들은 자신의 삶의 계획이나 전망에 따라 자신에게 필요하다고 생각하는 자원들을 가상의 경매 방식으로 분배 받으며, 그 결과 다른 사람들이 소유한 자원에 대해서도 부러워하지 않게 되면 자원이 평등하게 분배된 것으로 본다.

드워킨은 구성원들에게 자원이 분배된 후에 서로가 소유한 자원에 대해 더는 부러워하지 않는 상태를 '선망 검사envy test'를 충족시켰다고 말한다. 그런데 초기에 자원이 평등하게 분배되었다고 할지라도 시간이 지남에 따라 여러 요인에 의해 불평등이 발생하게 된다. 드워킨은 개인의 선택에 의해 발생한 불평등은 개인에게 책임이 있으며 그러한 불평등은 정당하다고 본다. 하지만 선천적인 개인의 능력이나 가정환경과 같은 우연적 요인에 의해 발생한 불평등은 정부가 보상할 필요가 있다고 주장한다.[17]

드워킨은 존 롤스의 정의관을 옹호하면서 롤스가 급진적 평등 개념을 제시했다고 전제하면서도 롤스의 정의론이 이른바 '운 평등주의luck egalitarianism'를 수용하지 못하는 한계가 있다고 비판한다. '운 평등주의'는 국가나 사회가 시민들이 장애와 재능처럼 '선택할 수 없는 운brute luck'에서 생기는 불평등은 가능한 한 완화하고, '선택할 수 있는 운option luck'에서 생기는 불평등은 가능한 한 개인의 책임을 반영하도록 하는 분배 정의의 원칙을 말한다. 그런데 롤스의 차등의 원칙은 장애에서 생기는 불평등을 구조적으로 완화하지 못하고, 개인이 경제적 처지를 향상시키기 위해 성실한 노력을 하는 등의 선

택에서 발생하는 보상과 책임을 수용하지 못한다는 것이다.[18]

'선택할 수 있는 운'엔 크게 보아 2가지가 있다. 첫째, 개인이 여가 leisure를 즐기기 위해 일을 적게 하거나 혹은 전혀 안 하며 살지, 아니면 자신의 사회경제적 처지를 향상시키기 위해 여가를 줄이고 일을 하면서 살지에 관한 선택에서 발생하는 운이다. 둘째, 개인이 자신의 사회경제적 처지를 향상시키기 위해 성실한 노력conscientious effort을 할지, 아니면 그런 노력을 안 할지에 관한 선택에서 발생하는 운이다. 이런 선택에 대한 책임은 개인이 져야 하며 국가나 사회가 이를 보정해서는 안 된다는 것이다. 그렇게 하지 않을 경우 발생하는 재분배는 게으름을 선택한 결과에 대한 책임을 근면을 선택한 사람에게 전가한다는 측면에서 정의롭지 못하기 때문이다.[19]

자신을 '신新좌파'라 부르는 것을 거부하지 않는 드워킨은 일반적으로 신좌파가 생각하는 구舊좌파의 평등에 대한 견해는 시민들이 요람에서 무덤까지 일을 하든지 말든지 또한 어떤 일을 하든지에 관계없이 모든 시민이 동일한 재산을 갖는 것이며, 정부는 항상 개미에게서 떼어내서 베짱이에게 주어야 한다는 것이라고 말한다. 드워킨은 이런 평등을 정치적 이상으로 진지하게 제안하는 사람은 아무도 없을 것이라고 전제하면서도 재분배에 대한 확고한 반대를 통해 구좌파의 어설픈 평등관과 확실한 선을 긋는다.[20]

드워킨은 이러한 자유주의적 평등의 관점에서 보았을 때 소수 집단에 대한 '적극적 우대 조치affirmative action'는 사람들에 대한 평등한 배려와 존중의 원칙에 부합한다고 본다. 적극적 우대 조치는 인종적

TIP

적극적 우대 조치 적극적 우대 조치는 미국에서 1961년 고용상의 차별 금지를 위한 '고용 평등과 기회균등을 위한 대통령위원회'가 설치되면서 시작된 것으로, 취업이나 대학 입학 등에서 할당제나 가산 제도 등을 통해 흑인이나 여성 등 불리한 집단의 구성원들에게 혜택을 주려는 제도나 정책을 말한다. 과거 역사의 누적된 불평등 상황을 바로잡자는 취지로 차별을 시정하거나 소수 집단을 우대한다는 의미에서 '차별 시정 조치' 또는 '소수 집단 우대 정책'이라고 불리기도 하고, 다수 집단과 같이 기존에 혜택을 받고 있는 집단의 구성원들에게 불이익을 준다는 의미에서 '역차별reverse discrimination'로 불리기도 한다. 역차별을 받는 사람들의 반발로 자주 뜨거운 사회적 논란이 벌어진다. 손철성, 「적극적 우대 조치의 정당화 논변에 대한 고찰: 대학 입학 할당제를 중심으로」, 『윤리교육연구』, 36권(2015년 4월), 198쪽; 캐스 R. 선스타인, 박지우 · 송호창 옮김, 『왜 사회에는 이견이 필요한가』(후마니타스, 2003/2009), 18쪽.

편견과 같은 부정적 선입견으로 인해 발생한 소수 집단의 불이익에 대해 한시적으로 보상을 함으로써 평등한 배려와 존중을 강화하는 데 기여한다는 것이다. 그는 공평성과 합헌성을 판단할 수 있는 결정적 기준은 "정치 공동체의 모든 구성원을 평등한 존재로서 존중할 수 있는 정책인지"에 달려 있다고 주장한다.[21]

재산, 소득, 고용 여부, 노동 의지에 상관없이 모든 국민에게 동일한 최소 생활비를 지급하는 소득분배 제도를 가리켜 '기본소득제'라고 하는데, 이는 분배 정의에 대한 드워킨의 원칙과 이상을 잘 구현하는 제도다.[22] 사실 개미에게서 베짱이로 재분배하는 것은 절대 안 된다고 하는 원칙만 준수한다면, "인생의 결과는 우리가 처한 환경이 아니라 우리의 선택에 좌우되어야 한다"는 당위를 실현할 수 있는 길은 많다. 문제는 과연 우리가 고통받는 사람들에게 어쨌든 그들이 평등한 배려를 받고 있음을 설명하려는 의지를 갖고 있느냐가 아닐까?

왜 '개천에서 용 나는 시대'는
종언을 고했는가?

능력주의

"오늘의 혁명 이데올로기는 내일의 반동 이데올로기가 된다"는 말이 있다. 이걸 잘 보여주는 게 바로 능력주의 이데올로기다. 개인의 능력에 따라 사회적 지위나 권력이 주어지는 능력주의는 지위와 권력을 세습하는 귀족주의와 비교할 때에 혁명적으로 진보적인 이데올로기였다. 능력주의meritocracy라는 말은 영국의 정치가이자 사회학자인 마이클 영Michael Young, 1915~2002이 1958년에 출간한 『능력주의의 부상The Rise of Meritocracy』이라는 책에서 귀족주의aristocracy의 반대말로 만들어낸 것이지만,[23] 개인의 능력을 중시하는 것은 17~18세기의 시민혁명 이후 존재해온 착한 이데올로기였다. 하지만 영이 이 용어를 선보인 1958년경엔 이미 타락할 대로 타락해 사실상 반동 이데올로기로 전락하던 시점이었다.

영은 당시 우경화하려는 노동당 정부에 경고하기 위한 풍자로 그 책을 썼지만, 영의 뜻과는 다르게 읽혀지면서 긍정적인 의미로 사용되었다. 그래서 노동당을 이끌고 1997년 총선에서 크게 이기며 영국 보수당의 18년간의 집권을 끝낸 토니 블레어는 "엘리트가 영국을 지배하던 시대는 끝났다. 새로운 영국은 능력주의가 지배한다"고 선언했다. 2001년 85세를 맞은 영은 자신의 책은 경고를 위한 풍자였건만 능력주의를 이상理想으로 삼는 이상한 일이 벌어졌다고 개탄했다.[24]

영의 책은 특히 미국에서 큰 주목을 받으면서 사회 전반에 큰 영향을 미쳤으며, 미국인들은 능력주의를 대학 교육은 물론 아메리칸 드림american dream의 이론적 기반으로 간주했다. 그래서 미국에선 능력주의가 자랑스럽게 여겨지는 말이었을 뿐만 아니라 불공정한 차별을 정당화하고 더 나아가 차별의 피해자를 게으른 사람으로 비난할 수 있는 논거로 이용되었다.

그러나 미국에서도 능력주의는 허구에 지나지 않는다는 반론이 제기되었다. 능력은 주로 학력과 학벌에 의해 결정되는데, 고학력과 좋은 학벌은 주로 부모의 경제력에 의해 결정된다는 것이 점차 분명해졌기 때문이다. 학력과 학벌의 세습은 능력주의 사회가 사실상 이전의 귀족주의 사회와 다를 바 없다는 것을 웅변해준다.

이런 이유로 존 롤스John Rawls, 1921~2002는 능력주의 사회를 배격한다. 능력주의 사회가 민주적일지는 몰라도 공정성fairness에 위배된다는 이유 때문이다. 다른 건 다 제쳐놓더라도 출발 지점에서부터 계급 간 격차가 존재하는데 어떻게 공정할 수 있겠느냐는 것이다.[25]

세습의 문제가 아니더라도 능력주의 사회의 실천은 본질적으로 가능하지 않거나 매우 어렵다는 주장도 있다. 찰스 콘래드Charles Conrad는 기업 조직에서 능력과 실력만으로 승진할 수 있느냐는 질문을 던져놓고, 그렇게 되지 않는 이유를 몇 가지 제시한다.

첫째, 인사권자는 인종, 성, 사회경제적 배경, 교육, 거주 지역 등을 중심으로 자신과의 동질성을 중요시하는 경향이 있다. 특히 복잡한 일에 종사하는 사람일수록 늘 혼동스럽고, 스트레스가 많고, 예측 불가능한 세계에 살고 있기 때문에 동질성은 매우 중요한 의미를 갖는다. 그들은 위기 시에 신속한 결정을 내려야 하는데, 자신의 주변이 예측 가능한(잘 아는, 그러니까 안정되게 믿을 수 있고 충실한) 사람으로 둘러싸여 있을 때 혼동, 불확실성, 모호성은 감소된다. 또 효과적인 커뮤니케이션은 자신과 이질적이기보다는 동질적인 사람과의 관계에서 이루어지기가 쉽다. 예상치 못했던 복잡한 문제에 직면했을 때 그들에게 분명하고 이해할 수 있고 믿을 수 있는 정보를 제공하고 신속하고 효과적으로 행동하게끔 할 수 있기 때문이다. 속된 말로 눈만 봐도 알 수 있는, 배짱이 맞는 사람과 같이 일을 해야 높은 생산성을 올릴 수 있다는 것이다. 능력주의가 아닌 연고주의 · 정실주의는 바로 그 '배짱 맞는 분위기'를 제공해주는 큰 장점을 갖고 있다.

둘째, 조직 내부의 권력 관계도 무시할 수 없다. 유능한 사람을 승진시키면 그 사람이 나의 패거리에 대한 의존도가 약해지고 결국엔 나를 추월하거나 나에게 도전할 수 있다. 그러나 내 패거리에 소속된, 적당한 능력의 소유자를 승진시킬 경우엔 그런 위험에서 벗어날 수 있다. 설사 매우 탁월한 능력의 소유자일지라도 일단 패거리로 묶어 놓으면 나에 대한 도전의 정도를 관리할 수 있는 그런 장점은 있는 것이다.

셋째, 아무리 좋은 뜻을 갖고 실력과 능력을 성실하게 판별하려고 해도 상당한 책임이 뒤따르고 복잡한 업무에 관련되어 있는 직책의 승진은 인간관계에 의해 영향 받을 수밖에 없다. 매우 단순한 업무를 제외하고 능력과 실적을 객관적으로 평가한다는 건 매우 어렵다. 오히려 다른 조직 구성원과의 사이가 원만한가 하는 것이 더 중요한 의미를 가질 수 있다. 실제로 많은 미국 기업의 능력 평가 항목엔 조직 충실도, 효과적 리더십, 동료의 인정도, 상사들과의 관계 등과 같은 것들이 들어 있다. 그런 건 인간관계와 관련되어 있는 것이지 엄격한 의미의 능력이나 실적과는 무관한 것이다. 이 경우 '무엇을 아느냐'보다는 '누구를 아느냐'가 중요한 의미를 갖는다. 이 경우 연고·정실주의는 인맥 망을 구축하고 관리하는 데에 결정적인 영향을 미칠 수 있다.[26]

이렇듯 능력주의 사회는 실현되기도 어렵지만, 설사 실현된다 해도 문제다. 가난과 불평등의 문제를 사회적 이동성의 문제로 둔갑시켜버리는 효과를 내기 때문이다. 능력주의 사회에선 부자나 빈자 모두에게 자기 정당화 효과가 나타나게 되어 있다. 부자는 자신의 능력 때문에 부자가 되었다고 할 것이고, 빈자도 자신의 능력의 한계 때문에 빈자가 되었다고 할 게 아닌가 말이다. 바꿔 말해서 능력주의 사회는 빈부격차에 가장 둔감한 사회가 될 수 있다는 것이다.

한국은 미국 못지않게 능력주의를 예찬해온 나라인데, 이른바 '한강의 기적'으로 일컬어지는 압축 성장의 동력은 바로 능력주의였다고 해도 과언이 아니다. "개천에서 용 난다"는 슬로건이 전 국민의 가훈으로 받아들여진 가운데 능력이 오직 학력·학벌이라는 단일 기준으로 평가되면서 전 국민이 뜨거운 교육열을 보여 오지 않았던가. 한국의 발전이 과연 그런 교육열 덕분이었는지에 대해선 이견이 있긴 하지만, 자녀 교육에 목숨을 건 한국인들의 삶의 방식이 발전에 친화적이었다는 건 분명하다.

그러나 고성장의 시대가 끝나면서 '개천에서 용 나는 시대'는 종언을 고하기 시작했고, 개천에서 난 용들의 기득권 집단화가 공고해지면서 학력·학벌은 개인의 능력보다는 가족의 능력에 의존하게 되었다. 이에 따라 능력주의는 변형된 세습적 귀족주의로 되돌아가고 말았지만, 반동으로 전락한 능력주의를 대체할 새로운 혁명 이데올로기는 아직 그 모습을 드러내지 못하고 있다.

지금 우리는 그런 과도기의 상황에서 큰 사회적 위기와 혼란을 경험하고 있다. 정규직 노동자와 비정규직 노동자의 과도한 임금 격차는 정의롭지 못하다. 정규직 노동자도 이 총론엔 공감하지만 각론으로 들어가 그 격차를 해소하기 위한 시도가 자신의 조직에서 이루어질 경우엔 반발한다. 그들의 반발은 '공정'의 이름으로 나타난다. 정규직이 되기 위한 능력을 입증하기 위해 피땀 어린 노력을 기울였는데, 어느 날 갑자기 그런 능력을 보이지 못한 사람들이 정규직이 된다거나 자신의 임금을 희생으로 해서 임금을 더 받는 것은 불공정하다는 논리다.

그런 반발을 집단 이기주의로 비난할 수 있을까? 문제의 핵심은 잘못된 게임의 법칙인데, 그 게임의 법칙에 충실했던 사람에게 갑자기 정의의 이름으로 다른 게임의 법칙을 제시하면서 수용하라고 하면 받아들일 사람이 얼마나 되겠는가. 이건 문제에 접근하는 자세와 태도의 문제기도 하다. 우리는 사회 전 분야에 걸쳐 고성장을 전제로 한 능력주의의 틀을 여전히 고수하고 있는데, 이 틀에 대한 근본

적인 문제 제기가 필요하며 이거야말로 범국민적 공론화 작업이 필요한 사안이다.[27]

　이제 우리는 능력주의의 파탄을 인정할 때가 되었다. 능력의 정체를 의심하면서 그간 능력으로 간주해온 것에 따른 승자 독식 체제를 사회 전 분야에 걸쳐 바꿔나가야 한다. 불평등은 개인의 능력이 아니라 법적 질서의 산물일 뿐이다. 우리가 부동산 투기나 투자로 번 돈을 불로소득으로 간주해 많은 세금을 물리는 법을 제대로 만들어 시행했다면 불평등 양극화의 양상은 크게 달라졌을 것이다. '개천에서 난 용'에 환호하며 내 자식도 그렇게 키워보겠다고 허리끈을 조여맸던 과거의 꿈에 이제는 작별을 고하면서 더불어 같이 살아가는 세상에 대한 꿈을 키워가야 할 때가 아닐까?

왜 대중은 가진 것마저
빼앗기면서도 가만히 있는가?

낙수효과 이론

한 기업 내에서 최고임금과 최저임금의 차이는 어느 정도가 되는 것이 바람직할까? 쉽지 않은 질문이지만, 미국은 격차가 클수록 좋다고 생각하는 것 같다. 『월스트리트저널』이 경제 주간지 『포천』이 선정한 500대 기업 CEO의 평균 보수를 분석한 결과에 따르면, CEO와 일반 근로자의 평균 보수 격차는 475배나 되는 것으로 나타났다.[28] 미국이 가장 심한 경우이긴 하지만, 전 세계적으로 CEO와 일반 근로자의 평균 보수 격차는 수십 배에서 수백 배에 이를 정도로 나날이 그 격차가 커지고 있다.

이와 관련, 폴란드 출신 사회학자 지그문트 바우만Zygmunt Bauman이

2013년 흥미로운 제목의 책을 출간했다.『왜 우리는 불평등을 감수하는가: 가진 것마저 빼앗기는 나에게 던지는 질문』이다. 이 책에서 바우만은 "대기업 '임원들'의 어마어마한 소득과 보너스와 특전들을 저 악명 높은 '낙수효과 이론'으로 정당화하는 일이 너무나도 흔히 자행되고 있다"며 이를 맹렬히 비판했다.[29] 스위스의 '1대 12 법안'은 이런 문제의식이 광범위하게 퍼져 있다는 걸 시사해준다.

'낙수효과落水效果, trickle down effect'는 부유층의 투자·소비 증가가 저소득층의 소득 증대로까지 영향을 미쳐 전체 국가적인 경기 부양 효과로 나타나는 현상을 가리키는 말이다. 그래서 '적하효과滴下效果' 또는 '선성장 후분배론先成長後分配論'이라고도 한다. 대기업과 부유층의 소득이 증대되면 더 많은 투자가 이루어져 경기가 부양되고, 전체 GDP가 증가하면 저소득층에게도 혜택이 돌아가 소득의 양극화가 해소된다는 논리다. 이 이론은 국부國富의 증대에 초점이 맞추어진 것으로 분배보다는 성장을, 형평성보다는 효율성에 우선을 둔 주장이다.[30]

한국에서 낙수효과를 정당화하기 위한 슬로건은 "아랫목에 군불을 때면 윗목도 따뜻해질 것"이라는 '떡고물 전략'에서부터 "파이부터 키우자"는 '파이 키우기론'에 이르기까지 다양하게 구사되었지만, 그 논리를 시각적으로 보자면 이런 것이다. 컵을 피라미드같이 쌓아놓고 위에서 물을 부으면 제일 위의 컵에 물이 다 찬 뒤에 그 아래에 있는 컵으로 물이 넘치게 된다. 이처럼, 대기업이나 수도권을 우선 지원하여 경제가 성장하게 되면 그 혜택이 중소기업이나

소비자, 지방에 돌아간다는 것이다.[31]

'낙수효과'는 유행의 전파 과정을 설명하는 데에도 쓰이는데, 이쪽의 원조는 독일 사회학자 게오르크 지멜Georg Simmel, 1858~1918이다. 그는 1904년 패션을 분석하면서 '낙수효과' 개념을 제시했다. 사회를 하나의 계층구조, 즉 사다리꼴로 묘사한 지멜은 최고 상류층은 자신의 높은 지위에 걸맞은 새로운 상징물을 채택하여 하류층과 차별화하고자 하지만, 곧 그 바로 아래 계층의 사람들이 그와 똑같은 상징물을 채택함으로써 자신보다 나은 계층을 모방하여 세 번째 계층 이하의 대중들과 차별화되고자 한다고 했다.[32]

유행 과정에서 낙수효과는 대중이 경제 분야의 낙수효과로 인해 가진 것마저 빼앗기면서도 가만히 있는 이유를 시사해준다. 개인적으로 사다리의 한 단계를 더 오를 수 있다는 기대감이 기존 불평등을 유지시키는 동력으로 작용하는 것이다. 이는 실제로 미국에서 일어난 일이었다. 낙수효과는 레이건 행정부가 공급 측면 위주로 추진한 신자유주의 경제정책인 '공급 경제학supply-side economics, 즉 레이거노믹스Reaganomics의 실천 이데올로기였다. 그런데 놀라운 건 낙수효과에 대한 대중의 반응이었다. 중산층과 노동자 계층의 미국인들 상당수가 레이거노믹스에 지지를 보냄으로써 스스로 미국의 빈부격차를 최악으로 치닫게 만든 것이다.[33]

2014년 12월 경제협력개발기구OECD는 「소득 불평등이 경제성장에 미치는 영향」이라는 보고서를 통해 "1980년대에는 소득 상위 10%가 소득 하위 10%보다 7배 더 많은 소득을 가져갔으나 현재는 9.5배 더 가져가고 있다"며 "소득 불평등은 경제에 거대하고 부정적인 영향을 주고 있다"고 밝혔다. 보고서는 "소득 불평등 확대는 성장에 영향을 끼친 가장 큰 단일 변수"라고 강조했다. 영국 일간지 『가디언』은 이 보고서에 대해 "OECD가 낙수효과(트리클다운) 이론을 전면 부정했다"고 썼다.[34]

2015년 6월 그간 낙수효과의 전도사 역할을 해온 국제통화기금IMF마저 낙수효과에 대해 "완전히 틀린 논리"라며 사망선고를 내렸다. IMF는 150여 개국의 사례를 분석한 결과, '부유층의 소득 증가 때 성장은 외려 감소하고 하위층의 소득이 늘어나면 성장이 촉진'되는 걸로 나타났다며 "하위 계층의 소득을 올리고 중산층을 유지하는 것이 성장에 도움이 된다"고 결론 내렸다.[35]

이처럼 국제사회에선 낙수효과와 관련해 성찰과 더불어 변화를 위한 실천을 하고 있는 반면, 한국은 아직도 낙수효과에 집착하고 있다. 전 국민이 '위에서 아래로'라고 하는 초강력 중앙집권주의에 중독된 탓이 크다. 한국인의 상향 이동성에 대한 믿음이 세계에서 가장 높다는 점도 낙수효과를 받쳐주는 힘으로 작용하고 있다. 전 국민의 85퍼센트가 "나는 신분이 상승할 것"이라고 믿고 있는바,[36] '공평한 분배'보다는 오히려 자녀 교육에 투자해 '가족의 영광'을 실현하겠다는 각개약진各個躍進 의식과 행태가 낙수효과의 든든한 터전이 되고 있는 것이다.

우리의 의식 저변에서 낙수효과라는 폐품을 계속 유통시키는 또 하나의 동력은 '성장'에 대한 집착이다. 물론 성장을 완전히 포기할 순 없는 노릇이다. 게다가 한국 진보 세력의 치명적인 약점 중의 하나가 이렇다 할 성장 담론이 없이 분배만 외쳐대는 것이라는 지적도 타당하다. 문제는 성장에 대해 '공포'라는 표현이 어울릴 정도로 과도하게 집착하는 것이다. 즉, 성장하지 못하면 죽는다는 공포 말이다.

성장하지 못하면 죽는다는 공포는 극심한 불평등을 견디게 만드는 마취제와 같다. 성장이 있는 한 희망이 있으며 성장은 큰 소득 격차를 견딜 만한 것으로 만들기 때문이다.[37] 대중이 가진 것마저 빼앗기면서도 가만히 있는 것은 그런 성장에 대한 기대 때문이겠지만, 이제 '성장의 시대'는 갔으니 낙수효과가 땅속에 묻히는 날도 멀지 않았다고 보아야 할까? 아니면 '그래도 성장'이라는 기대를 포기하지 않은 채 자신의 잔에도 물방울이 떨어지는 날을 학수고대鶴首苦待할 것인가?

왜 우리는 집단의 특성으로
개인을 평가하는가?

통계적 차별

　캐나다의 토론토심포니오케스트라는 1970년대 초 거의 모든 단원이 백인 남성이었다. 심각성을 느낀 재단은 커튼을 치고 장막 뒤에서 연주토록 한 후 단원을 뽑았다. 그랬더니 절반은 여성, 절반은 유색인으로 채워지면서 이 오케스트라는 훨씬 더 발전할 수 있었다.[38]

　이처럼 서류 심사·면접 등에서 성별, 인종, 학력, 학벌, 신체조건, 가족관계, 출신 지역 등 선입견을 낳을 수 있는 정보를 차단해 공정성을 기하는 채용 방식을 가리켜 '블라인드 채용'이라고 한다. 2017년 공공 기관들이 채용 시 블라인드 방식을 전면 도입한 데 이어 2018년엔 민간 기업들도 5개 기업 중 1곳의 비율로 블라인드

방식을 도입할 것으로 예상되고 있다.[39]

블라인드 채용 방식에 모든 사람이 다 동의하는 것은 아니다. 어느 명문대 졸업자가 "블라인드 채용이라는 게 지원자의 능력을 보겠다는 것 아닌가. 학벌은 왜 그 능력에서 배제되는지 이해가지 않는다. 왜 명문대생의 성취는 무시되는가"라고 항변했듯이,[40] 비교적 유리한 조건을 가진 사람들은 블라인드 채용 방식을 반대한다. 그럼에도 블라인드 채용 방식이 확산되는 주요 이유 중 하나는 이른바 '통계적 차별statistical discrimination'을 넘어서기 위해서다.

미국 경제학자 게리 베커Gary Becker, 1930~2014는 유대인으로서 차별에 일찍 눈을 떴는데, 이 경험을 경제학 연구의 주제로 삼았다. 그는 27세가 되던 1957년에 출간한 『차별의 경제학』에서 다른 사람을 향한 증오나 반감을 '선호에 의한 차별taste-based discrimination'이라는 용어로 설명했다. 이는 단지 인종이나 종교, 성별이 싫다는 이유로 상대방을 피하거나 상대방에 적대적으로 행동할 때 나타나는 차별이다.

다른 경제학자들은 『차별의 경제학』에 대해 "이것은 심리학자와 사회학의 몫으로 경제학이 아니다"라는 반응을 보였다. 하지만 1960년대 인권운동이 대두되면서 상황이 바뀌기 시작해 사람들은 차별과 경제학에 관심을 보이기 시작했고, 베커의 책은 독보적인 가치를 인정받기 시작했다. 1992년 노벨상위원회는 베커에게 노벨경제학상을 수여하면서 특별히 『차별의 경제학』에 찬사를 보냈다.[41]

베커의 선구적인 노력 덕분에 오늘날 차별은 경제학의 주요 주제가 되었다. 경제학자들이 중요하게 생각하는 것은 '통계적 차별

statistical discrimination '이다. 통계적 차별은 단순히 편견이라고 할 수 있는 '선호에 의한 차별'과는 달리, 개개인에 대한 정보를 갖지 못했을 때 그 개인이 속한 집단의 특성을 고려해서 판단하는 행위를 가리킨다. 1972년 노벨경제학상 수상자인 케네스 애로Kenneth Arrow, 1921~와 2006년 노벨경제학상 수상자인 에드먼드 펠프스Edmund Phelps, 1933~가 1970년대 초반에 제시한 개념이다.

예컨대, 보험료 가격 결정에선 오랜 기간 통계로 축적된 어떤 집단의 행동 특성을 가격에 반영한다. 연령대별 사고율을 계산해 보험료를 연령대별로 달리 매기는 것이 대표적인 사례. 기업의 채용에서 나타나는 고학력 우대, 명문대 우대, 군필자 우대, 장교 출신 우대 등도 바로 그런 '통계적 차별'에 따른 것이다. 이런 우대엔 늘 정당성 논란이 따라붙지만, 기업 측에선 그만한 효용이 있다고 보기 때문에 좀처럼 포기하려 들지 않는다.[42]

집단적 잣대로 개인을 평가하는 것이 없어지지 않는 까닭은 개인의 능력과 특성을 정확히 파악하는 데 오랜 시간이 걸리고 비용이 많이 들기 때문이다. 또 사람들 나름으로 자신이 적용하는 집단적 잣대가 경험을 통해 얻어진 것일 경우 자기 경험을 확신한 나머지 쉽게 바꾸려 하지 않기 때문이다.[43]

미국에선 인종과 관련된 통계적 차별이 기승을 부리고 있다. 진보주의자들은 이런 차별의 부당함을 지적하지만, 우리 인간의 근원적한계 때문인지 차별은 '상식'의 수준에서 일상적으로 이루어지고 있다. 평균적으로 흑인이 백인보다 교육을 덜 받고, 소득이 낮고, 실업자가 많고, 범죄자가 많은 객관적인 상황에서, 상대에 대한 정보가 부족할 때 흑인보다 백인을 호의적으로 평가하는 것이다.[44]

1964년에 제정된 민권법Civil Rights Act 제7조는 인력 시장에서 통계적 차별 행위를 불법으로 규정했지만, 은밀하게 이루어지는 것까지 막아내기는 어렵다. 흑인들은 이런 은밀한 통계적 차별에 반발하지만, 흑인들 역시 종종 그런 차별의 포로가 된다. 흑인 민권운동가이자 정치가인 제시 잭슨Jesse Jackson은 "길을 걸어가다 발걸음 소리를 듣고 노상강도를 의심할 때가 있다. 그때 둘러보고 백인인 걸 확인하고 안도를 느끼는 나 자신을 발견할 때만큼 인생에서 고통스러운 적이 없었다"고 토로했다.[45]

통계적 차별의 가장 큰 문제는 그것이 이른바 '자기실현적 예언self-fulfilling prophesy'이 될 수 있다는 점이다. 고용 문제에서 흑인의 기술 수준이 평균적으로 낮다고 생각하는 통계적 차별의 경우를 생각해보자. 흑인은 무슨 일을 하든 기술 수준이 낮다는 평가를 받을 것이므로 높은 수준의 기술을 획득한 동기를 전혀 갖지 못한다. 따라서 통계적 차별이 타당한 것임을 입증해주는 결과를 초래할 수 있다는 것이다.[46]

영국 경제학자 팀 하퍼드Tim Harford는 "통계적 차별은 단순한 편견보다 더 오래 지속될 가능성이 있기 때문에 더욱 걱정스럽다"며 "우리가 나서지 않으면 이런 차별은 절대 사라지지 않을 것이다"고 경고한다.[47] 그렇다. 자신도 통계적 차별의 피해자가 될 수 있다는 역지사지易地思之의 정신으로 우리 모두 통계적 차별에 적극 저항해

자기실현적 예언 자기실현적 예언은 자기이행적 예언, 자기충족적 예언이라고도 하는데, 미국 사회학자 로머트 머튼Robert K. Merton, 1910~2003이 『사회 이론과 사회구조Social Theory and Social Structure』(1949)에서 만든 말이다. 미래에 관한 개인의 기대가 그 미래에 영향을 주는 경향성을 의미하는 것인데, "우리는 기대한 대로 보게 된다"는 말이 바로 그런 경향성을 말해준다. 어떤 사람에 대한 편견은 자기실현적 예언에 의해 유지되거나 강화될 수 있다. 예컨대, 어떤 사람을 믿을 수 없는 사람이라고 생각하면 우리는 그 사람을 상대할 때 우리 자신을 충분히 드러내지 않을 것이다. 이런 태도는 그 사람에게 영향을 미칠 수 있다. 그 사람은 자신을 믿지 않는 것 같은 그 사람의 태도를 보고 그 사람 역시 자신을 드러내는 것을 꺼릴 것이다. 그러면 또 우리는 그걸 보고 "역시, 이 사람은 음흉하고 믿을 수 없는 사람이구나" 하는 확신을 갖게 된다는 것이다. 강준만, 「왜 선물 하나가 사람을 바꿀 수 있을까?: 자기이행적 예언」, 『감정 독재: 세상을 꿰뚫는 50가지 이론 1』(인물과사상사, 2013), 123~129쪽.

야 한다.

"범인 10명 가운데 9명의 진짜 범인을 놓친다 하더라도 단 1명의 억울한 사람이 없어야 한다"는 법언法諺이 있다. 그러나 통계적 차별의 원리에 따른다면, 1명의 억울한 사람이 있더라도 10명을 모두 처벌하는 게 효율적이다. 자신이 억울하게 어떤 범죄의 혐의를 받고 있는 경우를 생각해보자. 이런 경우 자신이 통계적 차별의 희생양이 될 뜻이 전혀 없으면서도 다른 일상적 삶에서는 통계적 차별의 가해자가 된다면 그건 앞뒤도 맞지 않거니와 참으로 불공정한 일이 아니겠는가. 물론 평등의 원칙도 훼손하는 일이다. 통계적 차별이 제공할 수 있는 효율성의 유혹을 극복해야 할 이유다.

제4장

인권

왜 인권은 자유 · 평등 · 박애의 순서로 발전했는가?

3세대 인권론

"모든 인간은 자유롭게 태어났으며 존엄과 권리에서 평등하다."
1948년 12월 10일 제3회 국제연합UN 총회에서 채택된 유엔 인권선언 제1조의 내용이다. 왜 1948년에서야 이런 선언이 나왔을까? 사람들은 흔히 "인권은 인간의 역사만큼이나 오래되었다"고 말하지만, 실은 인간의 이성이 종교를 압도하기 시작하고 개인의 자유와 평등에 대한 자각이 일어난 18세기 계몽운동 시대에 등장한 개념이다.[1]

계몽운동 시대에서 유엔 인권선언의 탄생을 거쳐 오늘에 이르기까지 오랜 세월 인권을 위한 인류의 투쟁과 노력이 있었으며, 인권 개념도 큰 변화를 겪어왔다. 체코 출신의 프랑스 법률가인 카렐 바

바사크Karel Vasak, 1929~2015는 프랑스의 스트라스부르에 있는 국제인권연구소의 사무총장이자 유네스코UNESCO 인권·평화분과 위원장으로 재직하고 있던 1977년 자유·평등·박애라고 하는 프랑스혁명의 3가지 구호를 근거로 하여 인권의 3세대(단계)를 설정했다. 첫 번째는 '자유'라고 하는 정치적 권리, 두 번째는 '평등'을 위한 경제·사회·문화적 권리, 세 번째는 '박애'라고 하는 연대를 위한 권리다.

제1세대 인권은 국가의 불간섭을 요구하는 자유권 중심의 인권으로, 17~18세기에도 표명되었던 정치적·시민적 권리를 말한다. 이른바 "~으로부터의 자유"라고 하는 인간의 권리에 초점을 맞춘 제1세대 인권의 핵심은 정치권력에서 개인을 보호할 수 있는 '자유'를 선언했다는 점에 있다.

제2세대 인권인 경제·사회·문화적 권리 중 경제적·사회적 권리는 공평한 임금을 받는 직업을 가질 권리, 인간다운 삶을 누릴 권리, 사회보장의 권리, 유급휴가의 권리, 세계의 식량 공급을 필요에 따라 골고루 분배받을 권리 등을 포함하며, 문화적 권리는 교육받을 권리와 모든 사람이 문화생활에 참여할 권리를 말한다. 제2세대 인권은 노동운동과 사회주의 혁명을 거쳐 점차 전 세계로 확대되었지만, 그 과정은 순탄치 않았다. 특히 사회권은 19세기 후반 이후 자본주의가 만들어내는 착취와 사회적 불평등에 대한 저항의 맥락에서 형성되었기 때문에 미국과 서유럽 국가들은 1966년에 '경제·사회·문화적 권리에 관한 국제 규약'이 채택될 당시에 강제적인

성격 없이 점진적으로 이행되어야 한다면서 유엔 인권위원회의 단일 규약안에 반대했다.[2]

제3세대 인권은 발전, 평화, 환경, 소통, 인류 전체가 공유하는 (예컨대, 해양과 같은) 공통 유산 등을 누릴 연대의 권리를 말한다. 유엔에서 두 차례 관련 선언문이 나왔는데, 1984년의 '만민의 평화권 선언'과 1986년의 '발전권 선언'이 바로 그것이다. 제3세대 인권의 등장 배경은 20세기 후반의 냉전과 핵전쟁의 공포, 식민지 민족들의 자유 보장, 1세계 국가들과 3세계 국가들의 경제적 격차 해소, 환경 보존 등과 같은 전 지구적인 문제를 해결해야 할 필요성이었다.[3]

바사크는 자본주의 국가들이 상대적으로 제1세대 인권을 존중하고 사회주의 국가들이 제2세대 인권을 존중하는 반면, 제3세대 인권은 앞선 세대의 인권에 비해 정치적 색채가 약하다면서 이 권리의 본질적 특징에 대해 다음과 같이 말한다.

"이러한 권리들은 사회적 세계의 모든 행위자들, 즉 개인과 국가와 공공 기구와 사적 기구, 그리고 국제 공동체가 힘을 합칠 때에만 구현될 수 있다. 민족적 그리고 국제적 수준에서 연대 행위에 대한 최소한의 합의, 우리에게 그러한 연대의 책임이 있다는 인식에 관한 최소한의 합의가 그 구현을 위한 전제 조건이다."[4]

오늘날 제3세대 인권은 크게 보아 인민 자결권, 평화권, 발전권, 환경권, 자연자원 접근권, 문화유산 향유권, 지속가능성 추구권, 커뮤니케이션, 인도적 지원 등 개인이 아닌 집단 전체에 해당되는 권리를 가리키는데, 아직도 형성 중인 개념이어서 다양한 해석과 견해, 격렬한 찬반론이 존재한다.

예컨대, 제3세대 인권의 원조 격이면서 집단 권리 개념을 앞장서 개척해온 인민 자결권the right of people to self-determination은 한 민족이 타 민족의 지배에서 해방되어 자신의 정치 공동체를 수립하고자 할 때 엔 정당한 권리였지만, 일단 독립을 쟁취한 후 자국 내 소수 세력의 독립에는 부정적인 태도를 취했던 역사적 경험이 있다. 즉, 인민 자 결권은 일체적 집단 권리의 함정에 빠질 가능성이 있다는 것이다. 인민 자결권과 유사한 논리 구조를 지닌 국가주의나 애국주의도 비 슷한 함정에 빠질 수 있다.[5]

평화권(또는 평화적 생존권) 역시 인민 자결권 못지않게 논란이 있 는 개념이다. 평화권은 그 어떤 명분으로도 평화가 침해당할 수 없 음을 주장하는 권리인데, 현실적으로 실효성을 가질 수 없다는 비 판이 있지만 그건 사실상 강대국들의 생각일 뿐이다. 1984년 '만민 의 평화권 선언'이 유엔 총회에서 논의될 때 강대국들이 표결에서 기권하면서 평화권의 등장에 힘을 실어주지 않은 것도 그런 사정을 잘 말해준다.

우리나라에서 평화권을 재판 규범으로 활용했던 사례로는 2003년 이라크 파병 결정, 2005년 전략적 유연성과 평택 미군기지 확장 결 정, 2007년 한미연합전시증원훈련 등에 대한 위헌 확인 청구를 들 수 있다. 국가의 정책이 국민의 기본권인 평화권을 침해하기에 위 헌이라는 내용을 담고 있는 이 청구들은 모두 각하되었지만, 법원의 이름으로 평화적 생존권이라는 개념이 필요하다는 이야기를 이끌

TIP

국가주의 국가주의statism는 국가의 이익을 개인의 이익보다 절대적으로 우선시키면서 국가권력을 해당 사회 전체를 지배하는 중심으로 인정하는 사상 원리나 정책을 말한다. 영국 철학자 토머스 홉스Thomas Hobbes, 1588~1679는 국가의 존재 이전의 자연 상태에서는 '만인은 만인에 대한 적'일 뿐이며, 인간을 협동으로 이끌 수 있는 유일한 경우는 국가의 통제하에 있을 때라는 '국가 절대주의'를 주창했다. 국가주의와 민족주의는 분명히 구별되는 것이지만, 한국에선 2가지가 뒤섞여 사용되는 경우가 많다. 한국의 특수 상황은 '국가', '민족', '국민', '나라'를 동일시하게 만든 점이 있었기 때문이다. 민족주의는 영어로 내셔널리즘nationalism이지만, 내셔널리즘이 곧 민족주의는 아니다. 단일민족 국가인 한국에서 내셔널리즘은 곧 민족주의를 의미하지만, 다민족국가인 미국의 내셔널리즘을 민족주의라고 할 수는 없는 것이다. 그래서 내셔널리즘은 국가주의, 국민주의, 민족주의 등 다양하게 번역된다. 국수주의國粹主義는 편협하고 극단적인 민족주의 또는 국가주의로 타민족·타국가에 대하여 배타적·억압적 성격을 갖는 이데올로기다. 영어로는 ultranationalism, chauvinism이라고 한다. 애국주의patriotism는 자기 나라에 대한 애정을 강조하는 개념이지만, 언제든지 국수주의로 변질될 가능성이 있다. 그렇게 변질된 애국주의를 '광신적 애국주의'로 부른다. 김용환·토머스 홉스, 『리바이어던: 국가라는 이름의 괴물』(살림, 2005); 권혁범, 『민족주의와 발전의 환상: 개인 지향 에콜로지 정치의 모색』(솔, 2000); 강준만, 「민족주의」, 『나의 정치학 사전』(인물과사상사, 2005), 63~76쪽.

어내는 성과를 거두기도 했다.[6]

　이렇듯 논란이 있는 만큼 제3세대 인권론에 대한 비판도 존재한다. 제3세대 인권론이 인권의 기준 속에서 위계를 함축하고 있기 때문에 인권 구분을 잘못 이끌고 있다거나, 대부분의 국가에선 2, 3세대 인권을 충족하는 데 필요한 자원이 결여되어 있기 때문에 실현이 불가능하며, 따라서 이들 인권을 진정한 권리라 볼 수 없다는 비

판이 바로 그것이다.[7]

그러나 그 어떤 인권 관련 주장이건 오늘날엔 너무도 평범한 상식이 되었을지라도 처음엔 '급진적이고 불온한 주장'으로 여겨졌다는 점을 감안한다면,[8] 비현실적이라거나 실효성이 없다는 비판은 수명이 오래 가는 비판은 아니다. 현실은 늘 바뀌기 마련이기 때문이다.

미국 제32대 대통령 프랭클린 루스벨트의 부인인 엘리너 루스벨트Eleanor Roosevelt, 1884~1962는 흑인 등 소수자들의 인권운동을 펼치면서 "당신의 승낙 없이는 그 누구도 당신이 열등하다고 느끼게 만들 수 없다"는 명언을 남겼다. 당시엔 지극히 비현실적이고 실효성이 없는 주장으로 여겨졌겠지만, 오늘날엔 너무도 당연하거니와 진부하기까지 한 상식이 아닌가. 물론 아직도 누군가의 승낙도 없이 그 사람을 열등하다고 느끼게 만드는 인권침해를 저지르는 사람이 많이 있지만, 오히려 그렇기 때문에 인권은 지켜내기 위한 노력과 투쟁을 끊임없이 해야만 하는 과정의 개념임을 우리 모두 명심할 필요가 있겠다.

왜 초등학교 4학년 학생은
'잔혹 동시'를 썼을까?

구조적 폭력

"고양이는 쥐를 잡아 발톱으로 움켜쥐었다가 결국 죽일 때는 폭력을 사용한다. 그러나 고양이가 쥐를 가지고 놀 때는 다른 요소가 나타난다. 고양이는 쥐를 얼마쯤은 도망치게 내버려두기도 하고 쥐에게서 등을 돌리기까지 한다. 이때는 쥐가 폭력의 지배를 받지 않는다. 그러나 쥐가 고양이의 권력의 테두리 안에 있는 것에는 다를 바가 없으며 쥐는 다시 고양이에게 잡힐 수 있는 것이다. 만일 쥐가 그 테두리를 뛰쳐나오면 고양이의 권력의 범위를 벗어나는 것이다. 그러나 잡힐 수 있는 한계를 벗어나기 전에는 그 권력의 테두리 안에 있는 것이다."[9]

불가리아 출신의 노벨문학상(1981) 작가인 엘리아스 카네티Elias Canetti, 1905~1994가 1960년에 출간한 『군중과 권력』에서 "폭력과 권력의 구분은 고양이와 쥐의 관계를 가지고 매우 간단하게 설명할 수 있다"며 한 말이다. 권력은 언제든지 폭력으로 변할 수 있는 잠재적 폭력이라는 점을 잘 말해주는 것으로 볼 수 있겠다. 같은 맥락에서 미국 정치학자 셸던 월린Sheldon S. Wolin, 1922~2015은 "권력의 본질적인 핵심은 폭력이며 권력의 행사는 종종 누군가의 신체나 재산에 폭력을 가하는 것이라는 원초적인 사실"을 무시하면 안 된다고 경고한다.[10]

권력은 사회구조의 형태로 나타날 수도 있다. 사회구조가 사람들에게 큰 고통을 안겨준다면 그걸 뭐라고 불러야 할까? 그게 바로 '구조적 폭력structural violence'이다. 우리는 폭력이라고 하면 개인들 간의 주먹다짐이나 범죄, 테러, 사회 폭동 등에서 나타나는 물리적이고 직접적인 가해 행위만을 연상하지만, 그게 폭력의 전부는 아니다. "회사가 전쟁터라고? 밖은 지옥이다"라는 말이 시사하듯이, 오늘도 수많은 직장인이 '목구멍이 포도청'이라는 이유로 갑질을 견뎌내고 또 그 원리에 따라 갑질을 하고 있다. 친구들을 이기기 위해 전쟁하듯이 공부에 임해야만 하는 학생들의 고통은 어떤가. 이런 게 바로 구조적 폭력이다.

이 구조적 폭력 개념을 처음 제시한 사람은 '20세기 평화학의 아버지'로 불리는 노르웨이 사회학자 요한 갈퉁Johan Galtung, 1930~이다. 그는 1964년 오슬로에서 창간한 『평화연구학보』의 창간호 권두언에서 단순히 폭력이 없는 상태는 '소극적 평화'에 지나지 않으며, 이를 넘어 '인간 사회의 통합'을 지향하는 적극적 평화가 필요하다는 새로운 평화론을 역설했다.[11] 갈통은 그런 평화운동의 연장선상에서 1969년에 발표한 「폭력, 평화, 그리고 평화 연구」라는 논문에서 구조적 폭력 이론을 제시했다.[12]

갈통은 행위 중심의 인과관계 위주로 누가 가해자인지가 확실한 개인적·직접적 인권침해만을 주된 인권침해로 간주하는 경향에 이의를 제기하면서, 폭력을 단순히 신체에 가해지는 물리적 해로움만이 아니라 "인간 심신의 잠재적 실현 수준보다 실제적 실현 수준이 낮아져 있는 상태"로 정의했다. 그런 새로운 정의하에 갈통은 폭력을 직접적 폭력, 구조적 폭력, 문화적 폭력의 3가지로 분류했다.

첫 번째 유형인 직접적 폭력은 개인과 개인 사이에서 자행되는 폭력으로서 자신의 신체나 도구를 이용하여 때리고, 자르고, 찌르고, 태우고, 독을 쓰거나, 폭발시키는 식으로 타인의 신체를 훼손하거나 위해를 가하는 행위와 더불어, 신체를 훼손하는 것은 아니지만 타인에게 영향을 미침으로서 그를 무력하게 만드는 행위를 말한다.

두 번째 유형인 구조적 폭력은 경제적 착취나 정치적 억압과 같이 사회구조에 내재되어 있는 폭력을 말하며, 근본적으로 한 사회의 차별적 권력 분배로 표현되는 사회적 불평등에서 비롯된다. 구조적 폭력은 가해자가 명백히 확인되지 않으며, 구조 속에 폭력이 내장되어 있으므로 간접적으로 피해를 발생시키며, 현상 포착이 어렵고 비가시적이며 폭력의 효과가 잘 나타나지 않는다는 특성을 갖고 있다. 구조적 폭력은 의도적일 수도 있고 비의도적일 수도 있다. 전통적 윤리학은 의도적 폭력에만 관심을 기울이지만, 갈퉁은 "의도된 폭력만을 반대하는 윤리 체계는 구조적 폭력을 쉽게 놓치곤 한다. 그렇게 될 때 '잔챙이는 잡으면서 대어는 놓치는 우'를 범하게 된다"고 비판한다.[13]

갈퉁은 "한 남편이 자기 아내를 구타하면 명백히 직접적 폭력이지만, 1백만 명의 남편들이 1백만 명 아내들의 교육을 방해하면 그것은 구조적 폭력이다"고 말한다. 빈곤도 구조적 폭력의 결과다. 기후변화는 생명권, 건강권, 생계권 등의 인권을 침해하는데, 한 나라 내에서도 취약 계층이 기후변화의 최대 피해자가 되기 때문에 기후변화는 가장 심각한 구조적 폭력이다.[14]

세 번째 유형인 문화적 폭력은 직접적 혹은 구조적 폭력을 정당화하는 데 사용되는 문화의 상징적 측면들(종교, 이데올로기, 언어, 예술, 경험 등)로서 특정한 대상에게 자행되는 폭력을 수용 가능한 것으로 만들거나, 이를 은폐함으로써 인식하지 못하게 한다. 즉, 문화적 폭력은 직접적·구조적 폭력을 올바른 것이거나 적어도 잘못된 것은 아니라는 생각이나 느낌을 갖게 만드는 것이다.[15]

갈퉁에 따르면 직접적 폭력이 '사건'이고 구조적 폭력이 '과정'이라면, 문화적 폭력은 상당 기간 '장기 지속'되는 불변체로 두 폭력의 토양으로 작동한다. 일반적으로 문화적 폭력에서부터 구조적 폭력을 거쳐 직접적 폭력으로 나아가는 인과적 흐름을 확인할 수 있다. 예컨대, '편견prejudice'은 문화적 폭력인 반면, 편견에 의한 '차별discrimination'은 구조적 폭력이다. 그렇긴 하지만 실제 현실에서 직접적·구조적·문화적 폭력이 형성하는 '폭력의 삼각형violence triangle' 은 어느 각에서나 시작해 어느 방향으로나 흐를 수 있고, 그 과정에서 서로를 확대재생산한다.[16]

모든 사회구조와 제도가 다 폭력을 가져오는 건 아니다. 사람들의 관계가 자유롭고 평등한 곳에선 폭력이 발생하지 않을 수 있다. 갈 퉁은 구조적 폭력을 낳는 경향이 있는 사회구조의 모습을 주로 위계질서와 서열에서 찾았다.[17] 결국 서열 사회야말로 구조적 폭력의 온상이라고 볼 수 있겠다.

학벌 서열 경쟁이 치열한 우리나라에서 학생은 구조적 폭력의 피해자가 될 가능성이 높다. 장원순은 2015년에 발표한 「구조적 폭력에 대응하는 인권교육 접근법」이라는 논문에서 그해에 사회적 논란의 대상이 된 이른바 '잔혹 동시' 사건을 인권 교육의 사례로 분석한다. 초등학교 4학년 학생이 쓴 동시 「학원가기 싫은 날」의 내용은 다음과 같다.

"학원가기 싫은 날/학원에 가고 싶지 않을 땐/이렇게/엄마를 씹어 먹어/삶아먹고 구워먹어/눈깔을 파먹어/이빨을 다 뽑아버려/머리채를 쥐어뜯어/살코기로 만들어 떠먹어/눈물을 흘리면 핥아먹어/심장은 맨 마지막에 먹어/가장 고통스럽게."

이 동시가 출판되자 언론을 비롯한 많은 사람이 표현이 너무 잔혹하다며 출판사와 아이와 부모를 비판했고, 결국 출판사는 그 시가 포함된 시집을 전량 회수하여 폐기하고 말았다. 이와 관련, 장원순은 "한국 사회의 구조와 제도라는 맥락에서 이 사건을 다시 바라보면 동시 속에 표현된 잔혹함 외에 또 다른 잔혹함, 즉 구조적 폭력이 있는 것으로 보인다"며 "그것은 바로 우리의 아이들을 끝없이 학원으로, 방과 후로 내모는 교육 구조이다"고 말한다. 즉, 아이들은 동시 속에 나타난 직접적 폭력에 상응하는, 아니 이보다 더한 폭력을 교육 구조에서 당하고 있는 게 아니냐는 것이다. 이어 장원순은 "아이가 잔혹하게 죽이고 싶은 것은 정말 어머니일까?"라는 질문을 던진다.

"시를 문자적으로만 읽는다면 아이가 죽이고 싶은 것은 어머니이다. 그러나 실제로 아이가 죽이고 싶도록 미운 것은 어머니가 아니다. 그것은 어머니를 통해 움직이는 우리 사회의 교육 구조이다. 단지 아이는 그것을 볼 수 없었을 뿐이다. 그래서 아이는 그 대리자인 어머니를 죽여야 한다고 생각한 것이다. 그런데 아이에게 교육 구조는 잘 보이지 않는다. 왜냐하면 대부분의 아이들이 그렇게 하고 있고, 그렇게 하는 것이 어쩔 수 없어 보이며, 그렇게 하는 것이 아이를 위한 길이라고 널리 알려져 있기 때문이다. 그런데 정말 그러할까? 이를 개인주의적으로 접근하면 맞는 말일 수 있지만 이를 사회구조적으로 바라보면 너무 많은 이들이 피해자가 되고 실패자가 된다."[18]

구조적 폭력은 간접성, 비가시성, 극적 효과 부재, 비의도성으로 말미암아 대다수 사람에게서 분노를 자아내기 어려운데,[19] 이 '잔혹 동시' 사건이야말로 그걸 잘 입증해준 사례로 볼 수 있다. 사람들은 "어린 아이가 어떻게 그렇게 잔혹한 동시를 쓸 수 있느냐"며 펄펄 뛰었지만, '학원가기 싫은 날'에 그 아이가 온몸으로 감당해야 했던

TIP

삶의 질 삶의 질quality of life은 그간 오랫동안 사용되어온 '국내총생산GDP', '국민총소득 GNI' 등 거시경제 지표가 곧 국민의 행복도를 말해주는 건 아니라는 반성에 기초해, 소득·교육·지위·건강 등 사회 환경적 조건에 초점을 두는 객관적 지표와 더불어 사회적 욕구 충족이나 행복을 느끼는 정도 등에 관심을 갖는 주관적 지표를 동시에 고려하는 종합적인 행복도 평가를 말한다. 2001년 노벨경제학상 수상자인 미국 경제학자 조지프 스티글리츠Joseph E. Stiglitz, 1943~가 2008년 GDP를 대신해 행복을 측정할 수 있는 경제지표 개발에 나서면서 전 세계적으로 삶의 질이 조명받기 시작했다. 2017년 3월 통계청과 한국삶의질학회가 새롭게 개발해 발표한 '국민 삶의 질 종합지수'에 따르면, 최근 10년간 우리나라의 삶의 질 개선 속도는 경제성장률의 절반에도 못 미친 것으로 나타났다. 한국이 세계 최하위권의 출산율을 기록한 것은 젊은이들의 낮은 삶의 질 때문인 것으로 분석되었다. 서문기, 「잘사는 국가는 행복한가?: 삶의 질에 관한 국가 간 비교 분석」, 『한국사회학』, 49권 1호(2015년 2월), 111~137쪽; 오달란, 「10년간 달려온 경제성장…삶의 질은 그 절반도 못 따라왔다」, 『서울신문』, 2017년 3월 16일; 오달란, 「"저출산율은 삶의 질 낮은 탓…청년 미래 불확실성 해소해야"」, 『서울신문』, 2017년 4월 4일.

구조적 폭력엔 눈길을 전혀 주지 않았으니 말이다.

이런 구조적 폭력에 어떻게 대응하느냐에 따라 한 사회의 인권 수준과 삶의 질이 달라진다. 이젠 우리 사회의 서열 문화를 다시 생각해볼 때가 되었다. "억울하면 출세하라"를 외치며 더 높은 서열을 차지하기 위한 각자도생적 투쟁이 무조건 나쁘기만 했다고 말할 순 없겠지만, 고도성장이 끝난 오늘날엔 한국인 대다수의 삶을 피폐하게 만드는 재앙이 되고 있다. 우리를 옥죄는 구조적 폭력을 단기간에 끝장낼 수는 없을망정 그걸 완화시키는 방향으로 나아가려는 굳은 의지가 우리 모두에게 필요한 게 아닐까?

왜 자신의 학벌이나 취향을
스스로 부끄럽게 여길까?

상징적 폭력

"시장에 가면 할머니들이 쳐다보고, 버스를 타면 쳐다보고……말하지 않고 동정이나 안쓰럽게 쳐다보는 시선, 그런 시선을 폭력이라고 하잖아요. 사실 사회적 약자가 되면 더 배려해줄 줄 알았어요. 그런데 어린이집에서부터 입소를 거부당했어요. 저희도 사회의 일원이라 당연한 권리인데 아무 이의 제기도 못하고, 좋은 기관을 찾아 이사를 다녔어요."[20]

발달장애아를 키우는 어머니인 장현아 마포장애인부모회 회장이 "가장 힘들었던 기억"을 묻는 언론 인터뷰에서 한 말이다. 시선 하나로 폭력을 저지를 수 있다는 폭력 개념이 가해자로선 선뜻 이해가 안 되겠지만, 당하는 피해자로선 견디기 어려운 폭력으로 여겨질 수도 있다. 이런 폭력 개념을 '상징적 폭력symbolic violence'이라고 한다. 프랑스 사회학자 피에르 부르디외Pierre Bourdieu, 1930~2002가 제시한 개념이다.

부르디외는 스페인 국경에 인접한 프랑스 서남부의 아주 작고 외딴 마을에서 태어나 어린 시절을 그곳에서 보냈다. 아버지는 유대인으로 학교를 제대로 마치지 못한 소작농 출신의 우편집배원이었다. 머리가 좋은 학생이었던 그는 17세에 장학금을 받아 프랑스의 수재들이 모이는 명문 파리 고등사범학교로 진학하면서 고향을 탈출했지만, 파리 생활은 결코 쉽지 않았다.

부르디외는 사투리를 쓰는 시골 출신으로 대학 생활에 적응하는데에 어려움과 갈등을 겪었다. 명문 대학이라는 '상징적 가치'가 그간 살아온 환경과 경험을 통해 터득하고 지니고 있던 자신의 모든 것보다 우월한 것으로 받아들여졌고, 또 그렇기 때문에 그는 자신의 온갖 촌스러움을 내던짐으로써만 대학에서 적응할 수 있었다. 그는 파리 엘리트층의 속물 문화가 자신을 소외시킨 방식에 대해 맹렬히 분개했지만, 그 분노 덕분에 인류학과 사회학에 깊은 관심을 가지면서 사회의 문화적 패턴을 파악하는 방법을 연구하기 시작했다.

부르디외는 학자로서 성공한 후에도 자신이 파리의 지식인 세계에서 무언가 어정쩡하게 느껴진다고 말했다. 그것 역시 바로 그의 출신 배경 때문이었다. 부르디외의 말에 따르면, 프랑스에선 남부의 먼 시골 출신이면 식민지 상황과 다르지 않은 특성을 갖게 된다. 미묘한 차별을 느끼게 되고, 이는 남들이 보지 못하는 걸 보게 해주기도 한다. 이게 바로 기존의 사회학과는 크게 다른 '부르디외 사회학'의 밑거름이 되었다.

부르디외는 파리의 식당에서 어떤 음식을 주문하는 것과 같은 일상적 행동이 어떻게 사회적 낙인social label과 표지social marker를 만들어 사람들을 서로 다른 집단으로 분류하는지 분석했다. 그는 중상류층 사람들이 대중적 취향과 구별해 자신의 라이프 스타일에 문화적으로 우월한 가치의 '아우라aura'를 부여코자 한다는 걸 발견했다. 이것이 바로 '구별짓기distinction'다.[21] 어떤 자동차를 타고 어떤 옷을 입을 것인가? 그리하여 어떻게 나를 좀더 돋보이게 만들 것인가? 사실 이건 프랑스뿐만 아니라 오히려 체면을 중요하게 여기는 한국에서 더욱 실감나는 개념이다.

중상류층의 그런 '구별짓기'는 그렇게 할 수 없는 가난한 촌뜨기에겐 마음의 상처가 되기 마련이다. 우리가 흔히 '콤플렉스'로 해석하는 이런 상황을 부르디외는 '상징적 폭력'이라는 개념으로 설명했다. 상징적 폭력은 피지배적 위치에 있는 사람들로 하여금 지배적 문화는 합리적인 반면 자신의 문화는 비합리적인 것으로 인식하지 않을 수 없게 만드는 과정을 지칭한다. 부르디외가 그랬듯이, 사투리를 쓰는 사람이 자신의 말을 부정확한 것으로 느끼도록 압력을 받는 경우를 들 수 있다.[22]

부르디외가 사투리를 쓴다고 해서 그 누구도 부르디외를 비판하거나 조롱하진 않았다. 바로 이 점에서 노골적인 언어폭력은 상징적 폭력이 아니다. 그런데 왜 부르디외는 자신을 둘러싼 상황이 폭력적이라고 느끼게 된 걸까? 이 의문이 시사하듯이, 상징적 폭력을 행사하는 사람들은 그걸 인지하지 못한다. 부르디외의 용어를 빌려 말한다면 그 존재를 알지 못하는 것조차 알지 못한다. 즉, 상징적 폭력은 지배자의 위치에 있는 사람들조차 자신이 권력을 행사하는지도 인식하지 못한 채 피지배적 위치에 있는 사람들에게 행사되는 것이다.[23]

피지배적 위치에 있는 사람들도 자신을 둘러싼 상황에 분개할망정 구체적으로 누구를 향해 분개해야 할지 그 대상을 찾을 수 없기 때문에 그런 상황을 그저 감내하는 것 외에 다른 방안을 찾기 어렵다. 남녀관계도 비슷하다. 부르디외는 여성이 남성 지배 체제에 수긍하거나 복종하는 태도를 보이는 것은 상징적 폭력의 효과라며, "상징적 폭력은 부드러운 폭력이며, 그 피해자들에게조차 보이지도

느껴지지도 않는 폭력"이라고 말한다.[24]

부르디외에 따르면, 지배 관계는 국가 또는 스스로 자율적 규제를 하는 시장의 메커니즘에 의해 만들어지는 것이 아니라, 참여자가 지배를 지배 행위로 인식하지 못할 때, 그리고 지배자들과의 관계가 합법적이라고 인지할 때에 유지된다. 명백한 물리적 폭력은 피해자의 저항에 직면하지만, 상징적 폭력은 이렇듯 피해자와 가해자 사이의 관계에 존재하는 폭력이 가려져 있기 때문에 훨씬 효과적이고 효율적인 지배 양식이라는 게 부르디외의 주장이다.[25]

부르디외는 기존 질서와 지배층의 가치를 보편적 가치로 인식하는 사회적 착각을 가리켜 '오인misrecognition'이라고 했는데, 바로 이 오인이 상징적 폭력을 가능케 한다. 이 오인 메커니즘이 작동하면 피지배자들은 사회질서에 자발적으로 복종하며, 그 질서에 편입되기 위해 적극적으로 노력한다. 심지어 자신의 처지는 물론 취향이나 촌스러움을 스스로 부끄럽게 여긴다.

부르디외는 이렇듯 사람들의 마음속에 내면화된 사회질서를 가리켜 '아비투스habitus'라고 했다. 아비투스는 '습관habitude'과 비슷하면서도 좀 다른 개념이다. 습관이 반복적, 기계적, 자동적인 것으로 새로운 것을 생산하는 것이라기보다 기존 질서를 반복해서 재생산하는 것이라면, 아비투스는 기존 질서를 변형시킨 채 재생산하는 것이기 때문이다. 그래서 아비투스는 상징적 폭력의 산물이자 그 조건이 된다.[26]

부르디외는 상징적 폭력의 대표적 공간으로 학교를 지목했는데,

그건 학교가 아비투스를 주입시키는 대표적 기관이기 때문이다. 강창동은 「학교교육의 상징적 폭력 작용에 관한 이론적 고찰」이라는 논문에서 "학교는 기회균등과 능력주의라는 이데올로기적 오인을 통해 상징적 폭력에 신성한 권위를 부여한다"며 "시험은 의심 없이 사회적 차별을 정당화시키는 상징적 폭력의 대표적인 제도적 장치이다"고 말한다.[27]

부르디외는 노동계급의 젊은이가 성공에 이르는 길에서 당면하는 장벽은 물질적 불평등뿐만 아니라 문화적 자본의 결여라고 말한다. 경제적 자본은 직접 돈으로 환산될 수 있는 모든 재화를 가리키는 반면 문화적 자본은 언어능력, 문화적 상식과 지식, 미적 취향, 학력·학벌 등과 같은 것이다. 부르디외는 문화적 자본을 부모와 가정환경을 통해 물려받은 '상속된 문화적 자본inherited cultural capital'과 학력·학벌처럼 스스로 쟁취한 '획득된 문화적 자본acquired cultural capital'으로 나누었는데, '획득된 문화적 자본'도 상당 부분은 사실상 '상속된 문화적 자본'으로 볼 수 있다.

학력·학벌은 상징적 폭력의 주요 도구이자 매개체다. 학력·학벌로 인해 온갖 서러움을 겪은 사람이 있다면, 그 사람이 겪은 서러움이 바로 상징적 폭력의 결과다. 김석수는 「상징적 폭력과 전근대적 학벌사회」라는 논문에서 "우리 사회의 학벌이 가하는 상징적 폭력의 극복 없이는 그 어떤 인간적 삶도 불가능하다"며 "경제 개혁이나 정치 개혁보다 더 근원적인 것은 자율성과 연대성 원리에 입각한 교육 개혁이다"고 주장한다.[28]

부르디외는 음악에 관한 이야기를 하는 데에 반감을 가지고 있다. 그 이유가 재미있다. 음악에 관해 말하는 것은 자신의 교양의 폭과 해박성을 표현하는, 가장 인기 있는 지적 과시의 기회 가운데 하나가 되기 때문이라는 것이다. 즉, 음악에 대한 기호만큼 그 사람의 '계급'을 확인시켜주는 것도 없으며, 또한 그것만큼 확실한 분류 기준도 없다는 것이다.[29]

한 개인의 기호 또는 취향이 그토록 많은 것을 폭로할 수 있는 것인지 의아하게 생각할 수도 있겠다. 그러나 부르디외는 미적으로 편협하다는 것은 가공할 폭력성을 지니고 있다는 점을 상기시키면서, 기호는 혐오와 분리할 수 없다고 단언한다. 다른 삶의 양식에 대한 혐오는 계급 사이의 매우 두터운 장벽 중의 하나라는 것이다.[30]

앞서 상징적 폭력을 행사하는 사람들은 그걸 인지하지 못하며, 그 존재를 알지 못하는 것조차 알지 못한다는 말을 상기할 필요가 있겠다. 무심코 자신의 취향에 관해 말하는 것조차 남에게 상처를 줄 수 있다는 걸 깨닫는 일은 결코 쉽지 않겠지만, 이 불평등한 세상에선 취향조차 계급을 반영하는 것으로 결코 순수할 수 없다는 점은 이해할 수 있지 않을까?

왜 인권을 유린하는
'마녀사냥'이 일어나는가?

도덕적 공황

유럽에서 마녀사냥witch-hunt은 15세기 초엽에서 18세기 말엽까지 400여 년 동안 지속되었는데, 마녀사냥이 절정에 이르렀던 시기는 1585~1635년 사이의 약 50년 동안이었다. 마녀사냥으로 처형된 희생자의 수에 대해선 최소 50만 명에서 최대 900만 명으로 역사가들마다 견해가 다양하다.

마녀사냥의 총지휘자는 바티칸 교황이었다. 가톨릭은 개신교도 이단이나 마녀로 몰아 처형했는데, 흥미롭고도 놀라운 건 개신교 역시 내부의 이단에 대해 가톨릭 못지않은 마녀사냥을 자행했다는 점이다. 그것도 종교개혁이 대대적으로 이루어진 지역에서 더 잔인한 마녀사냥이 저질러졌다. 종교개혁이 진행되지 않았거나 약했던 국가들에서는 마녀사냥이 상대적으로 약했거나 거의 일어나지 않았다.

영국의 청교도 혁명기에 맹활약을 한 마녀사냥꾼의 주요 마녀 감별법은 용의자를 물에 던지는 것이었다. 마녀 용의자의 팔다리를 묶고 담요에 말아 연못이나 강에 던져 가라앉으면 가족에게 무죄라고 위로하면 그만이었고 물에 뜨면 마녀라는 증거이므로 화형에 처했다.[31]

그렇게 집단적으로 미쳐 돌아가는 상황에서 이단을 고발하는 첩자들이 없을 리 없었다. 유럽 전역은 단독으로 활동하는 사악한 첩자들로 들끓었으며, 이들은 교회를 비난했다거나 어떤 교의에 의문을 표했다는 사람들을 고발하는 일로 먹고살았다. 헨드릭 빌럼 판론 Hendrik Wilem van Loon, 1882~1944은 "주변에 이단이 없으면 만들어내는 것이 앞잡이 공작원의 일이었다"며 다음과 같이 말한다.

"아무리 죄 없는 사람이라도 고문이 죄를 자백하게 만들 터이므로, 그들은 조금도 걱정할 필요 없이 끝없이 그 일을 계속할 수 있었다. 영적인 결함이 의심되는 사람을 익명으로 고발할 수 있는 제도로 말미암아 많은 나라에 그야말로 공포 시대가 열렸다. 드디어는 가장 가깝고 친한 친구조차 믿지 못하게 되었다. 한 집안 사람들마저 서로를 경계하지 않을 수 없었다."[32]

오늘날 학자들은 그런 어이없는 폭력과 인권유린이 광범위하게 오랫동안 저질러질 수 있었던 이유 중의 하나로 당시 사람들이 빠져 있던 '도덕적 공황moral panic'을 지적한다. 오늘날에도 '마녀사냥'

은 비유적으로 많이 쓰이는데, 그런 용법 역시 '도덕적 공황'을 기반으로 한 여론몰이와 그에 따른 폭력과 인권유린을 지적하기 위한 것이다.

'공황'은 '갑작스럽고 엄청난 놀람 또는 공포의 느낌'으로, 보통 사람들의 육체에 영향을 미치고, 안전을 확보하고자 하는 지나치거나 무분별한 노력을 이끈다. 도덕적 공황은 특정 집단이나 행동 유형이 사회적 · 도덕적 불안의 징후로 여겨질 때 나타나는 사회의 과잉 반응을 가리키는 말로, 1830년부터 쓰이기 시작했다.[33]

도덕적 공황은 기술 격변이 일어날 때 사회 전체가 두려움에 휩싸이면서 나타나기도 한다. 전기가 처음 나왔을 때, 전깃불이 여성들과 아이들이 집에 있다는 사실을 범법자들에게 알려줄 것이라는 우려가 있었으며, 백열전구가 사회적 대혼란을 몰고올 것이라는 주장도 있었다. 철로가 놓이기 시작할 무렵, 기차가 시속 80킬로미터로 속도를 높이면 여성의 자궁이 몸에서 이탈해버릴 수 있다고 믿는 사람들도 있었다.[34]

오늘날 사회학자들은 '사회통제 메커니즘'으로서 도덕적 공황과 미디어가 그런 메커니즘의 중심에 놓여 있다는 점에 주목한다. 도덕적 공황은 무언가 또는 어떤 집단이 공통의 도덕적 가치에 대한 위협으로 여겨지면서부터 시작되며, 이러한 위협은 매스미디어를 통해 과장되고 단순화되어, 대중으로 하여금 그러한 이슈에 대해 예민하게 반응하고 우려하도록 만든다. 결국 이는 '모종의 조치'에 대한 요구로 이어지고, 정부 당국이 이를 새로운 입법 등을 통해 행동에

옮기도록 하는 압력 또한 증대한다.[35]

도덕적 공황은 사회 특정 집단을 희생양 삼아 발생하는 경우가 많은데, 그 대상은 매우 다양하다. 예컨대, 크리스토퍼 퍼거슨Christopher J. Ferguson은 게임과 폭력 사건을 연관 짓는 움직임을 도덕적 공황으로 설명한다. 그는 "총기 난사 사건 후 게임에 대한 부정적 여론이 확산되며 이를 바탕으로 게임과 폭력성을 연결 짓는 이후 연구가 늘어나고 이러한 연구가 부정적 여론을 더욱 확대하며 정책에도 영향을 미치는 과정은 도덕적 공황의 예"라고 주장했다.[36]

한국에선 2011년 12월 이후 중·고생들의 연이은 자살과 함께 학교 폭력이 언론에서 집중 조명을 받았는데, 그 과정에서 각종 학생 폭력 조직의 현황과 활동부터 학교 폭력이 조직폭력배와 연결되어 있다는 등 놀라운 사실들이 보도되었다. 교육 전문가들은 다양한 해결책을 쏟아냈고, 정부도 이에 호응해 2012년 2월 초 '학교 폭력 근절 종합 대책'을 내놓는 등 강력한 대응 의지를 표명했다.

이런 일련의 움직임과 관련, 심재웅은 "학교 폭력을 다루는 언론 보도에서 '도덕적 공황'으로 흐르는 경향"이 나타났다고 지적한다. 언론이 선정적이며 자극적으로 이슈를 부각하면서 문제의 심각성을 알리고, 정부 관료나 오피니언 리더들이 정보원으로 등장해 보도된 내용이 사실임을 강조하며, 보도를 접한 기성세대들은 상황이 매우 심각하며, 이를 위해 특단의 조치가 필요하다는 공감대를 형성하는 패턴을 보인다는 것이다. 그는 "문제는 언론을 통한 도덕적 공황이 학교 폭력을 극적으로 묘사함으로써 오히려 합리적 판단이나 해

냄비 근성 냄비 근성은 빨리 끓었다 빨리 식는 냄비처럼 쉽게 흥분했다가 금방 잊어버리는 한국인의 부정적 기질을 일컫는 말이다. 엄을순은 "우리나라 사람은 냄비 근성이 있다 한다. 큰 사건 터질 때마다 우르르 흥분하고, 시간 지나면 언제 그랬냐는 듯 금방 잊어버리고. 아마 냄비 중에서도, 금방 끓고 금방 식는, 누런 라면 냄비일 게다"라고 말한다. 그런데 사람들의 흥분은 주로 언론 보도에 근거한 것이므로, 냄비 근성은 사실 언론의 보도 행태와 밀접한 관련이 있다. 그래서 '냄비 저널리즘'이라는 말까지 나왔다. 한 가지 이슈에 대해 갑자기 집중적으로 보도하다가 언제 그랬느냐는 듯, 한순간에 보도를 끊어버리는 보도 태도를 뜻하는 말이다. 이는 모든 주요 미디어가 서울에 집중되어 있어 이슈의 획일화가 발생하기 때문에 벌어지는 일인데, 또 이게 바로 잦은 '도덕적 공황'을 만들어내는 이유가 된다. 엄을순, 「냄비 근성과 컵라면 장관」, 『중앙일보』, 2014년 9월 2일; 이종혁 · 신동호 · 강성민, 「이슈 보도 주기로 관찰된 '냄비 저널리즘' 현상: 운형함수 방법론 적용」, 『한국방송학보』, 27권 4호(2013년 7월), 206∼250쪽.

결책을 모색하기 어렵게 만든다는 것이다"며 다음과 같이 말한다.

"아이러니가 아닐 수 없다. 최근 청소년폭력예방재단의 조사에 따르면, 학교 폭력에 대한 언론의 무수한 보도와 폭력을 막겠다며 내놓은 정부의 대책에도 불구하고 학교 폭력은 오히려 증가하고 있다. 학교 폭력에 대한 언론의 진단과 정부의 정책이 실질적인 효과가 없다는 뜻이다. 학교 폭력 이슈에 대한 언론의 침착한 접근을 주문하고 싶다."[37]

일부 서양 학자들은 도덕적 공황이 더는 단발적 현상이 아니라 근대사회 일상생활의 만성적 특성이 되었다고 주장하지만,[38] 한국에선 도덕적 공황이 오래전부터 만성적 현상이었다. 이른바 '냄비 근

성'과 더불어 이를 증폭시키는 한국 특유의 '미디어 1극 구조' 때문
이다. 도시국가를 제외하고 이 지구상에 한국처럼 미디어가 한 거대
도시에 집중되어 있는 나라는 찾아보기 어렵다. 다양성은 실종된 가
운데 모든 미디어가 특정 이슈에 경쟁적으로 '올인'하는 경향이 일
상화되어 있다. 그 어떤 주제건 사람들을 놀라게 만들 만한 이슈라
면 도덕적 공황을 만들어내고야 만다.

한 도시에 집중적으로 몰려 있는 미디어는 어떤 이슈가 떠오르면
살인적인 경쟁을 벌이면서 무작정 쓰고 보자는 식으로 최소한의 사
실관계조차 확인하지 않은 채 선정적으로 치닫는 경우가 많다. 그
래서 '하이에나 저널리즘'이란 말까지 나왔지만,[39] 그걸 언론 윤리의
문제만으론 보기 어렵다. '미디어 1극 구조'라는 환경과 조건이 훨
씬 더 큰 이유다. 그 구조를 그대로 두는 한 자주 발생하는 도덕적
공황은 우리의 숙명인 셈이다.

왜 일부 사람들은 '세월호 참사'에 냉담한 반응을 보였을까?

공포 관리 이론

우리 인간은 언젠간 죽게 되어 있다. 누구나 다 아는 사실이다. 그러나 평소 삶에서 죽음을 얼마나 의식하고 사는가 하는 것은 별개의 문제다. 죽음을 많이 의식할수록 우리 인간은 평소 소중히 여기던 것들, 예컨대 관습 등과 같은 공동체 문화에 대한 집착이나 준수의식에서 자유로워질까? 얼른 생각하면 그럴 것 같다. 영원하지 않은 삶이라는 걸 절감하는 상황에서 삶의 규칙이나 질서 따위가 무어 그리 중요하단 말인가. 그런데 심리학자들의 실험 결과는 전혀 다른 이야기를 들려준다.

미국 애리조나주 투손Tucson의 지방법원 판사 22명을 대상으로 진행한 실험에서 절반은 사전에 '언젠가 자신도 죽는다는 사실'에 대한 느낌을 묻는 설문에 응답한 후, 그리고 나머지 절반은 그런 설문조사 없이, 매춘으로 기소된 피고에 대해 보석 허가를 내주면서 보석금을 책정하도록 했다. 결과는 놀라웠다. 설문조사에 응답함으로써 사전에 죽음을 연상한 절반은 그렇지 않은 판사들보다 평균 9배나 높은 보석금(455달러 대 50달러)을 책정했다.[40]

왜 그랬을까? 이걸 설명하는 이론을 가리켜 '공포 관리 이론terror management theory'이라고 한다. 공포 관리 이론의 기본적인 명제는 사람들은 자신의 유한성mortality을 떠올릴수록 공유하는 세계관에 매달림으로써 죽음의 위협을 피하려 든다는 것이다. 죽음을 앞둔 사람에게 남겨진 자식들이 큰 위안이 되듯이, 자신이 구성원이었던 공동체가 영속하리라는 것이 위안이 되며, 따라서 공동체의 영속을 위해 매춘과 같은 공동체 저해 행위는 강하게 응징해야 한다는 생각에 도달하게 된다는 이야기다.[41]

공포 관리 이론은 1986년 심리학자 제프 그린버그Jeff Greenberg, 셀던 솔로몬Sheldon Solomon, 토머스 피슈친스키Thomas A. Pyszczynski에 의해 처음 제시되었지만, 그 사상적 원조는 1973년 미국 문화인류학자 어니스트 베커Ernest Becker, 1924~1974가 출간한 『죽음의 부정The Denial of Death』이다. 지그문트 프로이트Sigmund Freud, 1856~1939의 영향을 많이 받은 베커는 프로이트가 인간 행동의 주요 동기로 집착했던 '성sexuality'을 '죽음에 대한 공포fear of death'로 대체했다는 평가를 받았다.[42]

베커의 그런 관점을 이어 받은 공포 관리 이론은 종교, 예술, 지적 창조 활동, 정치적 헌신 등은 인간의 필연적인 죽음과 관련된 불안에서 비롯되었다고 본다. 이런 활동은 우리가 육체적 죽음을 초월하여 살 수 있다는 가능성을 심어주기 때문이다. 또 공포 관리 이론은 자아 존중감 또는 자존감self-esteem의 본질은 죽음의 불안에 대처하기 위한 완충재buffer 역할을 한다고 본다.[43]

우리 인간이 죽음에 대한 공포를 제어하는 또 한 가지 수단은 인간의 동물적 특성을 부인하는 것이다. 즉, 우리가 동물임을 인정하게 되면 모든 동물은 죽는다는 사실에 직면해야 하지만, 만물 중에서 인간 존재는 여타 동물의 존재보다 많은 의미를 지니고 있다고 확신하는 것으로 그 엄연한 사실을 피해보려고 한다.[44] 사랑의 미화도 그런 관점에서 이해할 수 있다. 사랑은 섹스를 동물적인 행위에서 상징적인 인간의 경험으로 바꿔놓기 때문이다.[45]

공포 관리 이론은 국가적 위기 시에 지도자의 지지도가 치솟는 현상은 물론 '홉스의 함정Hobbesian trap', 즉 두 집단 사이의 긴장이 고조되는 동안 공포로 인해 둘 중 하나가 먼저 공격해서 충돌이 발생할 가능성이 높아지는 현상도 설명해줄 수 있다.[46]

70여 명의 대학생이 참여한 실험에서 자신과 정치적 견해가 다른 사람에게 매운 소스를 얼마나 할당할지를 정하도록 했는데, 사전에 자신의 죽음을 연상하는 과정을 거친 절반의 피험자는 그렇지 않은 사람들에 비해 훨씬 많은 양의 매운 소스를 타인에게 할당한 것으로 나타났다. 이렇듯 죽음에 대한 공포는 국가나 종교와 같이 초월적인 것에 집착하게 만들 뿐만 아니라 자신과 유사하고 가까운 사람에 집중하며 외부인에겐 더 공격적이게 만들어 타인에 대한 관용이 줄어들고 증오를 불러일으킬 수 있다.

이와 관련, 손동영은 "갈수록 심해지는 정치적 대립, 빈익빈 부익부 현상, 교육 현장에서의 폭력과 왕따, 높아만 가는 자살률과 증오 범죄율은 우리가 골목의 끝을 향하고 있음을 알리는 징후일지도 모를 일이다"며 다음과 같이 말한다.

"세월호 침몰로 수백 명의 어린 생명을 잃은 이웃의 비극에 많은 사람이 그토록 냉담했던 것도, 우리 정치가 이토록 왜곡되고 뒤틀린 이유도, 사람들이 온라인에서 서로를 저주하며 다투는 것도 어쩌면 사회에 만연한 공포와 불안에 대한 정서적 반응이 아닐까. 지금이라도 사회 전반에 걸쳐 공포와 불안을 줄이는 방법을 깊이 모색해야만 한다. 공포에 반응하는 사람들은 상생을 모색할 여유를 가질 수 없고 공존 없이는 미래도 없기 때문이다."[47]

탁월한 분석이다. 이른바 '도덕적 공황moral panic'이 폭력과 인권유린을 정당화하면서 전 사회를 보수화시키듯이, 공포에 대한 과민은 세상을 더욱 공포스러운 곳으로 몰아갈 수 있는 것이다. C. 더글러스 러미스C. Douglas Lummis가 경쟁 사회를 떠받치고 있는 기본적인 정서는 '공포'라고 말한 것도 그런 맥락에서 이해할 수 있겠다. 열심히 일하지 않으면 가난뱅이로 전락할지 모른다는 두려움, 지금 돈을 많이 벌어놓지 않으면 노후가 비참할 것이란 두려움, 저축을 해놓지 않으면 언젠가 아플 때 치료를 받지 못할 것이란 두려움 등이 경쟁

TIP

증오범죄 증오범죄憎惡犯罪는 가해자가 인종, 성별, 국적, 종교, 성적 지향 등 특정 집단에 대한 편견과 증오심을 가지고 그 집단에 속한 사람들에게 폭력을 행사하는 범죄로, '혐오범죄嫌惡犯罪'라고도 한다. 영어로는 hate crime 또는 bias crime이라고 한다. 국가인권위원회의 2017년 조사에 따르면, 증오범죄를 걱정하는 여성 · 장애인 · 성소수자의 비율은 80~90퍼센트가 넘는 것으로 나타났다. 상대방에게 언어적 형태로 노골적인 혐오를 드러내는 '혐오 표현hate speech'은 증오범죄로 이어지는 '다리' 역할을 하기 때문에 증오범죄를 막으려면 혐오 표현을 규제해야 한다는 목소리가 높다. 홍성수는 "한국 사회는 혐오 표현에 대한 사회적, 정치적 대응에 사실상 실패했다"며 혐오 표현을 시급히 규제해야 한다고 주장한다. 그는 그러면서도 '권리의 권리'인 표현의 자유를 증진하는 방향으로 개입할 것, 또한 궁극적으로는 "혐오 표현을 낳는 근본 원인을 제거하고 사회의 내성을 키우는 것"도 제안했다. 「Hate crime」, 『Wikipedia』; 홍성수, 『말이 칼이 될 때』(어크로스, 2018); 김유진, 「혐오, 어떻게 멈출 것인가」, 『경향신문』, 2018년 1월 6일; 문경란, 「차별금지법 제정, 미루는 게 차별」, 『경향신문』, 2018년 1월 10일.

사회의 원동력이라는 것이다.[48]

　피슈친스키 등은 그간 500여 차례의 실험을 통해 공포 관리 이론을 검증해왔지만, 이에 대한 반론도 만만치 않다. 여러 비판이 있지만, 한 가지만 소개하자면, 인간의 유한성을 부각시키는 자극은 '의식의 경계'에서 제시될 경우에만 효과가 있을 뿐, 전적으로 의식적인 주의를 기울이는 상태에서는 효과가 없다는 사실이다. 즉, 사람들에게 죽음에 대해 좀더 심도 있고 명료하게, 혹은 좀더 긴 시간에 걸쳐 숙고하게 하면 죽음 관련 질문의 효과는 현저히 감소한다는 것이다.[49]

그렇다면 문제는 심사숙고할 수 있는 시간일 텐데, '빨리빨리'를 생활 이데올로기로 삼은 디지털 시대의 대중에게 그걸 기대하긴 어려운 노릇이 아닌가. 사실 '빨리빨리'도 따지고 보면 뒤처지는 것에 대한 공포에서 비롯된 것일진대, '공포에서 해방'되는 것은 영원히 기대하기 어려운 우리 인간의 이상인지도 모르겠다.

제5장

행복

왜 행복은
소득순이 아닌가?

쾌락의 쳇바퀴

세계 각국의 기관들이 매년 앞다퉈 국가별 행복지수 순위를 발표하며, 이는 언론에 보도되는 주요 기삿거리가 되었다. 이런 종류의 조사는 무엇에 가중치를 두느냐에 따라 크게 달라지지만, 여러 조사의 일관된 흐름은 행복은 소득순이 아니라는 것이다. 실제로 산업화된 여러 나라에서 지난 50년 동안 부의 수준은 2~3배 높아졌음에도 사람들의 행복 수준과 삶의 만족 수준은 변하지 않고, 오히려 우울증만 더 흔해진 것으로 나타났다.[1]

이에 대해선 이미 1974년 미국 경제학자 리처드 이스털린Richard Easterlin, 1926~이 「경제성장이 인간의 운명을 개선시키는가?」란 논문에서 이른바 '이스털린의 역설Easterlin Paradox'로 설명한 바 있다. 방글라데시, 부탄 같은 빈곤국 국민들의 행복지수는 높은 반면 미국, 프랑스 등 선진국은 행복도가 낮다는 연구 결과에 근거해 소득이 일정 수준에 올라 국민의 기본 욕구가 충족되면 소득 증가가 더는 행복에 영향을 미치지 않는다고 주장한 내용이다.[2]

이 연구 결과에 대해선 소득이 높아지면 사람들의 기대치도 따라서 높아지기 때문이라거나 다른 사람과 비교하여 자신의 위치를 평가하는 경향이 심할수록 소비가 증가해도 그다지 큰 행복을 느끼지 못할 가능성이 높다는 해석이 제시되고 있다.[3]

행복지수가 정체되는 시점은 보통 1인당 국민소득 2만 달러가 넘어선 때부터라고 한다. 영국 경제학자 리처드 레이어드Richard Layard, 1934~ 는 『행복, 새로운 과학에서 얻는 교훈』(2005)에서 평균 연간 개인 수입이 2만 달러가 넘는 나라에서 그 이상의 수입은 행복과 아무런 관련이 없다는 이른바 '레이어드 가설'을 제시했다.[4] 그는 인간의 물질적 욕망엔 이른바 '만족점satiation point'이 있다며 다음과 같이 말한다.

"생활수준은 알코올이나 마약과 비슷한 면이 있다. 새로운 행복을 경험하게 되면, 그것을 유지하기 위해 더 많이 가져야 한다. 일종의 쳇바퀴를 타는 셈이다. '쾌락'이란 쳇바퀴를. 행복을 유지하려면 계속 쳇바퀴를 굴려야 한다."[5]

'쾌락의 쳇바퀴hedonic treadmill'는 필립 브릭먼Philip Brickman 과 도널드 캠벨Donald Campbell 이 1971년에 발표한 논문에서 처음 제시한 개념이다. 1990년대 후반 마이클 아이젱크Michael Eysenck, 1944~ 가 이 개념

행복지수 행복지수는 국내총생산 등 경제적 가치뿐 아니라 삶의 만족도, 미래에 대한 기대, 실업률, 자부심, 희망, 신뢰, 자유, 사랑 등 인간의 행복과 삶의 질을 포괄적으로 고려해 산출된 지표를 말한다. 오늘날엔 세계 각국의 기관들이 수많은 종류의 관련 지표를 개발해 발표하고 있지만, 행복지수를 가장 먼저 측정한 나라는 '세계에서 가장 행복한 나라'로 알려진 부탄이다. 1972년 부탄 국왕 지그메 싱기에 왕추크 Jigme Singye Wangchuck, 1955~는 GDP의 한계를 넘어서기 위해 국민행복지수 GNH, Gross National Happiness 개념을 창안했다. 국민행복지수는 평등하고 지속적인 사회경제 발전, 전통 가치의 보존과 발전, 자연환경의 보존, 올바른 통치 구조를 4대 축으로 9개 영역(심리적 안정, 건강, 시간 사용, 행정 체계, 문화 다양성, 교육, 공동체 활력, 환경, 생활수준) 33개 지표를 통해 측정한다. 경제협력개발기구는 2007년부터 부탄의 GNH 개념을 도입해 '더 나은 삶 지수 BLI, Better Life Index'를 만들어 회원국의 행복도를 측정하고 있다. 영국 신경제 재단이 2006년부터 측정하고 있는 지구촌행복지수 HPI, Happy Planet Index는 생태적 지속 가능성을 중시하며, 유엔이 2012년부터 매년 발표하고 있는 세계행복지수는 GDP, 사회보장에 대한 여론조사, 기대 수명, 정부와 기업의 부패지수 등을 토대로 점수를 매긴 결과다. 이런 조사들에 대해 각 나라별로 행복에 대한 정의와 인식이 다르기 때문에 큰 의미를 부여하긴 어려우며, 행복을 얻는 것이 사람들의 궁극적인 목적이 아닐 수도 있다는 반론도 있지만, 한국은 어떤 조사에서건 하위권을 면치 못하고 있다. 강준만, 「왜 한국인의 '행복지수'는 세계 중하위권인가?」, 『세계문화의 겉과 속』(인물과사상사, 2012), 243~252쪽; 브루노 프라이, 유정식·홍훈·박종현 옮김, 『행복, 경제학의 혁명: 행복 연구가 21세기 경제학의 지평을 바꾼다』(부키, 2008/2015), 261~266쪽; 원선우, 「어떤 기준으로 조사해도…한국인 행복 순위는 하위권」, 『조선일보』, 2015년 4월 25일.

을 '쾌락의 쳇바퀴 이론'으로 발전시켰다.[6] 대니얼 길버트 Daniel Gilbert, 1957~는 로또에 당첨된 사람들을 연구했는데, 로또가 주는 행복의 효과가 평균 3개월이 지나면 사그라진다는 것을 확인했다. 출세의 꿈을 이룬 사람도 평균 3개월이 지나면 예전과 똑같은 크기만큼 행복하거나 불행해지며, 불행하다고 느끼는 사람도 마찬가지로 평균 3개월이 지나면 다시 웃을 수 있다는 것도 확인했다. 이게 바로 '쾌락의 쳇바퀴'다.[7]

이스털린은 1978년 성인을 대상으로 한 설문조사에서 상품이 적혀 있는 목록에서 '갖고 싶은 것'과 '현재 가진 것'을 선택하라고 했다. 16년 후 같은 참가자에게 같은 목록을 주며 다시 선택하게 했다. 그러자 참가자 거의 전원이 과거에 갖고 싶은 것으로 선택했던 물건을 현재 보유했으며, 첫 설문조사에서 '갖고 있는 것'으로 선택한 물건을 현재 갖고 싶은 것으로 표시했다. 현대인의 일상이 '쾌락의 쳇바퀴'에 갇혀 있다는 걸 말해주는 연구 결과라 할 수 있겠다.[8] 그레그 이스터브룩Gregg Easterbrook, 1953~은 『진보의 역설』(2004)에서 "우리는 왜 더 잘살게 되었는데도 행복하지 않은가?"라는 질문을 던지면서, 이를 '진보의 역설progress paradox'이라고 했다.[9]

과연 그런가? 그렇지 않다는 반론도 있다. 2008년 저스틴 울퍼스Justin Wolfers, 1972~와 베시 스티븐슨Betsey Stevenson, 1971~은 "소득이 늘어나는 만큼 행복감은 커진다"고 반론을 폈다. 세계 150여 개 나라 데이터를 계량경제학 기법을 동원해 엄격하게 조사한 결과, 한 나라 안에서 소득이 많은 사람이 적은 사람보다 행복한 것으로 나타났으며 삶에 대한 만족감이 소득에 비례해 늘어나는 것으로 확인되었다는 것이다. 미국에서는 한 해 가구 소득이 25만 달러를 넘는 사람은 90퍼센트가 매우 행복하다고 응답한 반면 연소득 3만 달러 미만인 사람은 42퍼센트만이 만족한다고 답한 것으로 나타났다.[10]

울퍼스는 "레이어드 교수가 제시한 1만 5,000달러나 2만 달러 이상의 소득에서도 삶의 만족감이 소득에 비례해서 늘어났다"며 '만족점'은 없다고 주장했다. 행복의 원인은 여러 가지일 수 있지만, 소득이 늘어나는 만큼 주관적인 만족감이 커지는 패턴을 확인했다는 것이다. 그는 "소득이 늘어나면 선택의 기회가 많아진다"며 다음과 같이 말한다.

"낮은 소득에선 돈 많은 직업을 최우선시해야 한다. 반면 소득 수준이 높아지면 가족과 같이 보낼 수 있는 시간이 많은 직업을 선택할 수 있다.……가족과 많은 시간을 보내는 게 행복의 원인이다. 이를 가능하게 한 것은 높은 소득이다. 소득이 많아지면 일을 줄여 더 건강해질 수 있고 스트레스에서 좀더 자유로워질 수 있다. 좀더 건강해지고 스트레스에서 자유로워진 게 행복의 요인이다. 돈은 그 요인들을 얼마나 갖출 수 있는지를 가늠할 수 있는 지표일 뿐이다."[11]

이 논쟁을 계속한다고 해서 무슨 뾰족한 답이 나올 것 같지는 않다. 미국의 재테크 상담 전문가인 수지 오먼Suze Orman, 1951~의 다음과 같이 말에 답이 있는 건 아닐까? "저는 결코 돈으로 행복을 살 수 있다고는 말하지 않습니다. 실제로 그럴 수도 없구요. 그렇지만 저는 돈이 없으면 삶이 비참해진다고는 자신 있게 말하고 싶어요."[12]

'쾌락의 쳇바퀴'는 허망하지만, 아예 그 쳇바퀴에 들어갈 수도 없는 사람들에겐 그나마 그림의 떡은 아닐까? 그럼에도 '쾌락의 쳇바퀴' 개념이 경제적으로 풍요롭지 못한 사람들에게 마음의 위안이나마 줄 수 있다면 그걸로 족하리라.

왜 성공한 사람들이
자살을 할까?

지위 불안

미국의 요리 역사가인 레이철 로던Rachel Laudan이 미국의 7군데 도시에 있는 레스토랑들의 메뉴를 분석한 결과가 흥미롭다. "중간 가격대의 레스토랑일수록 메뉴에 '맛있는', '신선한' 따위의 형용사를 많이 쓴다." 이는 중간 가격대의 레스토랑이 가진 '지위 불안status anxiety'을 잘 말해준다고 볼 수 있다.[13]

한국에서 최근 10년간 고학력 전문·관리직 자살자 수는 6배, 이들이 전체 자살자에서 차지하는 비율은 5배 가까이 증가했다. 고위 공무원과 기업체 간부·임원 등 관리직은 2004년 42명이 스스로 목숨을 끊었는데 2013년에는 그 10배인 414명이 자살을 했으며,

교수 · 의사 · 회계사 등 전문직의 자살은 2004년 137명(1.2퍼센트)에서 2013년 685명(4.7퍼센트)으로 늘었다.[14] 왜 이렇듯 사회적으로 성공한 사람들이 자살을 할까? 자신의 지위가 추락할지도 모른다는 불안감, 즉 이른바 '지위 불안' 때문이다.

우리 사회의 지도자급에 속하는 사람들의 생각을 묻고 정리하는 작업을 했던 김동춘은 "그때 내가 놀란 것은 상당한 사회적 지위와 부를 갖고 있다고 여겨지는 대부분의 면담 대상자들이 자신은 뭔가 박탈당한 상태라 여기면서 피해의식을 갖고 있다는 사실이었다"며 "그 이후 나는 우리 사회에서 돈과 권력, 지위와 명성에서 부족함이 없는 사람들이 피해의식과 불안감을 갖고 있으며, 자기와는 비교가 안 될 정도로 어려운 처지에 있는 사람들에 대한 배려의 마음이 부족하다고 느꼈다"고 말한다.[15]

오늘날 한국 사회가 특히 심하긴 하지만, 지위 불안은 이미 1950년대의 미국에서 학계의 주목을 받은 개념이다. 사회학자 C. 라이트 밀스C. Wright Mills, 1916~1962는 1951년 『화이트칼라』, 1956년 『파워 엘리트』 등을 출간해 '지위 불안'을 넘어 '지위 공포status panic'에 시달리는 신흥 중산층을 풍요롭지만 목표가 없는 사람들, 장인 정신을 자랑으로 여기던 과거의 칼뱅주의자들에게서 단절된 계층으로 보았다.[16]

불안을 느끼건 공포를 느끼건 그 대상이 되는 지위는 절대적인 것이 아니라 자신의 주변 사람들과 비교하는 상대적인 것이다. 마이클 마멋Michael Marmot, 1945~은 "상대적인 지위에 대한 관심은 매우 중요하다"며 "그래서 우리는 다른 사람과 비교해 높은 지위를 가진 것으로 스스로를 평가해 자존심을 세우려는 심리적인 장치를 가지고 있는 것처럼 보인다"고 말한다.[17]

그런 상대적 비교 우위가 무너지는 건 물론 기존 지위의 추락을 감지했을 때 어떤 사람들은 삶의 의욕마저 잃게 된다. 아니 정체성의 혼돈마저 겪게 된다. 자신의 위치를 찾는 데 일생의 많은 시간을 투자하면서 우열 순위에서 자신이 어디에 서 있는지 끝없이 확인하는 시도를 해온 사람이 자신의 지위 추락을 감당해내는 건 쉽지 않을뿐더러 "나는 누구인가?"라는 근원적인 회의마저 갖게 만드는 충격으로 다가오기 마련이다.[18]

알랭 드 보통Alain de Botton, 1969~은 『불안』(2004)에서 "지위 불안은 매우 파멸적이라 우리 삶의 여기저기를 파괴할 수 있다"며 이렇게 말한다. "사회에서 제시한 성공의 이상에 부응하지 못할 위험에 처했으며, 그 결과 존엄을 잃고 존중을 받지 못할지도 모른다는 걱정. 현재 사회의 사다리에서 너무 낮은 단을 차지하고 있거나 현재보다 낮은 단으로 떨어질 것 같다는 걱정. 이런 걱정은 매우 독성이 강해 생활의 광범위한 영역의 기능이 마비될 수 있다."[19]

지위 유지는 소비와 직결된다. 사람들은 실제적 지위야 어찌 되었건 소비를 통해 지위를 말해주는 중요한 상징을 획득하려고 애를 쓴다. 그런 상징성이 있는 상품들을 가리켜 '신분재status goods' 또는 '지위재positional goods'라고 한다. 지위재는 경제학자 프레드 허슈Fred Hirsch, 1931~1978가 1977년 극소수만이 향유할 수 있는 재화나 서비스 베블런 효과 베블런 효과veblen effect는 어떤 상품의 가격이 오르는데도 수요가 줄지 않고 오히려 늘어나는 현상을 뜻한다. 물론 소비의 목적이 과시인 지위재의 경우에 발생한다. 비슷한 개념으로 '속물 효과snob effect'라는 게 있다. 이는 자기만이 소유하는 물건에 특별한 가치를 부여하는 소비 행태를 말한다. 남들이 사용하지 않는 물건, 즉 희소성이 있는 재화를 소비함으로써 더욱 만족하고 그 상품이 대중적으로 유행하기 시작하면 소비를 줄이거나 외면한다. '베블런 효과'도 남들이 알아주는 맛에 생겨난 것이므로 '속물 효과'는 '베블런 효과'의 일부로 볼 수 있다. 김광현, 『기호인가 기만인가: 한국 대중문화의 가면』(열린책들, 2000), 217쪽.

를 가리켜 붙인 이름이다.[20]

값이 비쌀수록 더 잘 팔린다. 비싸지 않은 아름다운 물건은 아름답지 않다. 호사스러움을 위해 많은 돈을 지불했다는 사실을 자신만 알아서는 안 된다. 남들이 알아주어야 한다. 부유층에게는 가격표가 본질적으로 지위를 상징하는 것이다. 이미 120년 전 경제학자 소스타인 베블런Thorstein Veblen, 1857~1929은 『유한계급의 이론』(1899)에서 그런 소비 행태를 가리켜 '과시적 소비conspicuous consumption'라고 했다. 과시적 소비의 결과를 가리켜 '베블런 효과'라고 한다.[21]

2015년 5월 스페인 화가 파블로 피카소의 그림 〈알제의 여인들〉이 1억 7,936만 5,000달러(약 1,964억 2,261만 원)에 낙찰되어 미술품 경매 사상 최고가 기록을 갈아치운 것이나, 스위스의 조각가이자 화가인 알베르토 자코메티의 〈손가락으로 가리키는 남자〉가 1억 4,128만 5,000달러(약 1,549억 원)에 팔려 조각품 최고 경매가 기록

이 깨진 것도 바로 그런 지위 경쟁의 치열함을 말해주는 것으로 볼 수 있다.[22]

학위와 학벌도 대표적인 지위재다. 제프리 밀러Geoffrey F. Miller는 "아이비리그 대학들의 학위가 너무 흔해져서 차별화 배지로 유용하지 않게 되면, 경쟁자들은 눈높이를 올려 아이비리그의 경영대학원, 의학박사과정, 박사과정에 지원해야 할 것 같은 부담을 느낀다"며 "지위재는 흔히 고삐 풀린 지위 경쟁을 불러일으킨다"고 말한다.[23]

이 모든 경쟁이 다 지위 불안에서 벗어나보려는 몸부림이지만, 그런다고 해서 그 불안이 해소되는 것은 아니다. 속된 말로 뛰는 놈 위에 나는 놈이 있기 때문이다. 진정한 대안은 남의 시선에서 독립하는 것이다. 남들이 자신을 어떻게 볼까 하는 두려움에서 벗어나 자기만의 삶을 추구할 수 있는 상상력과 용기, 이게 바로 우리가 지위 불안에서 탈출할 수 있는 유일한 해법이다. 물론 쉽지 않은 일이긴 하지만 진정 행복을 원한다면 그렇게 해야만 한다.

왜 "물고기는 큰물에서 놀아야 한다"는 말은 위험한가?

준거집단

"행복해지고 싶나요? 그렇다면 옳은 연못을 선택하시기 바랍니다." 미국 경제학자 로버트 프랭크Robert Frank가 1985년에 출간한 『옳은 연못 선택하기: 인간 행동과 지위 추구』에서 내린 결론이다. 그는 "자신이 사는 집을 마땅치 않게 여기는 것에 지친 사람은 덜 부유한 그룹의 친구들과 어울림으로써 자신의 집에 대해 좋게 생각할 수 있다"고 했는데, 이는 행복감이 '적당한 연못'을 선택함으로써 얼마든지 달라질 수 있다는 뜻이다.[24]

여기서 연못은 바로 '준거집단準據集團, reference group'을 말한다. 준거집단은 한 개인이 자신의 신념·태도·가치·행동 방향을 결정하는 데 준거 기준으로 삼고 있는 사회집단을 가리키는 용어로, 1942년 미국의 사회심리학자 허버트 하이먼Herbert H. Hyman, 1918~1985의 논문 「지위의 심리학」에서 처음 사용되었다. 이후 사회심리학자 무자퍼 셰리프Muzafer Sherif, 1906~1988는 1948년에 출간한 『사회심리학 개론』에서 준거집단을 '소속집단membership group'이라는 용어와 대비시켜 사용했는데, 소속집단은 명확히 개인이 소속되어 있는 집단을 말하지만, 준거집단은 개인의 행위에 영향을 주는 집단을 지칭한다.

준거집단은 '비교 준거집단'과 '규범적 준거집단'으로 나누기도 한다. 비교 준거집단은 개인이 어떤 판단이나 평가를 할 때 기준으로 삼는 집단으로 '상대적 박탈감relative deprivation'을 설명할 때 사용된다. 규범적 준거집단은 개인이 소속되고자 하는 집단으로 개인에 대한 기준으로 작용하기 때문에 '상징적 상호작용론'에서 사용된다. 마약중독자, 노숙자, 촌스럽다고 생각하는 사람 등과 같이 거부나 반대의 준거 기준으로 삼는 집단은 '부정적 준거집단negative reference group' 또는 '회피집단avoidance group'이라고 한다.[25]

하이먼이 준거집단이란 용어를 최초로 사용하기 이전에도 이와 관련된 연구는 있었다. 지금은 거의 잊혔지만, '사회적 준거 이론social reference theory'이라는 게 있다. 사회적 준거 행위는 각 개인에게 의견 형성의 절차를 간소화해주는 역할을 한다. 평범한 개인이 이 복잡한 세상에서 빈발하는 새로운 이슈와 문제에 대해 독자적 정신활동으로 자신의 의견을 갖기는 그리 쉬운 일이 아니다. 바로 그러한 관점에서 출발한 사회적 준거 이론은 의견 형성을 사회적 압력

상대적 박탈감 상대적 박탈감은 개인이 다른 개인이나 집단의 상황과 자기 자신의 상황을 비교함으로써 갖게 되는 박탈감을 말한다. 이는 특히 상향 비교 성향이 강한 한국인들에게 많이 나타난다. 2018년 1월 『조선일보』가 전국 20~50대 남녀 1,073명을 대상으로 한 조사에 따르면, 응답자의 절반 가까이(49.86퍼센트)는 "지난 1년간 행복에 대한 상대적 박탈감을 느껴본 적이 있다"고 대답했다. 최보윤, 「행복하려 애쓰는 당신… 피곤하지 않나요?」, 『조선일보』, 2018년 1월 15일.

과 영향의 산물로 보고 있다. 이 이론에 따르면 그 누구든 어떤 집단에 소속되어 사회적 유대 관계를 갖고 있기 마련인데, 그 집단 내에서 큰 영향력을 행사하는 성원들은 다른 성원들에게 새로운 이슈와 문제들에 대해 어떻게 생각할 것인가 하는 암시를 주게 된다는 것이다.

이 이론의 대표적인 실증 연구는 1930년대에 사회심리학자 시어도어 뉴콤Theodore M. Newcomb, 1903~1984에 의해서 이루어졌다. 뉴콤의 연구는 '베닝턴대학 연구Bennington College Study'로 불린다. 미국의 버몬트에 있는 베닝턴 여자대학은 1930년대엔 부유한 보수 공화당 지지자들의 딸들만이 다닐 수 있었던 등록금이 비싼 고급 사립대학이었다. 그러나 교수진은 거의 프랭클린 루스벨트 대통령의 뉴딜을 신봉하는 민주당 지지자들로 이루어져 있었다. 즉, 정치적으로 보수적인 가정에서 자란 여학생들이 자유주의적 정치 성향을 가진 교수들에 의해 어떻게 변화되었는가 하는 것이 바로 뉴콤이 행한 연구의 초점이었다.

1936년 대통령 선거에 대한 학생들의 투표 행위는 재미있는 결과를 보여주었다. 학년이 높을수록, 즉 자유주의적 정치 성향을 가진 교수들과 접촉한 기간이 길수록 루스벨트를 반대하는 사람들이 적은 것으로 나타났다. 루스벨트를 반대한 비율은 1학년 67퍼센트, 2학년 40퍼센트, 3학년 15퍼센트였다. 학생들의 그러한 태도 변화는 거의 영구적인 것으로 나타났다. 24년 후에 행해진 추적 연구 결과에 따르면 베닝턴 여자대학 졸업생들의 60퍼센트가 1960년 대통령 선거에서 민주당의 존 F. 케네디에게 투표한 것으로 나타났다. 베닝턴 여자대학 졸업생들과 비슷한 가정환경을 갖고 있되 자유주의적 정치 성향의 대학을 나오지 않은 여성들이 케네디에게 투표한 비율이 전국적으로 불과 30퍼센트 선에 그쳤다는 것을 감안한다면 이 추적 연구의 결과는 실로 놀라운 것이었다.[26]

이 연구를 소급해서 준거집단 연구로 분류해 편입시킨 이는 무자퍼 셰리프였다. 셰리프의 『사회심리학 개론』은 준거집단에 큰 비중을 두었지만, 준거집단 개념은 여전히 사회심리학계의 일부 연구자들 사이에서만 통용되고 있었다. 이 개념을 널리 알린 계기는 사회학자 로버트 머튼Robert K. Merton, 1910~2003이 엘리스 키트Alice S. Kitt와 더불어 1950년에 발표한 「준거집단 행위 이론에 대하여」라는 논문의 영향력이었다. 이후 준거집단은 의견 형성에서 집단의 영향력과 관련된 연구나 논평에선 빠지지 않고 등장하는 약방의 감초가 되었다.[27]

준거집단과 관련된 개념으로 '주변인marginal person'이 있다. 주변인은 2개의 집단에 동시에 소속되어 있는 사람들의 심리적 갈등과 정체성 위기identity crisis를 설명하기 위한 개념인데, 어떤 사람이 자신의 소속집단과는 다른 집단을 준거집단으로 삼고 있거나 2개 이상의 준거집단을 갖고 있을 경우 주변인이 느끼는 것과 비슷한 혼란을 느낄 수 있다.[28]

유명 연예인, 유명 운동선수, 유명 기업인 등과 같이 자신이 우러러보면서 그렇게 되기를 소망하는 인물을 가리켜 '소망적 준거집단aspirational reference group'이라고 한다. 광고와 마케팅이 스타를 광고 모델로 쓰는 것은 바로 그런 준거집단 효과를 얻기 위한 것이다.[29]

이령경 · 권수애 · 유정자의 「청소년 소비자의 명품 구매 행동에 미치는 준거집단의 영향」(2010)이라는 논문에 따르면, 청소년 소비자의 명품 구매 시 준거집단별 영향을 살펴보면, 유명인의 영향이 가장 높았으며, 다음으로 가족 집단과 친구 집단이었다. 또 유명인의 영향을 많이 받을수록 청소년의 명품에 대한 과시적 · 쾌락적 · 상징적 태도가 높음을 알 수 있고, 친구 집단은 과시적 태도에, 가족 집단은 쾌락적 태도에 영향을 미치고 있는 것으로 나타났다.[30]

올림픽 동메달리스트의 표정이 은메달리스트의 표정보다 밝은 이유를 설명하는 데엔 여러 가지 이론이 있는데, 준거집단 이론도 그중의 하나다. 은메달리스트는 금메달리스트를 준거집단으로 삼기 때문에 기분이 상하고 동메달리스트는 메달을 못 딴 선수들을 준거집단으로 삼기 때문에 기분이 좋다. 은메달리스트는 "내가 마지막 몇 초만 더 힘을 냈다면, 내게 한 번만 더 기회가 주어졌다면 금메달을 딸 수도 있었을 텐데……"라며 자신을 금메달리스트와 상향 비교하는 반면, 동메달리스트는 메달을 받지 못한 선수와 하향 비교하는 것이다. 절대적 관점이 아닌 상대적 관점에서 사물의 가치를 평가하는 이른바 '준거점 의존성reference dependence'은 단순한 가치판단의 차원이 아니라 우리가 세상을 인식하는 방식의 본질적인 단면이다.[31]

이렇듯 준거집단은 우리의 삶에 큰 영향을 미친다. 부모가 자식에게 입버릇처럼 "친구를 잘 사귀어야 한다"고 말하는 것은 좋은 준거집단을 가지라는 뜻이다. 일부 심리학자가 "준거집단이 인생에서 성공과 실패의 95%를 결정한다"고 주장하는 것도 같은 취지에서 나온 말로 볼 수 있겠다.[32] 하지만 뭐든지 과유불급過猶不及이다. 이 글 첫머리에 소개한 '옳은 연못 선택하기'로 돌아가보자.

임보영과 마강래의 연구에 따르면, 절대적 소득(소비)의 격차보다는 상대적 소득(소비)의 격차가 삶의 만족감에 더욱 큰 영향을 주고, 모든 조건이 동일하다면, 부유한 지역에 살고 있을 때보다 그렇지 못한 지역에 살고 있는 경우 삶의 만족감이 높은 것으로 나타났다.[33] 앞서 말한 '작은 연못 효과'를 입증해주는 연구 결과로 볼 수 있겠다.

흥미롭지 않은가? 행복이나 기쁨이 어떤 연못(준거집단)을 선택하느냐에 따라 달라질 수 있다는 것이 말이다. 사실 멀쩡하게 잘 지내다가도 부자 친구와 전화통화를 하고 나면 "나는 왜 이렇게 사나?"라는 생각을 하면서 자책自責하는 사람이 의외로 많다. 그런데 늘상 같이 어울려 지내는 사람들이 그런 부자들이라면, 그런 사람은 스스로 불행해지기 위해 애쓰는 것과 다를 바 없는 셈이다. 늘 '최고'나

'최상'만을 추구하는 사람은 무조건 가장 큰 연못을 선택할 것이다. 그래서 "물고기는 큰물에서 놀아야 한다"는 속설이 나온 게 아니겠는가. 다른 큰 물고기들과 경쟁하며 자신의 몸집을 키워나가려고 애쓰는 것도 좋은 일이긴 하겠지만, 그만큼 행복에서는 멀어질 가능성이 높다고 보아야 할 것이다.

왜 한국인은 '비교 중독증'을 앓게 되었는가?

사회 비교 이론

19세기 영국 철학자 존 스튜어트 밀John Stuart Mill, 1806~1873은 "사람들은 부자가 되기를 바라는 것이 아니라, 다른 사람들보다 부유해지기를 소망할 뿐이다"고 했다.[34] 아일랜드 작가 C. S. 루이스C. S. Lewis, 1898~1963는 "자만은 본질상 경쟁적이다. 자만이란 어떤 것을 소유함으로써 기쁨을 얻는 것이 아니라, 옆 사람보다 더 많이 가져야만 기쁨을 느낀다.……자만을 느끼게 하는 것은 바로 비교이다. 다른 사람보다 더 높아지는 데에서 기쁨을 얻기 때문이다. 따라서 경쟁이 사라지면, 자만도 사라진다"고 했다.[35]

이처럼 그 어떤 절대적 기준이 아니라 옆 사람과의 비교를 통해

TIP ▰▰▰▰▰▰▰▰▰▰▰▰▰▰▰▰▰▰▰▰▰▰

이웃 효과 이웃 효과는 그 어떤 절대적 기준이 아니라 이웃과의 비교를 통해 자신을 평가함으로써 발생하는 심리적 효과를 말한다. 이웃은 물리적 이웃만을 가리키는 게 아니다. 친척과 친구 등 늘 이웃처럼 소통하는 사람들도 포함한다. 그래서 이웃이 성공하면 "나는 뭔가?" 하는 자괴감에 빠져들기 십상이다. 공부를 잘하는 학생인데도 옆집에 공부를 더 잘하는 아이가 있으면 주눅 들고 집에서 구박받기 쉬운 이유도 바로 여기에 있다. 이른바 '엄친아(엄마 친구 아들)' 현상인 셈이다. 한국은 높은 인구밀도와 강한 연고주의로 인해 이웃 효과가 크게 발생하며, 이게 바로 한국인들의 자부심이 낮은 주요 이유가 되고 있다. 강준만, 「왜 부자 친구를 두면 불행해질까?: 이웃 효과」, 『감정 독재: 세상을 꿰뚫는 50가지 이론 1』(인물과사상사, 2013), 141~145쪽.

자신을 평가함으로써 발생하는 효과를 '이웃 효과neighbor effect'라고 하는데,[36] 그 이론적 기반은 '사회 비교 이론social comparison theory'이다. 사람들이 자신을 규정하기 위해, 그리고 불확실성을 감소시키면서 자신의 의견이나 능력에 대한 정확한 자기 평가를 위해 남들과 비교하는 성향이 있다는 것으로, 미국 심리학자 레온 페스팅어Leon Festinger, 1919~1989가 1954년에 최초로 제시한 이론이다. 그는 인간에겐 자신을 다른 사람과 비교하는 본성이 있다며, "자신의 생각, 믿음, 태도가 옳고, 타당하고, 적절하다는 것은 비슷한 생각과 믿음, 태도를 지닌 사람들이 판단할 때 그렇다"라고 말했다.[37]

우리 인간은 '비교하는 동물'이지만, 무턱대고 자신을 아무하고나 비교하는 건 아니다. 이른바 '유사성에 대한 욕구the need for similarity'에 따라 자신과 유사한 측면을 많이 공유하고 있는 사람들과 자기 자신을 비교하려고 한다. 비교에는 '상향 비교upward comparison'와 '하향 비교downward comparison'가 있다. 상향 비교는 사람들이 자신을 엘리트 집단이나 더 우월한 집단의 일원으로 생각하고자 하는 경향성과 더불어 스스로 자신에게 동기 부여를 하려는 욕구 때문에 발생하며, 하향 비교는 불행하거나 불만스럽거나 불안정할 때, 즉 자긍심이나 자존감이 위협받을 때에 자기만족을 찾기 위해 이루어지는 경향이 있다.[38]

비교의 동기가 그러한 만큼 사람들은 자신이 비교를 한다는 걸 인정하지 않으려고 한다. 하지만 설사 자기 자신이 그렇게 믿는다 해도 비교는 무의식적으로 이루어지기도 하니 너무 그렇게 펄펄 뛸 일은 아니다.[39] 대니얼 J. 레비틴Daniel J. Levitin은 비교를 통해 자신의 생각과 행동을 조절하는 것은 진화의 산물로 우리 뇌에 선천적으로 새겨져 있는 형평성과 공정성의 감각 때문이라고 주장하는데,[40] 이 주장을 믿어보는 것도 좋겠다.

기업들은 광고를 통해 소비자들이 끊임없이 상향 비교를 하게끔 부추긴다. 광고인 데이비드 오글비David Ogilvy는 평범한 보통 사람을 설득해 그 자신이 뭔가 특별한 존재라고 여기게 만드는 광고를 가리켜 '지위 광고'status' advertising'라고 불렀는데, 오늘날 대부분의 광고들이 바로 이런 지위 광고의 성격을 갖고 있다. 그러나 지위 광고를 하는 상품을 소비해서 얻는 만족은 일시적이거니와 자신을 속이는 결과를 초래할 수 있다.[41]

우리의 일상적 삶에서도 비교는 행복으로 가는 길에 숨어 있는 함정이 되기도 한다. 우리는 행복에 지속적인 영향을 주지 않더라도 단지 비교에 높은 비중을 둠으로써 잘못된 선택을 내릴 수 있기 때문이다. 비교는 겉으로 드러난 분명한 사실, 즉 쉽게 알 수 있고 합리적으로 평가할 수 있는 대상의 특징에 큰 비중을 두기 마련인데, 우리는 그런 비교가 어려운 잠재적 요인은 소홀히 함으로써 스스로 불행한 결과를 초래할 수 있다는 것이다. 많은 연구 조사 결과가 보여주듯이, 행복한 사람들은 남들과 비교를 덜 하고, 내적 기준에 따라 만족감을 얻는다.[42]

우리 인간은 '비교하는 동물'이지만, 한국인은 개인이 아닌 국가 차원에서 끊임없이 비교를 하는 유별난 사람들이다. '비교 중독증'을 앓고 있다고 해도 과언이 아닐 만큼 한국을 다른 나라들, 특히 선진국들과 비교하려는 열망이 강하다. 그럴 만한 역사적 배경이 있다. 식민 통치와 한국전쟁의 비극을 겪느라 뒤처진 한국인들은 "우리의 1년은 세계의 10년"이라는 구호 아래 문자 그대로 '미친 듯이' 또는 '전쟁하듯이' 일했다. "잘살아보세"라는 슬로건으로 대변되는 선진국 지향성이 매우 강하다는 이야기다. 그런 선진국 지향성이 한恨으로까지 자리 잡은 사정을 잘 이해하지 못하는 외국인들은 한국인들을 딱하게 보는 경향이 있다.

예컨대, 전 『이코노미스트』 한국 특파원 대니얼 튜더Daniel Tudor는 "끔찍한 비극인 세월호 사건에 대해 부끄럽다고 얘기하는 한국인이 있다"며 "한국과 외국을 끊임없이 비교하는 한국인들을 보며 서글픔을 느꼈다"고 말한다. "한국인들은 선진국이 되고자 하는 열망으로 남과 비교하는 저주에 빠져버렸다"는 것이 그의 진단이다. 그는 "한국인들은 빠른 해답을 기대하는데 스스로를 믿고 남의 말을 너무 많이 듣지 말라"며 "이른바 선진국 담론을 버릴 수 있을 때 진정한 의미의 선진국이 될 수 있을 것"이라고 말했다.[43]

옳은 말이긴 하지만, 그게 그리 쉽진 않을 것 같다. 한국은 내부적으로도 강력한 중앙집권주의 문화 속에서 모든 걸 서열화하는 비교 중독증으로 오늘의 번영을 이루었기 때문이다. 2014년 8월 김희삼이 전국 성인 남녀 3,000명을 대상으로 연구해 내놓은 「비교 성향과 행복」이란 보고서에 따르면, 남성보다 여성이, 중장년보다 젊은층이, 자녀가 없는 사람보다 있는 사람이, 소득이 적은 사람보다 많은 사람이 매사 남들과 견줘 보는 비교 성향이 강했다. 지역별로는 서울 강남3구 거주자가 다른 지역 사람들보다 이 비교 성향이 높게 나타났다. 보고서는 "강남 고소득층 젊은 엄마들이 주도하는 열띤 자녀 교육 경쟁이 비교 성향과 맥을 같이하는 것으로 보인다"고 평가했다.

이 보고서에서 정작 흥미로운 대목은 한국인들의 강한 비교 성향을 사회 공익을 위해 활용하는 방안에 대한 고민이다. 비교 성향이 강한 사람들은 대체로 높은 경제력에 비해 이타적 행동에 소극적인데, 기부와 같은 선행도 남들이 알아볼수록 많이 하는 것으로 나타났다. 선행도 성취의 일부로 간주하는 경향이 있다는 뜻이다. 보고서는 이 점에 주목해 "(그들의) 비교 성향을 이용해 공익 기여도를 높일 수 있는 방안을 정책 입안자들이 찾아야 한다"고 말했다. 가령

에어컨 대신 선풍기를 쓰자는 캠페인이 성공하려면 지구 환경 보존 등 거창한 명분에 호소할 게 아니라 이웃과 직접 비교해볼 수 있는 전기료 절감 정보를 제공하는 방식이 더 효과적이라는 것이다.[44]

아주 좋은 제안이다. 이미 제2의 천성으로까지 고착된 비교 중독증을 교정하는 게 어렵다면, 공익을 위해 그걸 이용할 수 있는 방안을 고민해보는 것도 좋을 것 같다. 누가 더 선행을 많이 하는지를 놓고 비교하면서 경쟁하면 얼마나 좋을까? 전국의 모든 학교가 졸업생들의 명문대 진학률이나 출세한 사람들의 수를 다른 학교들과 비교하면서 뻐길 게 아니라, 사회를 위해 봉사하고 헌신한 사람의 수를 비교하면서 경쟁해보는 건 어떨까? 이게 터무니없이 천진난만한 소리로 들린다면, 그건 그만큼 우리가 이기적이고 속물적인 비교 중독증에 빠져 있다는 걸 말해주는 증거일 게다.

왜 우리는 'SNS 자기 과시'에 중독되는가?

인정투쟁 이론

우리 인간은 사회적 동물이다. 따라서 남들이 나를 인정해주는 맛에 세상을 산다. 삶은 남들의 인정을 받기 위한 투쟁, 줄여서 '인정투쟁struggle for recognition'의 연속이라고 해도 과언이 아니다. 미국 철학자이자 심리학자인 윌리엄 제임스William James, 1842~1910가 잘 지적했듯이, "인간의 행동을 지배하는 가장 기본적인 원리는, 다른 사람의 인정에 대한 갈구"다.[45]

'인정투쟁' 개념은 독일 철학자 게오르크 빌헬름 프리드리히 헤겔Georg Wilhelm Friedrich Hegel, 1770~1831에 이어 미국 철학자이자 심리학자인 조지 허버트 미드George Herbert Mead, 1863~1931와 독일 철학자 악셀 호네트Axel Honneth, 1949~에 의해 더욱 발전되었지만,[46] 이 개념을 이데올로기 차원에서 대중화시킨 주인공은 일본계 미국 학자인 프랜시스 후쿠야마Francis Fukuyama, 1952~다. 자유민주주의 체제야말로 '인정의 욕구'가 모든 사람에게 충족되는 사회라는 점을 강조하기 위한 후쿠야마의 의도엔 논란이 있을망정, 다음과 같은 진술에 공감하긴 어렵지 않다.

"우리가 노동을 하고 돈을 버는 동기는 먹고살기 위함이 아니라, 그러한 활동을 통해서만 우리는 승인받고 인정받을 수 있기 때문이다. 여기서 돈은 물질적인 것이 아니라 사회적인 지위나 인정을 상징하게 된다.……보다 높은 임금을 받으려고 파업하는 노동자는 단순히 탐욕이나 물질적인 혜택 때문에 그러는 것이 아니다. 파업은 자신의 노동을 다른 사람의 노동과 비교해서 정당한 보상을 받으려는 일종의 '경제 정의'를 추구하는 활동이다. 다시 말하면 자기 노동의 진정한 가치를 인정하라는 요구인 것이다. 이와 마찬가지로 사업 왕국을 꿈꾸는 기업가는 자신이 벌어들인 수백만 달러를 마음껏 쓰려는 것이 아니라 오히려 새로운 기술과 서비스 창조자로서 인정받고 싶어서 그러는 것이다."[47]

인정투쟁은 그 목표가 권력의 획득이 아니라 인정의 획득이라는 점에서 권력투쟁과는 다르다.[48] 그렇지만 여기서 한 가지 의문이 생긴다. 우리의 삶이 권력투쟁과는 다른 인정투쟁이라면, 세상이 살벌한 약육강식弱肉强食의 전쟁터가 되어야 할 이유가 무엇이란 말인가? 인정을 해주고 인정을 받는 일에 꼭 돈이 들어가야 하는 일도 아닐

텐데, 왜 세상은 돈에 미쳐 돌아가는 걸까? 인정의 기준이 다양화되지 못한 가운데 돈 중심으로 획일화되었기 때문일까? 그렇다면, 그 근저엔 무엇이 있을까?

인간에겐 남들과 대등해지고 싶은 '대등 욕망'과 남보다 뛰어나고 싶은 '우월 욕망'이 있는데, 우월 욕망이 왜곡된 형태로 나타나 '지배 욕망'으로 변질될 경우, 상호 인정의 평화공존이 깨지고 만다. 이와 관련, 미국 교육자 로버트 풀러Robert W. Fuller, 1936~는 "사람들이 진정으로 원하고 또 필요로 하는 것은 남을 지배하는 것이 아니라 그들에게 인정을 받는 것이다"며 "'당신을 알아가는' 게임은 제로섬게임, 즉 내가 얻는 만큼 너는 잃고 그 반대도 마찬가지인 게임이 아니다"고 역설한다. 뺏고 빼앗기는 게임이 아니라 양측 모두 처음보다 좋은 결말을 맞이할 수 있는 게임이라는 것이다.[49]

세상이 그렇게만 된다면 더할 나위 없이 좋겠지만, 풀러의 꿈은 이루어지기 어려울 것이다. 이른바 '인정의 통속화'가 인정투쟁을 타락시키고 있기 때문이다. 노명우는 "인정의 통속화가 극한까지 진행되면, 인정은 마음대로 권력을 휘두를 수 있는 자리를 차지했다는 것과 동의어가 된다"며 "인정받았음이 타인의 '눈에 들었다'와 동일하게 느껴지는 한, 사람은 눈도장을 찍을 수 있는 권력을 지닌 사람과 눈도장을 구걸하는 사람으로 양분되기 마련이다"고 말한다.[50]

권력을 지닌 사람은 소수의 권력자에 국한되지 않는다. 권력의 주체는 나의 주변 사람들이거나 이름 없는 대중일 수도 있다. 그렇게 통속적으로 변질된 '인정' 개념이 적나라하게 펼쳐지는 공간이 바로 SNS다. 과거엔 자기 과시를 위해선 사람들을 직접 만나야 했고, 또 적절한 타이밍을 잡는 노력이 필요했지만, SNS는 그런 번거로움을 일시에 해소시켜준 '혁명'이나 다를 바 없다. '인정 욕구'에 굶주린 사람들이 SNS에 중독되지 않고 어찌 견뎌낼 수 있으랴.

한국에서 페이스북이 '인맥 과시용 친구 숫자 늘리기'에 많이 이용되고 있는 것도 결코 우연이 아니다.[51] 어디 인맥 과시뿐이랴. 자신의 페이스북에 꾸준히 맛집 관련 사진을 남기는 사람들은 페이스북 친구들이 자신이 알지 못하는 맛집이나 고급 레스토랑에 갔다온 사진을 올리면 괜한 질투심을 느낀다.[52] 최광희는 SNS가 '내 자랑'을 앞세우는 '온라인 인정투쟁'의 장이 된 현실에 대해 다음과 같이 말한다.

"우리는 모두 자기 인생의 주인공이고 싶다. 그러려면 청중이, 관객이 필요하다. SNS는 많은 사람들에게 서로가 인생의 주인공임을 말하고, 서로의 청중이 되어주는 곳이기도 하다. 그러나 누구도 진짜 주인공이 아니고, 누구도 진짜 청중이 아닌 곳이기도 하다. 그래서 가끔 이 공간이 서글프다."[53]

우리가 좀 심하긴 하지만, SNS가 '온라인 인정투쟁'의 장으로 활용되는 건 전 세계적인 현상이다. 2013년 8월 미국 미시간대학 연구팀의 조사에 따르면, 페이스북을 오래 사용하는 사람일수록 삶에 대한 만족도가 더 떨어지는 것으로 나타났다. 왜 그럴까? '상대적 박탈감' 때문이다. 대개 페이스북에는 직장에서 성공담이나 귀여운 아기 사진, 멋진 여행 등 행복한 순간을 올리기 때문에 그런 걸 보면 화가 나거나 외로움을 느껴 결국 행복감도 떨어지게 된다는 것이다.[54]

미국 샌디에이고주립대학 연구팀의 조사 결과는 더욱 놀랍다. 1991년부터 2016년까지 미국 10대 청소년 100만 명을 설문조사해 분석했더니 미국 스마트폰 보급률이 50퍼센트를 넘어선 연구 결과에 따르면 온라인에 많이 노출된 청소년일수록 더 불행하다고 느꼈고, 거꾸로 페이스북 등 SNS를 강제로 끊게 했더니 계속 사용한 이들에 비해 행복감이 높았다.[55]

그래서 SNS를 포기해야 할까? 그렇진 않다. 나도 남들의 부러움을 자극할 만한 것들을 올리면 된다. 물론 그렇게 하기 위해선 SNS

에 더욱 중독되어야만 하다. 인정투쟁은 인류 역사의 원동력이라는 데 무얼 망설이랴! 그러나 남을 위해 사는 게 아니라면 '비교'에 대해 다시 생각해보는 게 좋다.

댄 그린버그Dan Greenberg는 『자신을 비참하게 만드는 법』(1987)에서 비참한 삶의 원인은 '비교'에 있다고 말한다. 조지프 캠벨Joseph Campbell, 1904~1987은 "우리가 더 없는 행복을 느끼기 위해서는 다른 사람이 나를 어떻게 생각할까 하는 생각을 내려놓아야 한다"고 말한다.[56]

그러나 그런 일을 혼자 하긴 어렵다. 사회적 차원에서 인정의 기준을 다양화하려는 노력이 필요하다. 인정의 기준이 권력과 금력 중심으로 미쳐 돌아가는 사회에선 정치마저 그런 문법에 따라 움직이기 마련이고, 그래서 정치는 이전투구泥田鬪狗의 장場으로 전락할 수밖에 없다. 인정투쟁의 문법을 교정하는 일이 정치적 의제로 다루어지지 않는 현실에 대해 "왜?"라는 의문을 왕성하게 제기해야 하지 않을까?

제6장

문화

왜 "한국의 하드웨어는 1류, 소프트웨어는 3류"라고 하는가?

문화 지체

　2017년 12월 22일 29명의 목숨을 앗아간 충북 제천시 복합상가 화재가 일어난 지 한 달여 만인 2018년 1월 26일 50명의 사망자를 낸 경남 밀양시 세종병원 화재 참사가 일어나자 "우리는 안전 후진 국에 갇혀 있다"는 진단이 나왔다.[1] 사실 한국이 '안전 후진국'임은 이미 2014년 4월 16일에 일어난 세월호 참사에서 잘 드러났다. 당 시 우리가 국내외적으로 가장 많이 들은 것은 "한국의 하드웨어는 1류, 소프트웨어는 3류"라는 말이었다. 선박·휴대전화·자동차 같 은 하드웨어 물건을 제조하는 기술은 1류가 되었지만, 그 물건들을 다루는 소프트웨어는 여전히 3류 수준이라는 것이다. 이런 '1류와

3류의 공존'을 어떻게 이해해야 할까?

이는 '문화 지체cultural lag' 개념을 이해하면 쉽게 풀리는 문제다. '문화 지체'는 미국 사회학자 윌리엄 오그번William F. Ogburn, 1886~1959 이 1922년에 만든 말로, 광의의 문화 요소들 사이에 변화의 속도가 달라 그 사이에 괴리가 생기는 현상을 말한다. 문화의 비물질적인 측면들이 문화의 물질적인 측면들의 발달에 뒤떨어진다는 것이다. 테크놀로지, 경제, 사회조직, 가치 등 4가지 요소를 변동 속도가 빠른 순서대로 보자면, 테크놀로지, 경제, 사회조직, 가치 순이다. 이들의 변동 속도의 차이가 낳기 마련인 상호 간 심한 부조화는 문화적 갈등은 물론 정치사회적 혼란의 요인이 된다.[2]

오그번은 급격한 진보로 말미암아 사회에 닥칠 격동을 미연에 방지할 수만 있다면, 기술 발전의 속도를 늦추는 게 더 이로운 일일지도 모른다는 결론을 내렸다. 윌리엄 데이비도William H. Davidow 는 "처음 오그번의 연구 결과를 접했을 때, 나는 그의 생각이 한낱 기우에 불과하다고 여겼다. 나 같은 기술 전문가에게 기술의 발전 속도를 늦춘다는 생각은 이단적 사고방식이었다"며 다음과 같이 말한다.

"그러나 2005년 말에 인터넷으로 말미암아 무슬림 세계와 덴마크 정치 풍자의 세계가 직접 맞닥뜨리는 일이 벌어지고 이듬해에는 세계 곳곳에서 끔찍한 폭동이 일어나는 모습을 지켜보면서, 오그번의 주장이 전혀 엉뚱한 얘기만은 아니라는 생각이 들기 시작했다.……우리의 현실 상황에서 '지체'라는 용어는 이제 그 심각한 실체를 설명해내기에는 너무나도 점잖은 표현이 되어버렸다. 오그번이 살던 시대의 변화는 오늘날에 비하면 너무 느렸다. 반면, 인터넷이 주도하는 오늘날의 변화는 그야말로 즉각적이다."[3]

다른 IT 선진국에서는 프라이버시 침해 등의 문제로 엄두도 못 내는 신제품 테스트를 쉽게 할 수 있을 정도로 신기술을 게걸스럽게 받아들이는 한국에서,[4] 문화 지체가 더욱 심각한 양상으로 전개되리라는 것은 미루어 짐작할 수 있는 일이다. 게다가 한국은 문화 지체가 증폭된 형태로 나타나는 또 다른 특수성을 갖고 있다. 그건 바로 '압축 성장condensed economic growth'이다. 압축 성장은 짧은 기간 안에 이룩한 급격한 경제성장을 말하는데, 한국의 압축 성장은 인류사에서 전무후무前無後無하다고 해도 좋을 정도로 기적에 가까운 것이었다. 서구에서 최소 150년에서 300년은 걸렸을 변화를 우리는 불과 30~40년 만에 해치웠으니 더 말해 무엇하랴.[5]

김진경은 "삼십 년에 삼백 년을 산 사람은 어떻게 자기 자신일 수 있을까"라는 물음을 던지면서 이렇게 말한다. "일본이 메이지유신 이후 100년 동안에 서구의 근대 300년의 변화를 압축해 따라갔다면 한국은 60년대 이래 30년 동안에 서구의 300년을 압축해 따라갔습니다. 이러한 속도 속에서, 이러한 광기 어린 변화 속에서-좀 과장해 말한다면-우리는 30년의 생물학적 시간에 300년의 서사적 시간을 살아버린 것입니다. 무서운 속도의 서구 흉내내기 속에서 자신을 돌아본다는 것은 가능하지도 않았고 필요한 일로도 간주되지 않았습니다."[6]

카를 마르크스Karl Marx, 1818~1883는 "인간은 그들 자신의 역사를 만들지만 그들이 원하는 대로 만들진 못한다. 그들은 그들이 선택한 환경하에서 역사를 만드는 게 아니며, 그 환경은 직접 과거로부터 발견되고 주어지고 계승된 것이다"고 했다. 정치 개혁 역시 마찬가지다.

한국 유권자들은 과거에서 무엇을 물려받았는가? 연고주의다. 그들은 정치판의 연고주의를 비난하면서도 자신의 일상적 삶에선 연고주의를 최고의 가치로 여긴다. 물론 그들에게 변명거리가 없는 건 아니다. 공적 영역과 사적 영역은 구분되어야 한다는 게 그들의 주요 방어 논리지만, 이게 문제라는 걸 전혀 생각하지 못하는 게 바로 문화 지체 때문이다.

2006년 한국개발연구원KDI의 「사회적 자본 실태 종합 조사」 보고서에 따르면, 우리나라 국민들의 사회적 관계망 가입 비율은 동창회가 50.4퍼센트로 가장 높고, 종교 단체 24.7퍼센트, 종친회 22.0퍼센트, 향우회 16.8퍼센트 등이 뒤를 이었다. 반면 공익적 단체들의 가입률은 2퍼센트대에 머물렀다.[7] 즉, 자신의 삶의 문법은 전근대의 것을 고수하면서 공적 영역을 향해선 근대나 탈근대로 나아가달라고 요구하는 셈이다. 더욱 중요한 건 유권자들의 그런 이중성이 정치와 정치인에 대한 평가에도 그대로 적용된다는 점이다.

한국 특유의 정情 문화는 정치를 이념이나 노선보다는 '인간관계의 예술'로 변질시킨다. 그런데 우리가 곧잘 개혁 대상으로 삼는 구정치인일수록 인간관계가 탁월한 반면, 개혁을 외치는 사람들은 인간관계에 무능한 경우가 많다. 리더십도 마찬가지다. 한국 정치권엔

비동시성의 동시성 비동시성의 동시성은 다른 시대에 존재하는 사회적 요소들이 같은 시대에 공존하는 현상으로, 독일 철학자 에른스트 블로흐Ernst Bloch, 1885~1977가 1930년대 독일 사회를 규정하면서 만든 말이다. 그는 "모든 사람들이 동일한 현재에 존재하는 것은 아니다. 그들은 오늘 보일 수 있다는 사실을 통하여 외형적으로만 동일한 현재에 존재할 뿐이다. (사실상) 그들은 예전의 요인들을 갖고 있다. 그것이 간섭한다"고 했다. 김정훈은 "많은 학자들이 한국 사회의 특징을 비동시성의 동시성으로 설명한다"며 "세계 최고의 과학적 합리성과 경제적 효율성을 자랑하는 삼성전자가 전근대적인 세습을 통해 경영권을 유지하는 현상을 생각하면 쉽게 이해될 수 있다"고 말한다. 박명림, 「근대화 프로젝트와 한국 민족주의」, 역사문제연구소 편, 『한국의 '근대'와 '근대성' 비판』(역사비평, 1996), 314쪽; 피터 버크, 조한욱 옮김, 『문화사란 무엇인가』(길, 2004/2005), 51쪽; 김정훈, 「지나간 것은 지나간 것이다」, 『한겨레』, 2004년 12월 9일.

'조폭을 연상시키는 형님 문화'가 만연되어 있다.

이렇듯 한국은 전근대 · 근대 · 탈근대적 요소가 동시에 공존하는 나라다. 이른바 '비동시성의 동시성the contemporaneity of the uncontemporary'이다. 어느 나라에서건 이런 현상은 일어나지만, 한국은 세계에서 가장 빠른 성장을 이룬 나라인지라 이게 유독 심하다. 이런 압축 성장에 따라붙는 건 '위험감수 문화risk-taking culture'다. 한국엔 수난과 시련의 역사, 그리고 뒤처진 것을 하루 빨리 만회하겠다는 '빨리빨리' 문화가 '위험감수 문화'를 고착시켰으며, 이는 다시 '빨리빨리'를 가속시키는 이유가 되었다. 어쩌나 위험을 무시하는지, 한국은 '위험적 요소가 많은 사회'를 넘어 '잔인한 사회Brutal

Society'라는 진단마저 나온다.[8]

이젠 '위험감수 문화'를 바꿀 때가 되었다는 말은 오래전부터 나왔지만, 우리는 여전히 '위험감수'에서 '위험관리'로 패러다임을 바꾸는 데엔 별 관심이 없다. 좀더 정확히 말하자면, 우리는 패러다임을 바꿔야 한다는 말은 쉽게 하면서도 그 전환 비용엔 관심이 없는 것이다. 그저 옷 갈아입듯 손쉽게 바꿀 수 있는 것처럼 생각하는 듯하다. 세상에 비용과 고통 없는 패러다임 전환이 어떻게 가능하단 말인가?

'위험관리'엔 비용이 많이 든다. 무엇보다도 시간과 비용과 노력을 '생산성'이 없는 일에 바쳐야 하기 때문이다. 우리는 그게 싫은 것이다. 대다수 우리 기업들이 산업 현장의 안전 관리자 70퍼센트를 비정규직으로 고용하는 '만용'을 저지르는 이유도 안전에 대한 투자를 낭비라고 생각하기 때문이다.[9] 위험감수를 전제로 한 압축 성장에 길들여져온 우리의 의식과 관행이 '위험관리'로 전환을 가로막고 있는 것이다.

세월호 참사로 인해 대한민국이 졸지에 '3류 국가'로 전락한 이유도 바로 여기에 있다. 대한민국이 어떤 면에선 '1류 국가'라면, 그것은 세월호 참사가 입증해준 '3류 국가'와 분리되어 있는 게 아니다. 그건 동전의 양면처럼 앞뒤로 붙어 있는 것이며, 일견 모순처럼 보이는 이런 현상을 가능케 한 것이 바로 압축 성장이다. 30년에 300년을 산 사람이 어떻게 자기 자신일 수 있겠느냐는 물음 앞에서 우리는 새로운 국민적 정체성을 놓고 고민해야 하는 건 아닐까?

왜 미국인류학회는 유엔의 세계인권선언에 반대했는가?

문화상대주의

손석희 한국인들이 개를 잡는 과정을 영상이나 사진으로 본 적이 있나?

바르도 취재 필름과 사진을 갖고 있다. 프랑스 축구단뿐만 아니라 월드컵에 참가하는 다른 나라 축구단 및 전 세계에 알리겠다.

손석희 당신의 비판은 문화적인 상대성을 인정하지 못하는 태도가 아닌지……

바르도 개고기 식용은 문화가 아니라 야만이다. 아름다운 관습의 나라 한국이 개고기를 먹는 것은 이해할 수 없다.[10]

프랑스의 영화배우이자 극우 정치 활동가인 브리지트 바르도 Brigitte Bardot, 1934~가 2001년 문화방송MBC 라디오 〈손석희의 시선집중〉에서 손석희와 주고받은 대화의 일부다. 바르도의 주장은 뜨거운 보신탕 논쟁을 불러일으켰다. 한국의 보신탕은 문화인가, 야만인가? 일부 한국인들에게 보신탕은 문화적으로 존중받아야 할 전통 음식이지만, 일부 서양인들에겐 야만의 상징이다.

　　2012년 6월 프랑스 법원은 4명의 딸에게 강제로 할례 시술을 받게 한 이슬람교도 부부에게 "할례는 여성의 존엄성을 해치는 중대 범죄에 해당한다"는 이유로 각각 징역 2년, 1년 6개월 판결을 내렸다. 서아프리카 기니 출신의 이 부부는 할례의 고통을 감수하면 신비로운 힘을 부여받을 수 있다는 풍습대로 한 것인데, 2007년 조사에 따르면, 기니에서 태어난 여자아이들의 96퍼센트가 성기를 절단하는 시술을 받은 것으로 알려졌다.[11]

　　음식과 신체 외에 민주주의라는 제도도 문화적 갈등의 한복판에 서게 된다. 2005년 2월 24일 슬로바키아 수도 브라티슬라바에서 열린 미·러 정상회담에서 미국 대통령 조지 부시George W. Bush는 러시아의 주지사 직접선거 폐지, 민영기업의 국유화 등을 겨냥해 "러시아의 민주주의 후퇴에 대해 우려한다"고 말했다. 이에 러시아 대통령 블라디미르 푸틴Vladimir Putin은 "민주주의는 각국의 상황에 달려 있는 것이기 때문에 어느 나라가 더 민주적이라고 하는 것은 잘못된 것"이라며 "러시아의 민주주의는 러시아의 역사와 전통, 현재의 발전 단계에 맞춰 이뤄지는 것"이라고 반박했다. 그러자 부시는

"법치, 언론 자유, 야당 보호 등은 민주주의의 변하지 않는 것"이라고 말했다.[12]

보신탕, 할례, 민주주의를 둘러싼 이와 같은 논쟁과 논란은 '문화상대주의cultural relativism 논쟁'으로 귀결된다. 이젠 한국의 동물 애호가들도 보신탕을 야만으로 여기기 때문에 보신탕은 문화상대주의 논쟁의 사례로서 가치가 떨어져가고 있지만, 전 세계적으로 문화상대주의를 둘러싼 논쟁과 논란은 다양한 분야에 걸쳐 끊임없이 일어나고 있다.

"문화는 다양하며 인간의 인식과 가치관은 문화에 따라 다르다"는 명제를 내세우는 문화상대주의는 20세기 초 미국 인류학의 아버지라 불리는 프랜츠 보애스Franz Boas, 1858~1942가 19세기 중반에서 후반에 걸쳐서 성행했던 문화진화론과 전면전을 벌이면서 탄생했다. 문화진화론은 유럽 산업사회를 인류 문화의 최정점으로 상정하고 인류 문화의 진보는 지식과 기술-경제의 수준에 따라 객관적으로 측정될 수 있다는 가정을 내세운 사상이었다.

유럽은 '우월한 문화', 기타 국가들은 '열등한 문화'를 갖고 있다는 식의 문화적 서열에 반대하는 보애스의 사상, 즉 문화상대주의는 1930년대 그의 제자인 두 인류학자 루스 베네딕트Ruth F. Benedict, 1887~1948와 멜빌 허스코비츠Melville J. Herskovits, 1895~1963에 의해 본격적으로 주창된 이래 다른 문화를 이해하고자 하는 인류학자들의 기본적 인식이 되어왔다.[13]

허스코비츠는 문화상대주의를 "각 사회가 그 구성원의 생활을 이끌기 위해 만들어낸 가치와 모든 관습에 내재하는 존엄을 인정하고, 자신의 것과 다른 전통을 관용할 필요성을 강조하는 철학"으로 정의했다.[14] 문화상대주의는 크게 보아 '도덕 상대주의'와 '인식 상대주의'라는 2개의 서로 연관된 관점을 내포하고 있다. 도덕 상대주의는 어떤 행위나 사상의 옳고 그름이나 좋고 나쁨은 특정 문화적 맥락에서 규정된 가치 체계에 따라 판단되어야 한다는 관점이며, 인식 상대주의는 인간의 세계관과 사물관은 문화에 의해 조건 지어지며, 따라서 인간의 사고방식은 문화적 배경에 따라 상대적으로 파악되어야 한다는 입장이다.[15]

문화상대주의는 제1차 세계대전 후에 대두된 민족자결주의의 기초와 반제국주의 운동의 이념적 기반이 되었으며, 제2차 세계대전 후 독립한 신흥 국가들의 국가적 정체성 확보의 이론적 지주가 되었다. 더 나아가 문화상대주의는 지배 문화의 보편주의적 횡포에 대한 해독제로서 소수민족의 주체성 보존과 권익 확보를 위한 수단이 되었기 때문에 그 수혜자들에겐 사실상 항거의 이념이고 해방의 이념이었다.[16]

1947년 미국인류학회가 유엔의 세계인권선언에 대해 작성한 반대 성명서는 문화상대주의의 전성기를 말해주는 일대 사건이었다. 허스코비츠가 주도한 이 성명서는 서양의 보편적 인권 사상에서 개인주의는 하나의 순수한 '서양적' 삶의 태도이며, 따라서 세계의 '비서양적' 지역의 대부분을 차지하는 '공동체 지향적' 문화와 합치할 수 없다고 선을 그으면서, 세계인권선언이 문화적 다양성과 지역의

특수성을 변형·파괴한다고 주장했다.[17]

하지만 문화상대주의는 1970년대 후반 들어 인류학 내외의 거센 비판에 직면하기 시작했다. 반反문화상대주의자들은 상대주의가 보편적 도덕과 윤리를 부정하고 문화와 시대에 따라 도덕적 가치를 상대화함으로써 나치의 유대인 학살과 같은 비인간적 행태에 대해서도 가치판단을 유보할 수밖에 없는 윤리적 백치라고 비난했다.[18]

그러나 문화상대주의엔 긍정적인 면과 부정적인 면이라는 두 얼굴이 있기 때문에 상대주의의 효용은 결코 사라지진 않을 것이다. 바로 이 '두 얼굴' 때문에 문화상대주의를 둘러싼 논쟁과 논란에 사실상 답이 없다고 해도 과언이 아니다. 이 딜레마를 어떻게 다룰 것인가? 특히 세계화로 인해 전 세계가 다문화 사회로 이행하고 있는 상황에서 이 질문은 더욱 심각하게 다가온다.

문화상대주의 지지자들이 내놓은 답은 '문화변용Acculturation'에 대한 승인과 긍정이다. 허스코비츠의 정의에 따르면, 문화변용은 "서로 다른 문화를 가진 개인들의 집단들이 지속적이고 직접적 접촉을 통해, 집단들은 구별된 채로 존재하되 어느 하나 혹은 두 집단 모두의 출신 문화에 발생하는 문화적 특징들의 교환이다." 즉, 문화상대주의는 결코 문화의 변화 자체를 부정하지 않으며 자신과 다른 문화에서 배워 스스로 변화를 도모할 수 있는 내재적 역동성으로 문제를 해결해나갈 수 있다는 것이다.[19]

하지만 문화변용은 시간이 오래 걸린다. 지금 당장 벌어지고 있는 문화상대주의 논쟁과 논란의 열기를 식힐 수 있는 방법은 없는 걸까? 즉, 생각을 달리 하는 양쪽의 소통을 진작시켜 타협을 이룰 수 있는 길은 없겠느냐는 것이다. 속을 후련하게 만들어줄 수 있는 방법은 없지만, 그간 여러 지식인이 제시한 방법 가운데 대표적인 걸 4가지만 소개하겠다.

첫째, 프랑스의 인류학자 클로드 레비스트로스Claude Levi-Strauss, 1908~2009가 제시한 '내부 평가'다. 다른 나라의 문화에 대해 남들이 이러쿵저러쿵 하긴 힘들지만 내부적으론 평가가 있어야 한다는 것이다. 그는 "문화적 상대주의는 한 문화가 다른 문화의 활동에 대해 '저속하다'거나 '고상하다'고 판단할 절대적인 기준이 없음을 인정한다"며 "그러나 각 문화는 자체의 활동에 대해서는 그런 판단을 내릴 수 있고 또 내려야 한다"고 말한다.[20]

둘째, 미국의 정치철학자 마이클 샌델Michael Sandel이 제시한 '내부 비판'이다. '내부 평가' 이후에 취해질 수 있는 조치라고 할 수 있겠다. 그는 "이슬람 문명권에서는 여성에 대한 탄압이 있는데, 중요한 것은 그 내부에서 전통을 비판해 나오는 목소리가 있어야 한다는 것이다"며 "중요한 것은 자신들의 내부에서 이러한 운동이 일어나야 한다는 것이다"고 말한다.[21]

셋째, 네덜란드의 조직인류학자 헤르트 호프스테드Geert Hofstede가 제시한 '심사숙고'다. 판단을 내리기 전에 한 번 더 생각해보자는 신중론이다. 그는 "자신의 규범이나 자기 집단의 규범을 다른 개인이나 집단에 적용하기 전에 한 번 더 숙고해야 한다"며 "사회 간의 문화 차이, 그 차이의 근원, 그 결과에 대해 알고 나서 어떤 판단을 내

상대주의의 함정 상대주의relativism는 지식이나 가치의 보편타당성을 인정하지 않으면서 진리란 그것을 정하는 기준에 따라 달라진다는 입장이나 주장을 말한다. 상대주의는 인식론적 상대주의, 과학적 상대주의, 윤리적 상대주의, 문화상대주의 등 크게 4가지로 나눌 수 있다. 상대주의에는 자신의 주장을 늘 제한적으로 주장하고 다른 주장이 성립할 수 있는 여백을 허용하는 장점이 있지만, 동시에 자기 정당화의 수단으로 오용되는 함정도 있다. 토론을 한다고 가정해보자. 나의 주장에 대해 상대편이 "그건 입장이 달라서 그래", "나는 다른 관점으로 봐", "여자들은 남자들과 시각이 달라"라는 식으로 대꾸하면 토론이 가능할까? 이런 말들 뒤에는 어떤 가설이 옳고 그른지는 입장이나 관점에 따라 다르다는 생각이 깔려 있다. 철학자 위르겐 아우구스트 알트Jürgen August Alt는 이런 생각은 우리로 하여금 사고하는 것을 기피하도록 만든다면서 어차피 모든 것이 상대적이라면 비판적 논쟁이 무슨 필요가 있겠느냐고 반문한다. 이종관, 「상대주의」, 우리사상연구소 엮음, 『우리말 철학사전 3: 감각 · 근대 · 개인』(지식산업사, 2003), 239~261쪽; 위르겐 아우구스트 알트, 박종대 옮김, 『인식의 모험』(이마고, 2002/2003), 271쪽.

리거나 행동을 취해야 한다는 것이다"고 말한다.[22]

넷째, 미국 역사학자 리처드 호프스태터Richard Hofstadter, 1916~1970가 제시한 '성찰성'이다. 그는 역사적 상대주의가 역사가의 주관적 요소의 불가피성을 강하게 주장해 가치 혼돈 상태와 회의주의를 낳는다는 비판에 대해 역사적 상대주의의 실용적 가치를 옹호한 것이었지만, 이는 문화상대주의에도 적용될 수 있다. 그는 "상대주의는 진지하고 일관성 있게 고려되기만 한다면 역사가의 가설 설정 능력과 겸손을 요구하고 또 자신의 견해의 위치와 한계를 깨달을 것을 요구하는 것이다"고 말한다.[23]

이상과 같은 '내부 평가', '내부 비판', '심사숙고', '성찰성' 등을 관통하는 한 가지 공통점은 확신에 대한 자제와 그에 따른 표현의 신중함이다. 상대주의를 맹목적인 자기 정당화의 수단으로 삼는 '상대주의의 함정'도 경계 대상이다. 이것 아니면 저것 식의 디지털 사고는 딜레마를 다루는 데엔 적합지 않다. 불분명한 게 불만스럽더라도 모든 걸 연속선상에서 다루려는 아날로그 사고를 수용하는 포용력을 키우는 것이 바람직하다.

왜 세계적으로 치열한
'문화 전쟁'이 벌어지고 있는가?

다문화주의

국내에 체류하는 외국인이 150만 명을 넘어선 2013년 5월에 발표된 한국여성정책연구원의 조사에서 결혼 이주민과 귀화자 가운데 41.3퍼센트가 차별이나 무시를 당한 적이 있는 것으로 드러났다. 특히 피부색이 짙은 남아시아 지역 출신 외국인들이 더 많은 차별을 받고 있는 것으로 나타났다. 남부 아시아(55.1퍼센트) · 동남아시아(55.0퍼센트) · 파키스탄(53.2퍼센트) 출신 이주민은 50퍼센트 이상이 차별의 경험이 있다고 대답해, 미국(28.5퍼센트) · 일본(29.8퍼센트) 출신 이주민들과 큰 차이를 보였다.[24]

2015년 9월 국가인권위원회는 부모가 불법 체류자라 한국에서 태어나고 자라면서도 출생 신고를 하지 못한 무국적 아이를 2만여 명, 함께 입국한 부모가 불법 체류자 신분이 되면서 의료·보육·교육 등 기본적인 서비스의 사각지대에서 지내는 외국 국적 아이를 5,000여 명으로 추산했다. 한국은 1991년 12월 '아동의 권리에 대한 협약'에 비준하면서 부모의 출신과 상관없이 모든 아동(만 18세 미만의 사람)의 출생 신고와 필요한 의료 지원을 받을 수 있는 권리 등을 보장한다고 국제사회에 약속했음에도, 이런 일이 벌어진 것에 대해 '안타까움을 넘어 부끄러운 일'이라는 비판이 제기되었다.[25]

2017년 6월 법무부가 발간한 '2016년 출입국·외국인 정책 통계연보'에 따르면, 국내 체류 중인 외국인은 204만여 명으로 처음으로 200만 명을 돌파해 25명 중 1명꼴인 것으로 나타났다. 국내 체류 외국인은 10년 전(91만 명)보다 2배 이상 늘었고, 전체 인구에서 차지하는 비중도 10년 전 1.9퍼센트에서 4.0퍼센트로 커졌다. 국내 체류 외국인을 국적별로 보면 중국인이 절반에 가까운 49.6퍼센트(101만여 명)로 가장 많았으며, 2위는 베트남인으로 전체 외국인의 7.3퍼센트(14만 9,384명)를 차지했다. 3위는 전년도 2위였던 미국인(14만 222명·6.8퍼센트)이었다.[26]

이상 제시한 몇 가지 통계가 잘 말해주듯이, 한국은 이제 명실상부한 다문화주의 사회로 진입했다. 다문화주의multiculturalism는 하나의 사회, 혹은 하나의 국가 내부에 복수의 문화가 공존한다는 것을 긍정하면서 문화적 다양성을 존중하는 사상 또는 원칙을 말한다. 다문화주의의 대표적 모델로는 '용광로 모델'과 '모자이크 모델'이

TIP

용광로와 모자이크 미국이 피부·언어·종교·문화가 다른 이민자들을 모아 '미국 정신'
이라는 한 '용광로melting pot'에서 녹여내 통합을 지향하는 '용광로 모델'이라면, 캐나다
는 '모자이크mosaic'처럼 다양한 문화의 공존을 그대로 인정하고 존중하는 '모자이크 모델'
이다. '모자이크 모델'은 다양한 채소를 집어넣는 '샐러드 접시 요리salad bowl'와 비슷하다
고 해서 '샐러드 모델'이라고도 한다. 유럽의 어떤 나라들보다 민족적 다양성이 큰 미국이
그들보다 훨씬 동질적으로 보이는 이유는 '용광로 모델'이 비교적 성공한 덕분이지만, 미
국 내에선 이 모델을 두고 찬반 논란이 끊이지 않는다. 다문화주의자들은 '모자이크 모델'
이 더 바람직하다고 보는 반면, KKK처럼 인종차별주의적인 집단들은 '용광로 모델'에 반대
하면서 순수한 '미국주의Americanism'를 수호해야 한다고 주장한다. 한스 디터 겔페르트,
이미옥 옮김, 『전형적인 미국인: 미국과 미국인 제대로 알기』(에코리브르, 2002/2003), 34~35
쪽; 김형인, 「마이너리티, 흑인의 삶」, 김형인 외, 『미국학』(살림, 2003), 338~339쪽.

있다.

다문화주의는 늘 차별 문제를 수반하고 이것이 이념 문제로 비화
됨으로써 어느 나라에서건 뜨거운 사회적 갈등의 온상이라고 해도
과언이 아니다. 예컨대, 미국에선 오래전부터 다문화주의를 둘러싼
뜨거운 '문화 전쟁Culture War'이 전개되었는데,[27] 『문명의 충돌』의 저
자인 새뮤얼 헌팅턴Samuel P. Huntington, 1927~2008은 다문화주의에 대한
대표적인 공격수였다. 그는 서구 문화는 다문화주의로 인해 내부의
집단들에서 도전을 받고 있다며, 이런 현상이 지속되면 '내전과 분
열이 꼬리를 물고 나타날 것'이라고 주장했다.[28]

헌팅턴 이외에도 많은 미국 지식인이 다문화주의가 미국을 파멸

로 몰고 가고 있다고 주장한다. 과도한 엄살임이 틀림없으나, 유럽의 다문화주의가 실패로 돌아가고 있는 현실에 비추어 미국만 탓하기도 어렵게 되었다. 인종주의와 민족주의를 부추기는 극우파는 2001년 9·11 테러 이후 반이슬람 정서를 타고 유럽에서 급격히 세를 불리고 있으며, 특히 평화와 복지의 상징이라는 북유럽 지역에서도 극우파 득세 현상이 가속화되고 있다.

2011년 앙겔라 메르켈Angela Merkel 독일 총리, 니콜라 사르코지Nicolas Sarkozy 프랑스 대통령, 데이비드 캐머런David Cameron 영국 총리 등 유럽의 지도자들이 이구동성으로 "다문화주의는 실패했다"고 선언했을 정도로, 다문화주의는 미국과 유럽에서 큰 위기에 처해 있다.[29] 2017년 9월 독일 총선에서 다문화주의에 결사반대하는 극우 정당인 '독일을 위한 대안AfD'이 지지율 12.6퍼센트로 국회 94석을 차지한 사건은 많은 사람들에게 큰 충격을 안겨 주었다.[30]

한국에서도 2012년부터 다문화주의에 반대하는 사람들의 활동이 전개되기 시작했다.[31] 다문화에 반대하는 한국의 온라인 집단을 분석한 강진구의 연구에 따르면, 반反다문화 담론은 인신공격을 통한 타자 배제, 희생양 만들기, 공포심 유발 등의 방식으로 다문화주의를 공격한다. 국제결혼이 단일민족의 정체성을 훼손한다는 논리, 다문화 정책으로 인한 피해는 서민들에게 전가된다는 주장, 발생 가능한 혼란들을 극단화시켜 공포감을 유포하는 행위 등이 그 실제 사례들이다.[32]

다문화주의는 인종·민족 문제일 뿐만 아니라 인종·민족 내부에 존재하는 소수자들의 문제이기도 하다. 그래서 일부 진보주의자들도 다문화주의를 비판한다. 물론 비판의 내용과 취지는 보수주의자들의 비판과는 다르다. 진보주의자는 다문화주의에 분열주의적 경향이 있다고 비판한다. 이 분야의 가장 대표적인 인물이 미국 사회학자 토드 기틀린Todd Gitlin이다. 기틀린은 1995년에 출간한『공동 꿈의 황혼: 왜 미국은 문화 전쟁으로 파멸되고 있는가?』라는 책에서 미국 전역에 인종, 성, 종교, 계급 등 여러 기준으로 분화되어 각 집단의 권리를 주장하는 '정체성 정치identity politics'가 판을 치고 있다고 개탄한다.

기틀린은 '정체성 정치'가 도시의 황폐화, 자원 낭비, 극심한 빈부 격차 등 진정한 사회문제엔 침묵하는 결과를 낳고 있다고 지적하면서 '정체성 정치'를 시도하는 사람들이 각자의 독특성을 정당화시키는 이론 개발에만 주력할 것이 아니라 공동의 지식과 공동의 꿈을 추구해야 한다고 역설한다. 그는 "정체성 정치의 주도자들은 타협이나 협상엔 관심이 없고 '전부 아니면 전무'를 원한다"며 "정체성 정치는 문화와 자긍심 목표에 너무 초점을 맞춘 나머지 우리를 경제적 정의의 문제로부터 멀어지게 만들고 있다"고 말한다.[33] 기틀린은 "민주주의는 차이를 축하하는 (그리고 과장하는) 면허 이상의 것이다"며, 다음과 같이 주장한다. "너무 오랫동안 너무 많은 미국인들이 그들의 문화적 경계를 강화하는 참호를 파는 데에 전념해왔다. 그 참호를 고립시키면서 말이다. 이제 참호는 충분하다! 차이의 완성도 충분하다! 우리는 다리를 건설해야 한다."[34]

"민주주의는 차이를 축하하는 (그리고 과장하는) 면허 이상의 것이다"는 기틀린의 말은 다문화주의와 자유민주주의 사이에서 일어나는 갈등을 잘 시사해준다. 그 갈등을 해소하거나 최소화하면서 둘이 상호보완적인 역할을 할 수 있게끔 하는 것이 중요하지만, 이는 결코 쉽지 않은 문제다. 무엇보다도 차별의 근원인 집단 간 위계와 경제적 차이 등이 없어지는 것이 과연 가능한가 하는 의문 때문이다.[35] 속 시원한 답은 찾을 수 없을망정, 둘 사이의 갈등이 존재하지 않는 것처럼 외면하는 것보다는 중요한 정책 고려의 대상으로 삼는 것이 필요하다는 건 분명하다.

좌우를 막론하고 정체성 정치의 부작용에 관한 한, 한국은 미국에 비해 축복받은 나라임이 틀림없다. 한국엔 미국처럼 문화적 경계가 많이 존재하지 않기 때문이다. 그러나 한국에서 그러한 문화적 축복은 재앙이기도 했다는 점을 간과해선 안 될 것이다. 우리는 문화적 경계를 너무 존중하지 않는다. 중앙집권적인 강자의 횡포가 극에 달해도 그에 도전하는 '정체성 정치'가 너무 없으며 너무 약했다. 물론 이젠 한국도 미국처럼 본격적인 정체성 정치의 시대에 접어든 만큼 여하히 정체성 정치의 명암을 동시에 살피면서 균형을 취할 것인지가 중요한 사회적 과제로 떠올랐다고 할 수 있겠다. 같은 인종·민족 내부에 존재하는 소수자들에 대한 차별과 다른 인종·민족에 대한 차별은 결코 무관하지 않다.

왜 '있는 그대로의 세상을 말하는' 것이 문제가 되는가?

정치적 올바름

2017년 9월 추석을 앞두고 청와대 국민 청원 게시판에 "여성이 결혼 뒤 불러야 하는 호칭을 개선하자"는 청원이 올라와 화제가 되었다. 왜 이런 청원이 올라왔을까? 여성이 시가 식구를 부를 때 호칭은 남편의 형은 아주버님, 남동생은 서방님, 미혼 남동생은 도련님, 누나는 형님, 여동생은 아가씨 등으로 대부분 '님'자가 붙거나 존대의 의미가 포함되어 있다. 반면 남성이 처가 식구를 부를 때 쓰는 호칭은 아내의 오빠는 형님, 언니는 처형, 남동생은 처남, 여동생은 처제 등으로 일부를 빼면 '님'자가 붙지 않거나 존대 의미가 없다. 한 국어학자는 "결혼한 여자가 남편의 여동생이나 남동생을 부를 때 사용하는 '아가씨'와 '도련님'은 과거 종이 상전을 높여 부르던 호칭"이라며 "오빠의 아내를 지칭하는 '올케'는 '오라비의 겨집(계집의 옛말)'에서 유래한 호칭이다. 여필종부의 문화를 내포하고 있다"고 지적했다.[36]

이렇듯 사회적 약자와 소수자에 대한 차별적 언어 사용이나 활동에 저항해 그걸 바로잡으려는 운동의 철학을 가리켜 '정치적 올바름Political Correctness'이라고 한다. 다문화주의를 주창하는 '정치적 올바름'은 다문화주의로 인한 사회적 갈등을 많이 겪은 미국에서 태동된 것이기에 미국의 경험을 살펴보는 게 좋겠다.

'정치적 올바름' 운동은 1980년대부터 미국 정치의 한복판에 들어서 격렬한 논쟁의 대상이 되었는데, 대체적으로 공화당은 반대, 민주당은 찬성하는 입장을 보여왔다. 그런 충돌이 반복된 2016년 대선에서 공화당 후보들 중 가장 공격적인 성향을 보인 인물은 현 대통령인 도널드 트럼프Donald Trump였다.

트럼프는 미국인들이 '정치적 올바름'에 진절머리를 내고 있음에도 감히 그걸 입 밖에 내지 못하고 있다며, 자신이 그들의 대변인 노릇을 하겠다고 나섰다. 그는 올바른 당위를 역설하는 '정치적 올바름'을 제도화된 사기 행각으로 간주하면서 '있는 그대로의 세상을 말하는telling it like it is' 것을 자신의 정치적 자산으로 삼았다. 지지자들은 트럼프의 그런 '솔직함'에 열광했고, 그 덕분에 트럼프는 대통령에 당선될 수 있었다.[37]

있는 그대로의 세상을 보자면, 미국 사회엔 인종차별이 엄연히 존재한다. 차별을 할 수 있는 위치에 있는 사람들의 마음속에 뿌리 깊게 자리 잡고 있다. 하지만 공식적인 사회적 차원에선 인종차별은 해선 안 되는 금기로 간주된다. 이런 경우에 솔직함이란 무엇을 의미하는가? 기존 제도와 사회적 합의를 무시하거나 그 파괴를 꿈꾸면서 차별을 수반하는 욕망을 자유롭게 표현하고 실천할 수 있는 자유인가?

2017년 9월 독일 총선도 그런 의문을 제기한 선거였다. '정치적 올바름'에 결사반대하는 극우 정당인 '독일을 위한 대안AfD'이 지지율 12.6퍼센트로 국회 94석을 차지함으로써 많은 사람에게 큰 충격을 안겨주었기 때문이다. '독일을 위한 대안'을 이끈 알리스 바이델Alice Weidel의 연설 단골 메뉴는 "정치적 올바름은 역사의 쓰레기통에 버려야 한다"는 것이었다.[38]

이 문제를 어떻게 볼 것인가? 우선 Political Correctness라는 용어엔 미국에서 수십 년간 전개되어온 '문화 전쟁Culture War'의 상흔이 묻어 있기에,[39] 우리말로 번역하는 데에 큰 어려움이 있다는 것부터 짚고 넘어갈 필요가 있겠다. 이 글은 이미 관행으로 굳어진 '정치적 올바름'이라는 번역을 따르긴 했지만, 어느 입장에 서느냐에 따라 그 의미는 크게 달라질 수밖에 없다.

그간 국내에선 '정치적 올바름' 외에 '정치적 정확함', '정치적 광정匡正', '정치적 공정성', '정치적 정당성', '정치적 온당성', '정치적 타당성', '도의적 공정성', '도의적 정당성', '언어 교정주의' 등을 사용해왔으며, 국내 트럼프 관련 기사에선 트럼프의 뜻을 살리기 위해

'정치적 결벽증', '정치적 착한 척', '정치적으로 올바른 척하기', '특정 그룹을 폄하하지 않으려는 정치적 수사', '정치적인 위선 행위' 등을 사용해왔다. 가장 적극적인 의미를 부여한 조화유는 '정치적 올바름'은 오역이라며 '정치적 이득을 노린 약삭빠른 짓'으로 번역하는 게 옳다고 주장하기도 했다.[40]

PC라는 용어의 기원에 대해선 여러 설이 있지만,[41] PC 운동은 처음엔 미국 중산층의 언어 사용에 주목해 차별이나 편견에 바탕을 둔 언어적 표현이나 '마이너리티'에게 불쾌감을 주는 표현을 시정케 하는 데에 주력했다. PC 운동은 1980년대에 미국 각지의 대학을 중심으로 전개됨으로써 성차별적, 인종차별적 표현을 시정하는 데에 큰 성과를 거두었다. 또한 PC 운동은 그간 대학에서 가르쳐온 '위대한 책들'이니 '걸작'이니 하는 것들이 모두 서구 백인들의 문화유산이었음을 지적하면서 소수 인종 문학 텍스트도 가르치고 배워야 한다고 주장했으며, 그 연장선상에서 소수 인종 교수 채용과 학생 모집, 교과과정 개편을 위해 노력했다. 또 PC 운동은 나이에 대한 차별ageism, 동성연애자들에 대한 차별heterosexism, 외모에 대한 차별lookism, 신체의 능력에 대한 차별ableism 등 모든 종류의 차별에 반대했다.

그러나 곧 보수파의 반격이 시작되었다. 1980년대 후반 보수 논객들은 PC 운동에 대해 "미국의 역사상 표현의 자유를 보장하는 헌법 수정 제1조에 대한 가장 큰 위협", "나치 돌격대의 사상 통제 운동", "AIDS만큼 치명적인 이데올로기 바이러스" 등과 같은 비난을 매카시즘 매카시즘McCarthyism은 사실의 근거 없이 정치적 반대자나 집단을 공산주의자로 몰아 탄압하는 것으로, 1950년대 전반 미국에서 공산주의자 사냥에 앞장섰던 상원의원 조지프 매카시Joseph R. McCarthy, 1908~1957의 정치적 행태에서 비롯된 말이다. 1950년 3월 이 말을 처음 만들어낸 『워싱턴포스트』의 시사만평가 허버트 블록Herbert Block, 1909~2001은 매카시즘을 "선동, 근거 없는 비방, 인신공격"으로 정의했다. 오늘날 매카시즘은 반공주의라기보다는 반공을 빙자한 정적 파괴 공작이자 인권 탄압으로 여겨지고 있다. 강준만, 「왜 언론은 매카시즘의 공범이 되었는가?: 조지프 매카시」, 『커뮤니케이션 사상가들(개정판)』(인물과사상사, 2017), 55~100쪽.

퍼부었다.[42] 과도한 비난이었을망정 PC 운동 진영의 포용력에도 문제는 있었다. 그들은 자신들의 운동에 반대하거나 공감하지 않는 사람들에 대해 '인종차별주의자'나 '성차별주의자'라는 딱지를 남용하는 경향이 없지 않았다. 그래서 반대자들은 그들의 그런 행태가 죄 없는 사람을 공산주의자라고 부르는 것과 무엇이 다르냐며 '새로운 매카시즘'이라고 비난했다. PC 운동가들을 '언어경찰language police', '사상경찰thought police'이라고 부르는 목소리도 높았다.[43]

사실 과유불급過猶不及은 말은 쉬워도 지키기는 매우 어려운 것이다. 어떤 운동이건 일단 탄력을 받으면 브레이크를 걸기는 어려우며, 계속 앞으로 나아가려는 관성의 지배를 받기 때문이다. PC 운동이 너무 나간 점도 있었지만, PC 운동은 다문화주의의 상징이자 실천 방법론이라고 하는 점에서 그 가치를 전면 부정하긴 어렵다. 소수 인종의 입장에선 '상호 존중'을 위해 필요한 규칙이라는 생각이

지배적이다.[44]

  '정치적 올바름'을 둘러싼 논란은 사실상 위선을 어떻게 볼 것인지의 문제이기도 하다. 공적 영역에선 위선이 필요악必要惡인 경우가 많다. 스코틀랜드의 철학자 데이비드 흄David Hume, 1711~1776은 "사회의 일반적인 의무들은 위선을 필요로 하고, 위선 없는 세계를 경험하는 것은 불가능하다"고 했다.[45] 17세기 프랑스 작가로 풍자와 역설의 잠언으로 유명한 프랑수아 드 라로슈푸코François de La Rochefoucauld, 1613~1680가 갈파했듯이, "위선은 악덕이 미덕에 바치는 공물이다".[46] 개인적 차원에서 저질러지는 위선일지라도 그 위선은 전체 사회가 지켜야 할 도덕적 규범을 강조하는 의미를 갖기 때문이다. 우리가 위선자를 비판하는 이유도 언행일치가 안 된다는 것일 뿐, 그 위선의 메시지 자체를 비판하는 건 아니잖은가.

  한국은 어떤가? 있는 그대로의 한국 사회는 사실상 돈과 학벌이 지배하는 신분 사회다. 하지만 그 신분 위계의 최상층에 있는 사람들도 감히 공식적으론 그걸 긍정할 수 없다. 그 위계를 공고히 하려는 시도를 공개적으로 할 수도 없다. 속마음을 숨기는 위선을 저질러야만 한다. 그런 위선은 필요악이다. 하지만 최근 들어 그런 위선을 저지르지 않겠다는 듯, 있는 그대로의 세상을 공개적으로 당당하게 말하고 실천하는 사람들이 크게 늘고 있다. 전문적으로 불편해하는 사람, 즉 교조주의적 PC주의자란 뜻으로 쓰이는 '프로불편러'라는 인터넷 신조어는 그런 경향을 잘 말해주고 있다.[47] 심지어 'PC충'이란 말까지 쓰이고 있다.

이대로 좋은가? 아니다. 미국이나 유럽에 비해 아직 갈 길이 한참 먼 데도 벌써부터 PC에 대한 그런 반감이 표출되고 있는 건 우려할 만한 일이다. PC 운동 진영은 과유불급의 원칙을 준수해야 하고, 반대 진영은 위선에 사회적으로 바람직한 규범의 가치를 재확인시켜주는 순기능이 있을 뿐만 아니라, 위선 없는 인간과 위선 없는 사회는 원초적으로 불가능하다는 걸 인정할 필요가 있다. 위선은 적을수록 좋으며, 따라서 위선에 대한 비판은 왕성하게 하는 게 필요하다. 하지만 사회나 타인의 위선을 약자와 소수자에 대한 차별을 정당화하는 이기적 욕망 실현의 면죄부로 삼아선 안 된다는 것이다. 트럼프는 성찰을 위한 극복의 대상이지 모방을 위한 긍정의 대상이 아니다.

왜 서양과 달리 동양엔 종교전쟁이 없는가?

수치심 문화와 죄의식 문화

우리말엔 얼굴을 도덕성과 연계시키는 표현이 무수히 많다. "낯 뜨겁다", "얼굴을 들지 못하겠다", "고양이도 낯짝이 있지", "낯 두 껍다" 등등. 후안무치厚顔無恥라는 한자어도 있다. "얼굴이 두터워서 뻔뻔스럽고 부끄러워함이 없음"이란 뜻이다. 속된 말로 안면몰수顔 面沒收라고도 한다.[48] 우리가 소중하게 여기는 체면도 몸을 뜻하는 체 體와 얼굴을 뜻하는 면面의 합성어로 "남을 대하기에 떳떳한 도리나 얼굴"이란 뜻이다. 이렇듯 한국인은 '체면'과 '망신'을 '양심'과 '자 존심'과 같은 자기 내면의 세계보다 중요하게 생각한다.[49]

한국의 그런 문화를 가리켜 '수치심의 문화'라고 하는데, 1940년

대부터 서양 인류학자들은 '수치심의 문화shame culture'와 '죄의식의 문화guilt culture'의 차이에 주목했다. 미국 인류학자 루스 베네딕트 Ruth Benedict, 1887~1948가 1944년 6월 미국 정부에서 연구를 위촉받아 1946년에 출간한 『국화와 칼: 일본 문화의 패턴』은 일본을 '수치심의 문화', 미국을 '죄의식의 문화'로 평가했다.[50]

'수치심'과 '죄의식'은 어떻게 다를까? 대부분의 학자들이 수치심은 집단주의 문화의 특징인 반면 죄의식은 개인주의 문화의 특징이라는 데에 동의하고 있다. 정서엔 분노, 좌절, 우월감, 공포, 비애, 기쁨 등 '자기중심적 정서'와 동정심, 수치심 등 '타인 중심적 정서'가 있는데, 서양의 개인주의 문화권에서는 자기중심적 정서의 표현이, 동양의 집단주의 문화권에서는 타인 중심적 정서가 발달되어 있다. '수치심'과 '죄의식'은 누구를 더 의식하느냐에 따라 생기는 차이라고 볼 수 있다.[51]

네덜란드의 사회심리학자 헤르트 호프스테드Geert Hofstede에 따르면, 수치심은 본질상 사회적이며 죄의식은 개인적이다. 수치심을 느끼고 안 느끼고는 규칙 위반 사실을 남이 알고 있느냐 아니냐에 달려 있다. 수치심의 원인은 위반 자체보다도 다른 사람에게 알려진다는 사실이다. 그러나 죄의식은 그렇지 않다. 죄의식은 비행非行을 다른 사람들이 알고 있건 모르건 관계없이 느낀다. 체면은 집단주의 사회의 개념이다. 영어에는 이에 해당하는 말이 없었는데, 중국어에서 영어로 들어온 표현이다. 개인주의 사회에서는 자존심을 중시하는데, 자존심은 개인의 관점에서 정의되는 반면 체면은 사회적 환경

의 관점에서 정의된다.[52]

미국 정치학자 새뮤얼 헌팅턴Samuel P. Huntington, 1927~2008은 중국의
문화혁명 기간(1965~1968년) 중 추문 폭로는 중심적인 정치 형식이
되었다는 점에 주목하면서 문화혁명을 가능하게 한 동력으로 수치
심의 문화를 지적했다. 문화혁명을 이끈 홍위병들은 자발적으로 과
오를 공개할 것을 강조했고, 거의 강박관념적으로 폭로에 관심을 보
였으며, 이는 과오의 교정과 더불어 대중 동원이라고 하는 2개의 기
능을 수행했다는 것이다.[53]

중국의 그런 문화는 아직도 건재하다. 2006년 중국 광둥廣東성 선
전深圳시 공안 당국은 중심가인 싼사三沙 거리에 성을 사고판 남녀
100여 명을 한 시간 동안 세워놓고 공개적인 모욕을 주었다. 경찰
은 이들에게 퇴폐를 뜻하는 노란색 셔츠를 입히고, 개개인의 이름과
고향·국적 등을 써서 공개했다. 다만 마스크 착용은 허용해 얼굴을
가릴 수 있도록 했다. 거리를 오가는 수천 명의 행인이 이들을 지켜
보았다. 혐의자들은 공개 수모를 당한 뒤 모두 구속 기소되었다.[54]

미국 정치학자 C. 프레드 앨퍼드C. Fred Alford는 수치심 문화의 사람
들은 그 문화의 가치들을 죄의식으로 내면화할 수 없으며, 오직 부
정이 폭로된다든가 하는 공개 수모를 당했을 때에만 반응을 보이
기 때문에 수치심 문화는 미성숙한 것이라고 주장한다. 반면 죄의
식 문화는 개인적 자율성에서 진일보한 점이 있는데, 이 문화의 사
람들은 사회의 가치들을 제대로 내면화하고 있으므로 설사 잘못을
다른 사람에게 들키지 않았다 해도 뉘우침과 양심의 가책을 느낀

다는 것이다.[55]

　미국 문명 비평가 제러미 리프킨Jeremy Rifkin도 "죄책감은 공감적 고통과 자신이 괴롭힌 사람에게 손을 뻗어 상황을 수습해야겠다는 생각을 불러일으키지만, 수치심은 모욕감을 느끼게 만들어 쓸모없고 사람 축에도 못 드는 존재로 만들어버린다"며 수치심 문화를 낮게 평가하고 있다.[56]

　과연 그럴까? 앨퍼드와 리프킨 모두 서구 편향적인 한계를 드러내 보이고 있다. 체면(수치심)과 양심(죄의식)이 지배하는 사회 중 어느 쪽이 더 낫다고 단정하기는 어렵기 때문이다. 리프킨은 "어느 시대이든 수치심 문화는 가장 공격적이고 폭력적인 모습을 드러냈다"고 주장하는데, 죄책감 문화가 훨씬 더 큰 인명 살상을 저질러왔다는 건 꿈에서도 생각해본 적이 없는 것 같다.

　조홍식은 양심이 지배하는 사회에서는 서로 다른 종류의 양심을 가진 집단이 여럿 존재할 경우 이들 간의 갈등과 마찰은 서로 타협하기 어려운 투쟁으로 발전할 가능성이 높다고 말한다. 양심이란 남의 눈치를 보면서 가치를 조정하는 상대적인 개념이 아니고 뚜렷하게 선과 악이 존재하는 절대적 개념이기 때문이다. 동양 사회엔 종교전쟁이 거의 없었던 반면 프랑스를 비롯한 유럽의 역사는 종교로 인한 전쟁의 피비린내로 가득 차 있는 것도 바로 그런 이유 때문이라는 것이다.[57]

　한국은 종교전쟁이 없었을 뿐만 아니라 세계 최고의 '다종교 국가'라는 점에서 많은 외국 학자가 한국의 종교 문화를 흥미롭게 보고 있다. 한 가족 내에서조차 여러 종교가 평화공존하는 현상을 서양인들은 '중층다원성重層多元性'이라고 분석했다. 김종서는 "제 아버님은 독실한 불교신자였지만 '배울 게 있을 것'이라며 동네 교회 주일학교에 가보라고 하셨어요"라면서 다음과 같이 말한다.

"각 종교가 주장하는 신자수를 합하면 우리 인구보다 많다는 우스개가 있지 않습니까? 저는 이런 현상이 단순히 숫자 부풀리기가 아니라 여전히 중층다원성이 내재해 있기 때문이라고 봅니다. 한 가족 안에 여러 종교 신자가 혼재하고 불교나 개신교 신자이면서도 자녀 결혼시킬 때는 사주, 궁합을 보고, 택일하는 사람들이 있듯이 생활 속에서는 다른 종교를 배척하기보다는 수용하며 섞여 사는 데 익숙한 것이죠."[58]

임혁백은 "한국은 종교적으로 세계에서 가장 역동적이고 활기찬 나라이나 어떤 단일 종교도 한국인들의 종교 생활을 지배하고 있지 않고 있는 다종교 국가"라며 국가 간 종교적 이질성의 문제에 한국이 해답을 줄 것으로 기대한다. "한국의 종교적 다원주의는 동아시아 국가들에게 종교적 평화의 모델이 될 것이다. 또한 한국은 유교의 문화적 전통이 가장 많이 남아 있는 나라이면서도 '아시아적 가치'를 변용하여 서구의 자유주의, 합리주의를 수용하는 데 가장 개방적인 나라이다. 한국은 아시아적 가치와 서구의 가치가 화해할 수 있다는 것을 보여줄 것이다."[59]

수치심 문화는 죄의식 문화에 비해 종교전쟁이 없을 뿐만 아니라 훨씬 더 도덕적이고 윤리적인 사회일 가능성도 갖고 있다. 가령 체

TIP

수치심의 힘 미국 뉴욕대학 환경 연구학 교수인 제니퍼 자케Jennifer Jacquet는 죄의식 문화의 한계를 거론하면서 규범 위반자들에게 수치심을 주는 '수치 주기' 전략을 활용해야 한다고 주장한다. 수치 주기는 규범 위반자의 규범 위반 행위를 다른 사람들에게 폭로해 위반자의 평판을 떨어뜨리고 수치심을 안겨주는 방법이다. 비양심적 경영을 한 기업을 상대로 불매운동을 벌이거나 세금 체납 공직자들의 명단을 공개하는 행위가 여기에 포함된다. 자케는 수치 주기는 강자의 횡포를 제어할 수 있는 약자의 무기로 소외층보다는 권력층을 표적으로 삼을 때 효과적이라고 말한다. 제니퍼 자케, 박아람 옮김, 『수치심의 힘: 약자들이 강자들에게 휘두를 수 있는 강력한 무기』(책읽는수요일, 2015/2017), 251~271쪽; 정원식, 「수치심 주기는 강자의 횡포, 제어할 수 있는 약자의 무기」, 『경향신문』, 2017년 2월 11일.

면을 지키고 남의 비난과 소외를 피하기 위해 모든 사회 구성원이 싫더라도 올바른 행동을 취하는 매우 좋은 결과를 낳을 수 있다는 것이다. 그래서 서양에서도 사회 발전을 위해 '수치심의 힘'을 활용해야 한다고 주장하는 사람이 늘고 있다. 그러나 수치심 문화가 타락할 수 있는 정반대의 가능성도 존재한다. 체면 사회와 자본주의가 결합되었을 때 돈이 체면의 척도가 되면 대다수의 사회 구성원은 체면의 필요조건이랄 수 있는 부의 축적을 위해 수단과 방법을 가리지 않을 수 있기 때문이다.[60]

또한 우리가 경계해야 할 것은 '수치심 문화'는 패거리주의를 만나면 급속히 부패하는 경향이 있다는 점이다. 혼자라면 도저히 양심에 찔려 할 수 없는 일도 자신이 소속된 패거리의 이름으로 이루어질 경우 부끄러워하기는커녕 오히려 당당하게 여기는 관행이 널리 퍼져 있는 것도 바로 그런 이유다. 이렇듯 '수치심 문화'와 '죄의식 문화'는 그 자체로선 어떤 것이 더 낫다고 말하기 어려운 것이기에, 두 유형의 문화 가운데 장점만을 취하려는 지혜와 노력이 필요하다고 하겠다.

제7장

환경

왜 인간은 자연과 조화를
이루면서 살아가야 하는가?

생태주의

독일의 생물학자 에른스트 헤켈Ernst Haeckel, 1834~1919은 1867년 '생태학ecology'이라는 용어를 창안해 자연을 수많은 생물의 복합체로 보면서 유기체와 환경 사이의 상호작용을 연구하는 새로운 학문 분과를 세웠다. 그는 당연히 '생태학의 아버지'로 불려야 하겠지만, 그런 타이틀 대신에 환경보호를 위해 전체주의적 독재의 필요성을 강조하는 이데올로기인 에코파시즘Ecofascism의 원조가 되고 말았다. 그는 광신적인 인종차별주의를 부르짖었고, 그런 요소를 내포하고 있던 그의 생태학은 나중에 나치의 논리로 사용되었기 때문이다.[1]

그런 불행한 역사로 인해 생태학의 주요 무대는 독일이 아닌 미국이 되었다. 미국 생태학의 선구자이자 20세기 환경 운동의 원조로 꼽히는 알도 레오폴드Aldo Leopold, 1887~1948는 1949년에 출간한『모래 땅의 사계A Sand County Almanac』에서 "최초로 등장한 윤리는 개인들 간 의 관계를 다루었다"며 윤리의 범위를 인간을 둘러싼 자연환경으 로까지 확대하는 이른바 '대지의 윤리land ethic'가 필요하다고 역설 했다.[2]『모래땅의 사계』는 생태학에 근거를 둔 실천의 논리, 즉 생태 주의ecologism의 중요한 초기 업적으로 이후 생태주의에 관한 논의를 활성화시키는 데에 큰 기여를 했다.[3]

기존 사회의 틀을 그대로 유지하면서 환경문제를 해결하려고 한 전통적 환경주의environmentalism와 달리, 생태주의는 근대 이후의 자본 주의 문명에 대한 근본적인 반성과 성찰을 기반으로 환경문제를 해결 하기 위해서는 사회 전체의 근본적인 변화가 필요하며 인간을 생태계 의 일부로 보고 자연과 조화를 이루어야 한다고 보는 사상이다.[4]

일부 지식인들 사이에서만 떠돌던 생태주의 사상이 대중적인 주 목을 받게 된 주요 계기는 미국의 생물학자 레이철 카슨Rachel Carson, 1907~1964의『침묵의 봄』이 출간된 1962년이었다. 이 책은 미국을 뒤 흔들고 대중의 저항에 불을 지핌으로써 미국에서 환경보호 운동이 시작되는 전기를 마련해주었다. DDT 같은 살충제의 무차별적이고 지속적인 사용에서 오는 위험을 경고한 이 책은 시적인 언어로 서 술되어 베스트셀러가 되면서 미국인들에게 큰 충격을 안겨주었기 때문이다.[5]

시간이 흐를수록 카슨이 한 경고의 메시지는 설득력을 얻어갔고,

1971년 DDT 사용이 금지되는 성과를 얻어냈지만, 결코 금지할 수 없는 것은 인간의 탐욕이었다. 카슨은 해충들이 시간이 지남에 따라 살충제에 대한 면역이 생겨나 살충제를 더 많이 사용해야 한다고 경고했지만, 곧 다른 종류의 살충제들이 법적으로 승인됨으로써 카슨의 경고는 잊혔다.[6]

1972년 로마클럽에서 발간한 보고서「성장의 한계」의 결론은 생태주의의 출발점을 분명히 보여주었지만, 카슨의 경고가 잊힌 것은 이후에도 생태주의가 걸어야 할 길이 험난한 것임을 예고해주는 것이었다. 생태주의가 다양한 유형의 분파로 갈라지게 된 것도 부분적으론 그런 어려움 때문이라고 볼 수 있다.

카슨의『침묵의 봄』에 큰 영향을 받은 노르웨이 철학자이자 산악 등반가인 아르네 네스Arne Naess, 1912~2009는 1972년에 발표한 논문에서 변화를 추구하는 정도와 범위를 기준으로 기존 생태주의 사상을 '표층 생태주의shallow ecology'와 '심층 생태주의deep ecology'로 나누었다. 표층 생태주의는 자연을 보존하는 이유를 인간에 두기 때문에 전통적인 인간 중심적 윤리를 벗어나지 않지만, 심층 생태주의는 자연 그 자체를 위해 보존해야 할 뿐 인간의 이해관계를 고려하지 않는다. 네스는 심층 생태주의의 대변인을 자처하고 나섰다.

심층 생태주의는 흔히 '근본 생태주의'로 불린다. 근본 생태주의는 자연과 인간을 구분하고 이성을 가진 인간을 그 우위에 두어 자연을 객체화시켜 지배하고 파괴한 것이 문제라며 인간의 인성 변화가 필요하다고 주장한다. 자아의 범위를 이기적으로 자기 자신만으로 좁게 설정하는 것이 아니라, 타자와 자신을 둘러싼 생태적 환경까지를 포괄하여 고려하는 '확장된 자아'를 실현해야 한다는 것이다.

네스는 댐 건설에 반대해 근처 바위에 자신의 몸을 묶고 격렬하게 저항하는 등 실천적인 환경 운동가이기도 했다. 그는 인간뿐만 아니라 인간이 아닌 모든 생명체에 대한 생물학적 동등성biocentric equality을 강조하면서 일종의 야외 활동을 통해 인간이 자연과의 합일성을 느낄 수 있는 생활을 경험할 수 있어야 한다고 주장했다.[7]

오늘날 근본 생태주의는 영성 녹색주의자에서 급진적인 행동가들에 이르는 일련의 생태 운동을 정당화하는 틀이 되었지만,[8] 이에 대한 부정적 시각도 존재한다. 근본 생태주의가 극단화되면 현대 문명을 증오하고 중세의 암흑시대를 동경하며, 생태 천국, 생태 지상주의ecotopia, 생태 파시즘 ecofascism, 인간 혐오증misanthrophobia 등으로 나타나기도 한다.[9]

존 드라이제크John S. Dryzek, 1953~는 생태주의를 크게 '생태 낭만주의ecological romanticism'와 '생태 합리주의ecological rationalism'로 구분하는데, 근본 생태주의는 생태 낭만주의의 전형이다. 생태 낭만주의는 사회제도의 개선이나 변혁에 관심을 갖기보다는 자연에 대한 인간의 감성과 가치관 변화에 주목하는 반면, 생태 합리주의는 낭만주의와 달리 계몽주의의 가치를 선택적으로 수용해서 사회를 재구축하려고 한다. 생태 합리주의의 전형은 '사회 생태주의social ecology'다.[10]

사회 생태주의의 창시자이자 미국의 급진적 환경 운동가인 머리 북친Murray Bookchin, 1921~2006은 근본 생태주의와는 달리 생태 위기의 본질은 '사회적 서열화social hierarchy'로 대변되는 인간의 인간 지배에 있다고 주장한다. 그가 사회적이란 말을 생태주의의 앞에 붙인 이유는 사회가 자연에서 분리될 수 없고, 따라서 자연과 관련된 생태 문제에 대한 논의는 사회에 대한 분석을 필연적으로 선행시켜야 함을 강조하기 위한 것이었다.[11]

북친이 보기에 자본주의 사회는 "이윤을 목적으로 하는 거래, 그칠 줄 모르는 산업 확장, 기업의 이해 증진과 진보를 동일시하는 태도 등" 환경 파괴의 근원을 제공하는 요인들에 의해 작동하는 체제다. 북친은 자본주의의 그런 문제를 간과하는 사람들이 녹색 운동을 주도하고 있다며, 이들은 "사적 차원의 정신적 갱생"에 매달리며, 기업, 국가, 관료제의 폐해를 줄이는 제도적 문제에 대해서는 눈을 감는다고 비판한다. 녹색 운동과 자본주의는 "상호공존이 불가능한 모순개념"임에도 '녹색 자본주의'라는 이름으로 화해시키려는 부질없는 노력들이 나타나고 있다는 것이다.[12]

타고난 논쟁가이자 독설가인 북친은 근본 생태주의를 "반이성주의와 영성주의 및 구식 이념들을 뒤죽박죽 섞어서 북미와 유럽의 특권 프티부르주아를 사로잡고 있는 여러 유사-신비주의 내지 노골적 신비주의의 경향"이라고 일축한다.[13] 그는 네스의 생태 철학이 매력적인 이유는 단순성과 천진난만한 메시지 때문이라고 조롱한다.[14] 근본 생태주의뿐만 아니라 에드워드 윌슨Edward O. Wilson, 1929~의 사회생물학sociobiology, 제임스 러브록James Lovelock, 1919~의 지구 가이아 가설Gaia-Hypothesis, 개릿 하딘Garrett J. Hardin, 1915~2003, 파울 에를리히

Paul R. Ehrlich, 1932~ 등의 신맬서스주의New-Malthusianism 등 휴머니즘에 반하는 모든 사상이 북친의 비판의 대상이 된다. 그는 인간의 자기 진보 능력, 기술적 재능, 진보의 잠재성, 이성의 권능 자체를 비웃는 경멸적 태도 전반을 '반인간주의antihumanism'라고 부르면서, 반인간주의는 해로울 만큼 퇴보적인 만병통치의 비책祕策을 찾으려고 하면서 현대의 세속 권력에 진지하게 맞서지 않는다고 비판한다.[15]

그 밖에도 생태주의는 생태 아나키즘, 생태 마르크스주의, 생태 페미니즘, 생태 시장주의, 생태 경제학 등 다양한 분파가 존재하지만, 그 어떤 유형이건 생태주의는 고려해야 할 하나의 가치로서는 인정받을망정 현실적 대안으로 수용되지는 않는 게 현실이다. 반대 운동도 만만치 않다. 생태주의자들을 '환경 종말론자'로 부르면서 그들이 사기를 치고 있다고 비난하는 사람이 의외로 많다. 생태주의자들의 자본주의 비판을 이념 전쟁으로 몰아가려는 시도도 오래 전부터 이루어져왔다. 예컨대, 미국 정치학자 에런 윌다프스키Aaron Wildavsky, 1930~1993는 "급진적 평등론자들은 환경보호주의가 기업 자본주의를 공격할 수 있는 최고의 무기라고 보고 있다"고 주장했다.[16]

이는 생태 위기로 인한 피해가 국가별로 다를 뿐만 아니라 한 국가 내에서도 빈부 격차에 따라 다르다는 걸 시사해준다. 환경이 파괴되면 가난한 사람들이 우선적으로, 가장 큰 피해자가 된다는 것이다. 미국에서 환경문제가 인종차별주의와 결부되어 사회적 현안으로 부각되면서 나타난 이른바 '환경 정의environmental justice' 운동은 바로 그런 문제에 대한 대응이라고 볼 수 있다.[17] 환경 운동가 레스

TIP

환경 정의 환경 정의는 인종, 소득, 문화 또는 사회 계급과 무관하게 모든 사람이 환경적 위해나 건강 위해에서 평등한 보호를 받도록 하는 것을 말한다. 1980년대 초반 미국에서 독성 폐기물 처분장 입지를 둘러싸고 유색인종 거주 지역을 중심으로 출현한 풀뿌리 환경 운동을 통해 처음 제기된 것으로, 인권 운동과 환경운동을 결합한 개념이다. 미국 정부는 1992년 환경청 내에 환경평등국을 설치했는데, 이는 1995년 환경정의국으로 이름을 바꿔 환경 법규와 정책의 시행에서 환경 정의를 실천하는 일을 하고 있다. 한국에선 1998년 '환경 정의'라는 이름을 내건 새로운 환경 운동 단체가 출범해 활동하고 있다. 환경 정의 회원들은 2018년 2월 2일 서울 강남구 아우디폭스바겐코리아 본사 앞에서 폭스바겐의 비윤리적 경영을 규탄하는 기자회견을 갖고 퍼포먼스를 벌인 바 있다. 한면희, 「환경 운동사로 본 환경 정의」, 『철학과 현상학 연구』, 28호(2006년 2월), 135~159쪽; 박재묵, 「환경 정의 개념의 한계와 대안적 개념화」, 『환경사회학연구 ECO』, 10권 2호(2006년 12월), 75~114쪽.

터 브라운Lester Brown, 1934~은 "경제학자들은 시장에 대해서 과신을 하는 반면, 생태학자들은 시장을 과소평가하는 경향이 있다"고 했는데,[18] 과신과 과소평가를 모두 넘어서는 건 물론 국가 간·계층 간 정의가 이루어져야만 인간이 자연과 조화를 이룰 수 있는 방안에 대한 그 어떤 합의점에 도달할 수 있지 않을까?

왜 "아는 것이 힘이다"는 말이 비판을 받는가?

책임 윤리

"아는 것이 힘이다." 영국 철학자 프랜시스 베이컨Francis Bacon, 1561~1626
이 남긴 명언이다. 베이컨은 진보의 관념을 창조한 인물이다. 그에
게 진보란 자연에 대해 더 많은 힘을 소유하거나 미래의 발전에 대
해서 더 잘 예측하는 것을 의미했다. 베이컨은 이 2가지가 지식을
통해서 얻어진다고 보았기에 지식이 곧 힘이라고 한 것이다.[19]

과학적 진보를 인간적 진보로 간주한 베이컨의 시대는 수백 년간
지속되었으며, 오늘날에도 베이컨의 그런 신념을 신앙처럼 간직하
고 있는 사람이 많다. 하지만 아무리 많은 지식을 쌓아도 가정생활
이 불행하다면 그걸 성공한 인생이라고 보기는 어렵듯이, 과학적 진

보를 곧 인간적 진보로 볼 수는 없는 일이다. 무엇보다도 과학적 진보로 인한 자연환경의 파괴가 인류의 생존을 위협하는 수준에 이르렀기 때문이다.

독일 철학자 한스 요나스Hans Jonas, 1903~1993는 1979년에 출간한 『책임의 원칙』에서 현대 산업사회의 위기 상황은 과학적 진보와 자연에 대한 힘의 증대를 절대시하는 베이컨의 유토피아와 결별할 것을 요구한다고 주장했다. "인간의 행복을 위해 고안되었던 자연 정복은 이제 인간 본성 자체에까지 확장되고 있는 그 과도한 성공의 결과 때문에 가장 커다란 도전을 야기하였다"는 것이다.[20]

요나스는 이마누엘 칸트Immanuel Kant, 1724~1804를 비롯한 전통 윤리학이 집단적 행위가 아니라 개인적 행위만을, 미래가 아니라 현재만을 문제 삼고 있다는 점을 문제 삼는다. 그는 "모든 전통 윤리학은 인간 중심적"인 것으로서 "'여기'와 '지금'에 관련된 것"이었기 때문에 미래와 관련하여 책임 있는 윤리를 제공해주지 못했다며, "자연은 정말 윤리 이론이 심사숙고해야 하는 '새로운 것'이다"고 주장한다.[21]

일반적으로 책임은 이미 실행된 행위에 대한 사후의 원인 규명으로 이해되지만, 요나스가 말하고 있는 존재론적 책임은 기존에 언급되던 책임과는 전혀 새로운 속성을 가지고 있다. 요나스의 관심은 "행위의 인과성이 아니라 행위의 질"에 놓여 있으며, 책임의 문제를 법률적 차원이 아닌 윤리적 차원, 특히 미래 윤리적 차원에서 다루고자 하는 것이다. 요나스가 말하는 책임은 권력과의 상관관계에서 비롯되는 것으로, 어떤 존재가 책임을 져야 한다는 당위는 그가 힘을 가졌다는 사실에서부터 비롯된 것이다. 여기에 바로 인간이 모든 존재에 대해 존재론적 책임을 떠맡아야 하는 근거가 있으며, 이런 관점에서 볼 때 '무책임'은 권력을 가진 사람에게만 가능하다.[22]

요나스는 그런 책임의 윤리를 위해 '공포의 발견술Heuristik der Furcht, heuristics of fear'이 필요하다고 말한다. 이는 에른스트 블로흐Ernst Bloch, 1885~1977를 비롯한 마르크스주의의 진보 사관이 표방했던 '희망의 원칙'을 염두에 둔 작명이다. 블로흐는 『희망의 원칙』에서 기술 발전에 의해 미래에는 인간의 본질이 완전히 실현될 것이라는 진보 사관을 내세웠는데, 요나스는 그런 진보 사관에 반대하면서 인간의 유한성, 분수를 아는 겸손한 전략, 미래의 불행한 예측들을 그 주된 내용으로 삼는 공포의 발견술을 제시한 것이다. 요나스는 "위협이 우리에게 알려지지 않는 한, 우리는 무엇을 진정 보호해야 할지 잘 알지 못하기 때문"에 "구원의 예언보다는 불행의 예언에 더욱더 주의를 기울이는 것"이 필요하다고 주장한다.[23]

요나스는 공포의 느낌을 기르는 것이야말로 우리의 윤리적 의무라고 지적하면서 새로움에 대한 지나친 용기보다는 가능한 한 위험 앞에서 두려움을 가지고 한 발 물러설 줄 아는 태도가 더욱 필요하다고 역설한다. 그는 선善보다는 악惡의 인식이 직접적이며 설득력 있고, 더욱 실감나게 만들기 때문에 구원의 예언보다는 불행의 예언에 더욱 주의를 기울임으로써 우리가 비로소 행동할 수 있다고 보았다.[24]

바로 그런 이유 때문에 마르크스주의는 비판의 대상이 된다. 요나스는 마르크스주의는 자연 지배에 의해서 인간성을 향상시킨다는 베이컨의 이상을 자본주의보다 그 이상으로 추구하는 계획을 안고 있다고 비판한다.[25] 그렇다면 대안은 무엇인가? 이 점에서 요나스는 비관적이다. 선진 자본주의 국가가 내세우는 민주주의 대의정치 역시 생태학적 책임성의 구현을 원천적으로 저해하기 때문이다. 요나스는 대의정치는 지독한 근시안을 가졌으며, "대의정치의 원칙과 절차에 따를 경우 오직 현재의 이해관계만이 청취"되기 때문에 '미래 세대의 권리' 개념이 들어설 여지가 없다고 단언한다.[26]

답이 없는 상황에선 모험을 단행하는 수밖에 없다고 생각한 걸까? 요나스는 '냉소주의라는 비난을 받을 각오'가 있음을 피력하면서 '새로운 마키아벨리'라고 작명한 권위주의적 성격의 책임성 모델을 대안으로 제시한다. 시민의 생태학적 자기 계몽과 이에 따른 시민의 자발적 검약에 무망한 기대를 거는 민주적 리더십보다 미래의 풍요를 기약하는 선의의 거짓말로 시민의 생태주의적 실천을 유도해 내는 마키아벨리즘이 생태학적 책임의 원칙을 관철하는 데 더 효과적일 수 있다는 것이다.[27]

요나스의 '새로운 마키아벨리'는 '마키아벨리즘'이 상징하는 바를 그대로 구현한 국가 지상주의적, 초윤리적 정치권력이 아니라 도덕적 선의와 지적 통찰력을 미래적 책임 의식에 따라 용의주도하게 발휘하는 책임 정치적 엘리트의 이념형으로 제시된 것이라지만,[28] 그래도 그렇지 이게 도대체 가능하며 말이 되는 이야기일까? 영국

TIP

마키아벨리즘 마키아벨리즘Machiavellism은 이탈리아 사상가 니콜로 마키아벨리Niccolò Machiavelli, 1469~1527가 『군주론』(1513)에서 밝힌 사상과 주장으로, 그 핵심은 정치적 행위에서 중요한 건 '동기'가 아니라 '결과'라는 주장이다. 엄밀히 말하자면, 마키아벨리어니즘 Machiavellianism이 맞으나 영어권 사람들도 헷갈려 2가지를 동시에 쓰다 보니 일부 영어 사전엔 2가지가 같은 뜻으로 올라 있기도 한다. 마키아벨리즘은 좋은 목적을 위해선 수단과 방법을 가리지 말라는 권모술수의 이데올로기로 비판받지만, '좋은 목적'은 자주 실종된 채 권모술수만을 가리키는 것으로 오·남용되고 있다. 강준만, 「마키아벨리즘」, 『나의 정치학 사전』(인물과사상사, 2005), 23~39쪽.

정치인이자 역사가인 액턴 경Lord Acton, 1834~1902이 지적했듯이, "권력은 부패하며, 절대 권력은 절대 부패한다"는 점에 비춰볼 때에,[29] '새로운 마키아벨리'도 부패의 가능성을 똑같이 안고 있다고 보아야 하지 않을까?

오죽 답답했으면 요나스가 그런 대안까지 모색했을까 하는 생각이 든다. 그는 "너의 행위의 결과가 지상에서의 고귀한 인간 생명의 영속성과 양립할 수 있도록 행위하라", 즉 "인류여 존재하라"는 정언명법(객관적으로 누구에게나 타당한 명령으로 주어지는 법칙)을 위해 자신을 바치기로 작정한 것 같다. 유대계 독일인으로서 나치의 탄압을 피해 해외를 떠도는 중 어머니가 아우슈비츠에서 살해당한 것에 충격을 받은 그는 『가시성과 도덕성: 아우슈비츠 이후의 신에 대한 탐구』(1966) 등과 같은 책을 통해 자신의 신학적 전망을 밝히기도 했다.[30]

애초에 답이 존재하기 어려웠던 문제에 도전한 탓일까? 요나스는 '희망의 원칙'을 비판하고 '공포의 발견술'을 제시했지만, 그 역시 막판에 가선 희망을 저버리지 못한 채 마르크스주의가 환골탈태換骨奪胎하는 '기적'과 더불어 '선한 마키아벨리'에 의존하려는 또다른 기적을 갈구했다. 독일 시인 요한 볼프강 폰 괴테Johann Wolfgang von Goethe, 1749~1832는 "무슨 일에서건 좌절하는 것보다는 희망을 갖는 게 낫다"고 했는데, 결국 우리 인간은 '희망하는 동물'인지도 모르겠다. "죽음만이 희망을 죽일 수 있다"는 말도 그래서 나온 게 아닐까?

왜 "빈곤은 위계적이지만 스모그는 민주적"인가?

위험사회

1986년 4월 26일 우크라이나 공화국 수도 키예프시 남방 130킬로미터 지점에 있는 체르노빌 원자력발전소의 제4호 원자로에서 방사능이 누출되는 20세기 최대·최악의 대사고가 발생했다. 사고 당시 31명이 죽고 피폭被曝 등의 원인으로 1991년 4월까지 5년 동안에 7,000여 명이 사망했고 70여 만 명이 치료를 받았다.[31]

당시 생태계를 위협하는 산성비에 대한 공감대가 널리 퍼져 있던 상황에서 벌어진 체르노빌 원전 사고는 유럽인들을 공포에 떨게 만들면서 원전과 환경 파괴에 대한 관심을 고조시켰다. 바로 이런 상황에서 위험 문제를 다룬 책이 출간되었는데, 그건 바로 독일 사회학자 울리히 벡Ulrich Beck, 1944~2015의 『위험사회Risk Society』(1986)였다. 이 책이 수많은 사람의 관심과 더불어 공감을 얻게 된 건 당연한 일이라 하겠다.

벡은 이 책에서 현대 서구 사회를 문명의 화산 위에서 살아가는 '위험사회'로 규정했는데, 그가 말하는 '위험risk'은 우리 주위에서 예측할 수 없는 가운데 언제라도 발생할 수 있는 구조적이고 체계적인 위험을 가리키는 것이다. 벡은 근대 산업사회는 그 발전 과정에서 과학기술의 과도한 도구적 활용으로 그에 따른 수많은 문명적 파행성을 낳아왔는데 이제 그 파행성은 인간 생존 자체를 위협하는 '위험'의 논리로 변질되어 사회체제 전반에 침투해 있다고 말한다. 이는 대도시에서 두드러지게 나타나는데, 교통사고, 환경오염, 산업재해, 인간성 파괴 등이 바로 그것이다. 과학과 기술은 그간 현대의 환경적 위험과 그 밖의 다른 위험들에 대한 해결책으로 간주되어왔지만 오히려 정반대로 그런 위험들에 대한 원인이 되어가고 있다는 게 벡의 주장이다.

벡은 선진국은 후기결핍의 사회post-scarcity society, 즉 물질적 부족함이 해소된 사회에 살고 있다고 간주한다. 그래서 과거와는 전혀 다른 새로운 위험이 대두되고, 부메랑효과와 위기의 전염이 발생한다. 세계화로 인해, 위기의 증식은 세계 사회를 단일한 위험 공동체로 만든다. 농약과 독소는 수입된 음식물 속으로 되돌아오며, 유황의 방출은 비를 산성화시키며, 이산화탄소의 방출은 전 지구의 기후를 변화시킨다는 것이다. 여기에서 빈부 격차는 큰 힘을 발휘하지 못한다. 벡의 재치 있는 표현을 빌리자면, "빈곤은 위계적이지만 스모그는 민주적이다". 부자라고 해서 위험사회에서 도피할 수는 없다는 것이다.[32]

벡은 위험사회의 극복은 성찰적 근대화reflexive modernization를 통해 가능하다고 역설한다. 성찰적 근대화란 인간의 성찰력이 증대되는 사회, 곧 개인과 집단 모두 지식과 정보를 자기 자신과 사회에 비판적으로 적용할 수 있는 성찰적 능력이 확산되는 과정이나 추세를 말한다. 벡은 이런 변화 과정이나 상황을 '개인화individualization'라고 했는데, 개인화는 개인의 태도나 선호의 경향을 말하는 개성화individuation나 개인주의individualism와 달리, 사람들을 계급, 가족, 젠더, 국가, 기타 이와 유사한 제도적 영역들에서 개인들에게 부과된 전통적 역할과 속박에서 해방시키는 것을 말한다.[33]

성찰적 근대화의 핵심은 기술-경제적 진보와 사회적 진보를 분리하면서 기존의 발전과 제도에 대한 성찰을 통해 진보를 재규정하는 것이다. 여기서 성찰reflexivity의 의미는 현실의 반영reflection이 아니라 사회악에 대한 자발적인 대응self-confrontation으로, 산업사회 근대화가 불러오는 위험 요소에 대해서 새로운 성찰을 통해서 사회를 근본적으로 변화시키면서 문제를 해결하자는 뜻이다.[34]

당연히 정치의 형식과 내용도 달라져야만 한다. 벡은 "좌파들은 이제 세계를 이해하지 못하는 귀족이 되고 있다"고 했는데,[35] 당연히 위험사회 문제를 해결하기 위한 정치는 기존의 좌우左右 이분법 구도를 넘어서야 한다. 그런 새로운 정치는 "규칙들을 이행하고 상세화하는 정치뿐만 아니라 규칙들을 바꾸는 정치를 의미하며, 정치가들의 정치일 뿐만 아니라 사회의 정치"를 말한다.[36] 즉, 사회운동을 위한 비영리·비정부 조직의 활성화, 사회문제에 적극적으로 개입하기 위한 시민 참여 조직의 활성화, 지역 문제 해결을 위한 지역자치 조직의 결성 등과 같은 새로운 정치의 재발견이 필요하다는 것이다.[37]

벡은 2002년에 출간한 『세계화 시대의 권력과 대항 권력: 새로운 세계 정치경제』에선 그런 새로운 정치를 위해 "일국-囲중심주의와 국민국가중심주의의 오류와 잘못, 왜곡들"을 넘어서야 한다고 역설한다.[38] 벡은 2007년에 출간한 『글로벌 위험사회』에선 『위험사회』 출간 후 20년 동안 위험의 글로벌화는 더욱 심화되었다고 진단한다. 이제부터 발생하는 어떤 일도 지엽적 사건이 아니며, 모든 근본적인 위험은 세계 위험이 되었고, 모든 국가, 모든 인종, 모든 종교, 모든 계급, 모든 개인의 상황은 인류가 처한 상황의 원인이며 결과가 된다는 것이다.[39]

벡은 "글로벌 위험사회의 전개는 섬처럼 독립적인 국민국가의 사고방식과 정치적이고 방법론적인 국가주의에 심각한 일격을 가한다"고 말한다. 그는 "국민국가적 고립주의는 착각이고 허구이며 낡은 유물이고 실패할 수밖에 없으며 반생산적이다"며 "글로벌 위험사회의 자기 위협과 외부 위협 속에서 국가적 자율은 더이상 존립하지 않는다"고 선언한다.[40]

물론 현실은 벡의 그런 경고나 호소와는 딴 방향으로 나아가고 있다. 예컨대, 미국 대통령 도널드 트럼프는 2017년 6월 1일 파리 기후협약을 '나쁜 거래'로 비판하면서 탈퇴를 공식 선언했다. 그는 "미국 일자리와 기업, 노동자들을 보호하기 위해서 우리는 일방적인 파리기후협약을 탈퇴했다"며 "자랑스러운 일"이라고 주장하기까지 했다.[41]

이렇듯 글로벌 위험에 대한 각국의 이해관계가 다르며, 계급 간 이해관계가 다르다. 벡의 말처럼 과연 스모그와 같은 위험이 늘 민주적이기만 한 건가? 모두에게 해당되는 위험이더라도 그 위험에 노출되는 정도엔 국가적 차이가 있는 것은 물론 한 국가 내에서도 사람들마다 큰 차이가 있는 게 아닐까? 이런 의문을 갖는 사람들은 위험사회론이 불평등보다 위험을 더 중시하는 것에 대해 이의를 제기한다.

차재권은 "과연 울리히 벡이 주장하듯 환경문제는 인류 보편의 문제이며 국가·인종·민족·계급을 넘어선 문제인가?"라는 질문을 던진다. 아프리카 저소득 국가의 흑인 빈민 계층이 환경 파괴로 인해 겪게 되는 고통이 금융자본주의의 최첨단을 달리는 뉴욕 월가의 CEO들이나 미 동부 교외 지역의 안락한 주택가에 거주하는 백인 중산층들이 겪게 되는 고통과 같을 수 있겠느냐는 것이다.[42]

그런 문제에도 위험의 예기치 않은 분출을 더는 간과할 수 없다는 점에서 위험사회론은 서구 지식 사회 안팎에서 커다란 환영을 받았다.[43] 다만 미국은 위험사회론에 별 관심이 없는 것 같다. 벡은 "사회적으로 안정을 구가하던 전후 사회는 평등의 원칙을 만인에 대한

TIP

파리기후협약 파리기후협약Paris Climate Change Accord은 2015년 12월 12일 파리에서 열린 제21차 유엔 기후변화 협약 당사국 총회 본회의에서 195개 당사국이 채택한 협정으로, 산업화 이전 수준 대비 지구 평균 온도가 2도 이상 상승하지 않도록 온실가스 배출량을 단계적으로 감축하는 내용을 담고 있다. '파리기후변화협정'이라고도 부른다. 1997년 채택한 교토의정서에서는 선진국만 온실가스 감축 의무가 있었지만, 이를 대체한 파리협약에서는 2020년 이후 참여하는 195개 당사국 모두가 감축 목표를 지켜야 한다. 오래전부터 "지구온난화 개념은 중국이 미국 제조업을 경쟁력 없는 것으로 만들기 위해 창출되었다"고 주장하면서 지구온난화를 조롱해온 도널드 트럼프는 2017년 8월 4일 파리협약 탈퇴를 공식 통보함으로써 파리협약 자체가 유명무실해질 수도 있다는 우려가 나오고 있다. 「파리기후협정[Paris Climate Change Accord]」, 『한경 경제용어사전』(『네이버 지식백과』); 강준만, 『도널드 트럼프: 정치의 죽음』(인물과사상사, 2016), 181~184쪽.

추락의 평등으로 정의를 바꾸는 위험 감수 사회 내지는 '위험 감수적인 자유'의 사회가 되고 있다"고 개탄했는데,[44] 그런 위험 감수 문화가 꽃을 피운 나라가 바로 미국이다.

제러미 리프킨Jeremy Rifkin은 유럽의 지성인들은 '리스크 감수'에서 '리스크 예방'의 시대로 가는 대전환을 두고 토의를 벌이고 있지만, 미국의 지성인들 사이에선 그런 토의가 거의 없다고 말한다. 왜 그럴까? 미국인들은 리스크를 감수하는 타고난 모험가 기질을 갖고 있기 때문이다. 이는 서부개척 시절부터 몸에 밴 것이다. 미국인들은 자신의 운명을 결정하는 사람은 결국 자기 자신이라는 신념에 중독되어 있기 때문에 눈에 잘 보이지 않는 위험을 인식하기가 매우 어렵다는 것이다.[45]

한국은 미국보다 훨씬 더 위험 감수 문화가 강한 나라다. 한국인의 안전 불감증을 비판하는 목소리가 높지만, 그건 과도한 위험 감수 문화의 당연한 귀결로 세계에서 가장 빠른 성장을 이루기 위해 치러야 했던 비용으로 보는 것이 타당할 것이다. 그러나 세상이 많이 달라진 만큼, 이젠 위험 감수risk taking의 마인드에서 위험관리risk management의 마인드로 전환해야 할 것이다. 생존 경쟁이 치열해짐에 따라 개인 차원에선 위험 감수 문화를 결코 포기하지 않겠지만, 국가와 공공 영역까지 그런 문화를 부추기거나 그런 문화에 편승하는 건 다시 생각해볼 일이다.

왜 '인간의 존엄'을 넘어선
비전이 필요한가?

지속가능한 발전

"앞으로 다가올 수십 년은 인류의 미래에 대해 결정적인 의미를 가진다. 현 지구에는 전례가 없을 정도의 극심한 압력이 가해지고 있으며, 이러한 압력은 인류의 경험상 도저히 믿어지지 않을 정도의 비율과 속도로 가속화되고 있다."[46]

1987년에 출간된 유엔의 세계환경개발위원회 보고서인 「우리 공동의 미래」에 나오는 말이다. 21개국 출신의 다양한 위원으로 구성된 위원회를 이끈 위원장은 노르웨이 수상 그로 할렘 브룬틀란Gro Harlem Brundtland, 1939~이었기에 그의 이름을 따 '브룬틀란 보고서'라고도 한다.

4년에 걸친 연구 끝에 이 보고서가 제시한 '지속가능한 발전 sustainable development' 개념은 "세대 간 형평성에 기초하여 미래 세대의 욕구를 충족시킬 수 있는 능력을 위태롭게 하지 않으면서 현 세대의 욕구를 충족시키는 발전"으로, 넓은 의미에선 "인간 간의, 그리고 인류와 자연 간의 조화의 증진을 목표로 하고 있다". 지속가능한 발전을 추구하려면 다음 7개 사항이 요구된다.

첫째, 정책 결정에 시민들이 효과적으로 참여할 수 있도록 보장해주는 정치체제. 둘째, 자립적이며 지속적인 기반 위에서 잉여생산물과 기술적 지식을 생산할 수 있는 경제체제. 셋째, 부조화스러운 발전에서 발생하는 긴장을 해결할 수 있는 사회체제. 넷째, 발전을 위한 생태적 토대를 보존해야 할 의무를 존중하는 생산체제. 다섯째, 끊임없이 새로운 해결책을 찾을 수 있는 기술체제. 여섯째, 지속가능한 유형의 무력과 재정 흐름을 촉진시키는 국제체제. 일곱째, 유연하고 자기교정 능력을 갖고 있는 행정체제.[47]

지속가능한 발전이 환경과 발전을 포괄하는 이념으로 넓게 사용된 건 1980년대 후반부터였지만, 그 원조를 찾자면 영국의 경제학자인 토머스 맬서스Thomas Malthus, 1766~1834가 『인구의 원리에 관한 에세이』를 출간한 1798년으로 거슬러 올라간다. 맬서스는 이 책에서 인구 성장은 그것을 부양할 지구의 능력을 훨씬 초과하는 경향이 있다고 주장했다.[48]

맬서스의 인구론은 빗나간 예언이 되면서 웃음거리가 되기도 했지만, 인간의 삶이 지구의 능력을 초과하고 있다는 경고만큼은 유효

했다. 50년 후 영국 경제학자 존 스튜어트 밀John Stuart Mill, 1806~1873은 제한 없는 경제성장은 삶의 질과 환경을 파괴할 것이라고 주장했다. 170여 년 후인 1972년엔 로마클럽이라는 두뇌집단이 급증하는 세계 인구와 한정된 자원의 공급 결과를 모형화한 「성장의 한계」라는 보고서를 출간해 경제성장과 인구 성장을 더는 지탱할 수 없는 지구의 한계를 근거로 해서 '지속가능성' 개념을 처음으로 제시했다.[49]

「우리 공동의 미래」에서 사용하고 있는 '지속가능한 발전' 개념은 '지속가능성'의 실현 가능성을 성장의 제한에 두고 있지 않고 환경과 성장, 두 가치를 동시에 추구하면서 자연 생태계와 사회 생태계 사이의 균형을 취해야 한다고 주장한다. 어떻게 균형을 취할 것인가? 「우리 공동의 미래」는 다음과 같이 국제적 협동과 규제의 필요성을 역설했다.

"지속가능한 발전은 오직 국제 협력과 공동 이익을 위해 공동으로 감시하고 함께 발전을 도모하며 관리할 수 있는 기구를 제대로 운영할 때만 확보될 수 있다.……지구 공동의 재산에 대한 각국의 의무와 권리를 규제할 수 있는 평등하고 강제력이 있으며, 또 모든 나라가 동의할 수 있는 규정이 만들어지지 않으면 유한한 자원에 대한 수요 때문에 머지않아 환경의 통일성은 파괴되어버리고 말 것이다."[50]

1992년 브라질의 리우에서 개최된 유엔환경개발회의는 지속가능한 발전을 "현재 및 미래 세대의 발전적 필요와 환경적 필요가 동등하게 충족되는 것"으로 정의하면서 지속가능한 발전을 위한 교육의 역할을 강조했다. 2002년 남아프리카공화국 요하네스버그에선 '지속가능한 발전 정상회의'가 열렸으며, 유엔은 2005년부터 2014년까지를 '유엔 지속가능한 발전교육 10개년'으로 선포하고, 유네스코를 실행 기관으로 지정했다. 지속가능 발전교육은 학생들에게 세상을 바라보는 다양한 관점을 제시하면서 학생들의 생활 세계를 확장시켜 주고, 물리적 시야를 지구적 수준으로 광범위하게 넓혀주는 데에 목적을 두고 있다.[51]

브룬틀란 보고서는 지구적 환경문제를 포괄적으로 다루었기에 많은 찬사를 받긴 했지만, 오늘날 지속가능한 발전에 대해 가장 많이 제기되는 비판은 "성장과 지속가능성은 양립 가능하지 않다"는 것으로, 비판자들은 아예 '탈脫성장'을 주장한다. 2008년 파리에서 개

최된 탈성장 대회의 표어는 "생태적 지속가능성과 사회적 공평성을 위한 경제적 탈성장"이었다.[52]

심지어 지속가능한 발전은 "공허한 급진적 내용에 불과하며 지속 불가능한 목표를 추진하기 위한 이데올로기적 연막으로 사용됐다"는 비판까지 나온다. 이 개념이 못사는 나라들의 핵심적 관심사인 물질적 빈곤의 근절보다는 잘사는 나라들의 주요 이슈인 환경보호를 선호하는 쪽으로 편향되어 있으며, 서구 국가들이 열대우림과 산호초를 보호하지 못했다고 개발도상국가들을 나무라면서 자신들은 여전히 자원을 낭비해대는 볼썽사나운 모습을 보이고 있다는 불만도 터져나온다.[53]

그럼에도 지속가능한 발전의 내실을 기하기 위한 노력은 계속되고 있다. 2015년 국제사회는 지속가능 발전목표라는 이름으로 전 세계인의 개발 목표를 채택했는데, 그 바탕엔 1990년대 초반부터 국제개발과 빈곤, 불평등에 관한 핵심 이론으로 각광을 받기 시작한 '가능성 이론capabilities theory'이 자리 잡고 있다. '역량 이론'이라고도 한다.

인권 이론이기도 한 가능성 이론의 핵심은 빈곤과 개발이 소득이라는 경제적 지표로만 규정되어서는 안 되며, 보건, 교육, 고용, 참여 등과 같은 다양한 영역을 포괄해야 한다는 인식에 기반을 두고 있다. 가능성 이론에서는 각 개인이 추구하는 삶을 실현할 수 있는 가능성을 확대하는 것이야말로 개발의 궁극적 목표이며, 이러한 가능성이 얼마나 갖춰져 있는지가 바로 발전의 척도로 간주된다.[54]

환경 파괴는 '인간의 존엄'이라는 명분하에 마구 자행된 경향이 있었다. 남경희는 합리적 의사 결정에 요구되는 가치 기준으로서 '인간의 존엄' 등은 인간 중심을 벗어나지 못하는 한계점을 지니기 때문에 인간과 자연 간, 세대 내와 세대 간의 공생과 사회적 정의나 삶의 질을 고려할 수 있는 '지속가능성'이라는 가치 기준과 이의 하위 기준으로서 경제적 · 사회적 · 환경적 지속가능성이 필요하다고 제안한다.[55] 이게 바로 보통 사람들이 일상적 삶에서 실천할 수 있는 지속가능한 삶의 자세가 아닌가 싶다. 이런 삶의 자세를 가진 사람이 많아질 때에 비로소 국제기구나 각국 정부의 지속가능한 발전 정책도 내실을 기할 수 있을 것이다.

왜 '애완동물'이란 말은
동물을 비하하는 말인가?

종차별주의

17세기 프랑스의 과학자이자 철학자였던 르네 데카르트René Descartes, 1596~1650는 인간만이 영혼을 가지고 있으며 동물은 영혼이 없는 기계와 마찬가지라고 주장했다. 그래서 동물을 죽이는 것은 시계를 망가뜨리는 것과 비슷하다고 했다. 그러나 18세기 프랑스 사상가 장 르 롱 달랑베르Jean le Rond d'Alembert, 1717~1783는 "내가 키우는 개의 눈을 가만히 들여다보면, 저 동물이 사람과 같은 감정을 가지고 있다는 것을 부인하기 어렵다"고 말했다.[56]

동물을 어떻게 대할 것인가? 우리 인간은 대부분 동물과 전혀 다른 종種으로 동물에 비해 우월하다고 믿기 때문에 동물을 식량으로 쓰는 것, 즉 육식肉食에 대해 죄책감을 갖지 않는다. 의학 발전을 위해 동물을 실험용 도구로 쓰는 것도 불가피하다고 생각한다. 이는 동물에 대한 부당한 차별인가? 극소수나마 그렇다고 주장하는 사람들이 있다.

1960년대 말 영국에선 매년 500만 마리의 동물이 실험용으로 사용되고 있었는데, 옥스퍼드대학 지식인들을 중심으로 한 동물 보호 운동가들의 모임인 옥스퍼드그룹은 그런 동물실험에 반대하고 나섰다. 옥스퍼드그룹의 회원인 심리학자 리처드 라이더Richard D. Ryder, 1940~는 1970년 speciesism이라는 단어를 만들어냈다. 우리말로 번역하자면, '종種차별주의'라고 할 수 있겠다. racism(인종차별주의)이나 sexism(성차별주의)에 빗대 만든 말이다.

옥스퍼드대학에 유학해 라이더와 알고 지냈던 호주의 실천윤리학자 피터 싱어Peter Singer, 1946~는 1975년에 출간한 『동물 해방』을 통해 '동물들에 대한 인간의 폭정暴政'을 고발하면서 speciesism이라는 단어를 널리 알렸다. 싱어는 이 단어가 썩 마음에 들진 않는다면서도 "자기가 소속되어 있는 종의 이익을 옹호하면서 다른 종의 이익을 배척하는 편견 또는 왜곡된 태도"로 정의했다.[57]

싱어는 '애완동물'이란 말은 동물을 비하하는 말이라고 비판한다. 이런 인식은 제법 널리 퍼져 이젠 한국에서도 애완동물을 함께 살아가는 동반자라는 의미에서 '반려동물'로 부르는 사람이 많아졌지만, 아직도 바캉스 철만 되면 월 9,000마리의 반려동물이 버려지는 실정이니,[58] 그런 관계를 어찌 반려伴侶(짝이 되는 동무)라고 할 수 있겠는가.

싱어는 전면 금지는 주장하지 않을망정 육식에 대해서도 비판적이다. 그는 우리 인간이 곡물 섭취만으로도 얼마든지 생존에 지장 없이 살 수 있다는 걸 강조하면서 "동물 고기는 필요가 아니라 사치"며 동물 학대의 진짜 주범은 고기를 탐하는 우리 모두라고 주장한다. 싱어는 육식이 생물학적으로 인간 종種의 일원으로 태어난 걸 특권화하는 종차별주의적 발상이라고 주장한다. 이 주장에 따르자면, 낙태는 윤리적이지만 돼지 도살은 비윤리적인 것이 된다. 큰 돼지는 '인격체'인데 반해 인간 태아는 아직 인격체가 아니라는 것이 싱어의 설명이다.[59]

싱어는 모든 동물실험이 즉각 중지되어야 한다는 입장에 서 있기는 하지만 동물실험이 절실히 필요하다면 다음과 같은 기준을 충족시키는 한에서 허용가능하다고 본다. "단 한 마리의 동물에게 단 한 번의 실험을 행함으로써 구제할 수 있는 수천만의 인간들을 죽게 내버려둘 용의가 있는가"를 따져야 한다는 것이다. 그는 이러한 가설적 질문에 답하는 또다른 방법으로 "만약 어떤 실험이 수천의 목숨을 구할 유일한 방법이라면 실험자들은 6개월이 채 되지 않은 고아를 대상으로 실험을 행할 용의가 있는가"를 고려해야 한다고 주장한다. 싱어는 실험자들이 고아를 실험 대상으로 삼을 수 없다면 동물 역시 종의 동등한 이익 고려에 있어서 실험 대상이 될 수 없다고 본다. "우리가 아는 한 인간의 아이는 역시 다 성장한 동물들 이상의 도덕적 특징을 갖추고 있지 않다"는 말을 덧붙이면서 말이다.[60]

싱어의 이런 도발적인 주장의 철학적 기초는 영국의 철학자이자 법학자인 제러미 벤담Jeremy Bentham, 1748~1832의 공리주의utilitarianism다. 벤담은 1789년에 출간한『도덕과 입법의 원리』에서 이렇게 말했다. "완전히 성장한 말이나 개는 갓난아기 또는 생후 일주일이나 한 달이 된 유아에 비해 훨씬 합리적이다.……문제는 그들에게 이성적으로 사고할 능력이 있는지, 또는 대화를 나눌 능력이 있는지가 아니다. 문제는 그들이 고통을 느낄 수 있는가이다."[61]

이렇듯 공리주의는 '누구의 이익인가'와 무관하게, 감각 능력이 있는 '모든 존재'에게 쾌락과 고통에 관한 이익은 동등하게 고려되어야 한다는 도덕적 입장을 담고 있다. 하지만 벤담은 그런 원리만 천명했을 뿐이며, 이후의 공리주의자들도 이 문제에 대해 관심을 가지지 않았고 실제로 적용시키려는 시도도 하지 않았다. 그런데 싱어는 이 논리를 동물에게도 적극적으로 적용해, 고통이나 쾌락을 느끼는 동물도 동등한 이익을 누리며 윤리적 고려의 대상이 되어야 한다고 주장한다. 이게 바로 그가 내세우는 '이익평등고려의 원칙the principle of equal consideration of interests'이며, 그 적용 기준은 '쾌고감수능력快苦感受能力이다.[62]

싱어의 이런 주장은 동물 보호 운동에도 큰 영향을 미쳤고, 그래서 가끔 어떤 동물이 고통을 느끼는지를 둘러싸고 논쟁이 벌어지기도 한다. 그렇다면 식물은 어떤가? 싱어는 식물이 고통을 느낀다는 증거가 있다면 당연히 식물을 도덕적으로 고려하는 것에 동의한다면서도 식물이 고통을 느낀다는 증거는 없으며, 식물이 고통을 느끼

는지는 윤리의 문제가 아니라 과학의 문제라고 본다.[63]

싱어의 주장을 '동물 복지주의Animal Welfarism'라고도 하는데, 이보다 급진적인 변화를 요구하는 주장도 있다. 톰 리건Tom Regan, 1938~2017으로 대변되는 '동물 권리론Animal Rights Theory'이 바로 그것이다. 리건은 동물 복지론자들의 공리주의적 접근을 거부하면서, 인간과 동물은 동등한 각자의 고유한 가치inherent value를 지니고 있기 때문에 인간의 이익과 동물의 이익이 상충하는 경우에도 동물의 이익은 존중되어야 한다고 주장한다. 그는 육식에 반대하는 것은 물론 사냥, 실험, 교육, 연구 등의 목적으로 동물을 이용하는 것을 강력하게 비난한다. 하지만 이런 동물 권리론을 유토피아로 보는 사람이 많은데다 싱어의 활동이 두드러져 싱어의 주장이 널리 알려져 있다.[64]

싱어는 알베르트 슈바이처Albert Schweitzer, 1875~1965의 생명 외경 사상과 이를 발전시킨 폴 테일러Paul W. Taylor, 1923~2015의 생명 중심적 윤리에도 비판적이다. 슈바이처는 얼음 결정체까지 생명에 포함시키는 모호한 표현을 썼으며, 테일러는 모든 살아 있는 것은 자신의 독특한 방식으로 자신의 선善을 추구한다고 주장했다. 그러나 싱어는 슈바이처의 '살고자 하는 의지'나 테일러의 '그 자신의 선을 추구한다'는 표현은 은유적이라고 일축한다.[65]

아무리 황당할망정 슈바이처나 테일러의 주장은 그 누구도 화나게 만들진 않는다. 그 무슨 말을 하건, 시적詩的이거나 은유적으로 한다면 오히려 멋있다고 칭찬받는다. 하지만 싱어는 다르다. 그는 실천을 중시하기 때문이다. 그는 세계 빈곤 퇴치를 위해 수입의 30퍼센트를 기부해왔으며, 그런 실천윤리의 연장선상에서 장애 신생아의 안락사마저 주장한다. 이것이 윤리·도덕적으로 허용되어야 할 이유는 장애가 있는 신생아는 자신의 행복과 불행, 즐거움과 고통을 '이성적으로' 측정할 수 있는 능력이 결여되어 있고, 둘째로 장애가 있는 신생아에게는 기쁨이 충만한 장래보다 고통에 찬 미래가 예견될 수밖에 없기 때문이라는 것이다.[66]

싱어는 많은 사람에게서 "아픈 애는 죽이고 살찐 돼지는 살리자"는 식의 미친 사람이라고 비난받았으며, 반인류적 사상가라는 이유로 독일에서 입국을 거부당하고, 면전에서 수많은 모욕을 당하기도 하고, 심지어 잦은 살해 협박에 시달리는 등 온갖 고난과 시련을 겪어왔다.[67]

싱어는 인간의 생명을 우주의 중심에 놓았던 종래의 철학적 주장과 대비되는 자신의 평등적 생명관이 '코페르니쿠스적인 혁명'이라고 자평한다. 싱어가 온갖 비난과 탄압에 굴하지 않고 자신의 신념을 지켜나갈 수 있었던 것은 그런 자부심과 더불어 그의 신념이 벤 담처럼 논리적 산수로 이루어졌기 때문일 것이다. 그게 아니라면 그가 굳이 하지 않아도 좋을 말을 해가면서까지 자신의 논지를 밀어붙이는 것을 어찌 이해할 수 있겠는가.

예컨대, 싱어는 곡식을 갉아먹거나 전염병을 옮기는 쥐의 해악을 논할 때 쥐의 입장에서 고려해볼 것을 권한다. 더 나아가 빈민굴에서 아이를 물고 있는 쥐가 있는 상황에서조차 싱어는 그 쥐의 이익과 상태를 고려할 것을 주장한다.[68]

그러나 그런 산수만으론 풀 수 없는 게 인간 세상이다. 훗날 외계인이라는 새로운 종이 나타나 기존 인간 중심주의 세상에 큰 파란과 혼란이 일어나면서 새로운 '코페르니쿠스적인 혁명'이 이루어진다면 그때 가서 그의 주장이 새로운 평가를 받으면서 선각자로 추앙되지 않을까 하는 생각이 든다.

제8장

시장

왜 '보이지 않는 손'은 때로 작동하지 않을까?

시장 실패

1776년 3월 9일 인류사에 큰 영향을 미칠 책이 출간되었으니, 그건 바로 영국의 애덤 스미스Adam Smith, 1723~1790가 쓴 『국부론國富論』이다. 스미스는 데카르트의 은유법을 차용해 '보이지 않는 손invisible hand'이 시장을 통치해 경제는 저절로 올바른 기능을 찾아간다고 주장했다.[1] 스미스의 '보이지 않는 손'은 정부가 개입하지 말고 모든 걸 시장에 맡기자는 '시장경제 만능주의'의 이론적 기반이 되었다. 그러나 시장엔 여러 결함이 있으며 몇 가지 전제가 성립되지 않으면 보이지 않는 손은 제대로 작동하지 못하고, 자원 배분의 효율성이 성립하지 못하는 '시장 실패market failure'가 일어난다.

자유시장주의자들도 시장이 실패하는 경우가 있다는 것은 인정하지만, 그들은 그건 매우 드문 경우며 시장 실패의 치유책은 시장의 힘을 더 활용하는 것이라고 주장한다. 반면 자유시장주의의 한계를 지적하는 사람들은 시장 실패를 정부 규제가 필요하다는 근거로 삼는다. 양쪽의 견해 차이는 사실상 인간을 어떻게 볼 것인가 하는 문제와 연결되어 있다. 자유시장주의자들은 인간은 합리적이라고 보는 반면 자유시장주의에 반대하는 사람들은 인간은 '제한된 합리성bounded rationality'을 갖고 있다고 본다.[2]('제한된 합리성' 참고)

'시장 실패'라는 개념은 영국 경제학자 아서 세실 피구Arthur Cecil Pigou, 1877~1959가 1920년에 출간한 『후생 경제학The Economics of Welfare』에서 시장 실패를 치유하기 위해 정부 규제가 필요하다는 주장을 펼친 이후 경제학계의 뜨거운 쟁점이 되었다.[3] 미국 경제학자 프랜시스 바토Francis Bator, 1925~는 1958년에 발표한 「시장 실패의 해부학」이란 논문에서 시장 실패의 요인을 5가지(미래의 불확실성, 정보의 불완전성, 불완전경쟁, 공공재, 외부 효과)로 정리해 제시했다.

첫째, 미래의 불확실성이다. 기업가, 투자자, 소비자는 미래를 알 수 없으므로 미래에 대해서는 최상으로 예측하고, 이러한 예측에 근거하여 의사 결정을 할 수밖에 없는데, 때로는 미래에 대한 예측이 맞기도 하지만 대부분의 경우에는 정확하지 못하다. 이런 불확실성이 존재하는 상황에서는 '인간의 합리적 행동'은 불가능하며, 따라서 시장의 자원 배분 효율성은 성립되기 어렵다.

둘째, 정보의 불완전성imperfect information이다. 거래에서 가장 중요한 정보가 양쪽 모두에게 잘 알려져 있다면 자발적인 거래에 의해 상호 이익을 실현할 수 있겠지만, 실제로는 한쪽에는 알려져 있으나 다른 쪽에는 알려져 있지 않은 정보의 비대칭성asymmetric information이 자주 발생한다. 그렇게 되면 거래의 가능성이 줄어들어 효율적인 자원 배분을 달성할 수 없게 된다.('레몬시장 이론' 참고)

셋째, 독과점으로 인한 불완전경쟁이다. 완전경쟁perfect competition은 어떤 한 공급자도 가격에 임의로 영향을 줄 수 없는 상태를 말하는데, 대량생산 산업은 대기업이 항상 소기업을 시장에서 축출하므로 시간이 지남에 따라 소수의 대기업이 시장을 지배하게 된다. 소수의 대기업은 치열한 경쟁에서 벗어나므로 이들 기업들은 생산 비용보다 높은 시장가격을 설정하고 공급량을 완전경쟁 시장보다 적게 한다. 이는 시장의 효율성 조건에 위배되는 시장의 실패를 의미한다.

넷째, 도로, 전기, 전화, 수도, 공원, 항만, 등대, 교량, 소방, 국방, 경찰, 교육 등과 같은 공공재公共財, public goods다. 사람들은 공공재에 높은 가치를 부여하지만 가능하면 돈을 안 내고 사용하고자 한다. 즉, 무임승차free ride가 가능하다는 것이다. 이에 따라 기업은 공공재의 공급을 꺼리게 되고, 소비자가 원하는 만큼의 공공재가 공급되지 못하는 비효율성이 발생하는 시장의 실패가 일어난다.('공유지의 비극' 참고)

다섯째, 외부 효과다. 외부 효과external effect, externalities는 어떤 경제활동과 관련하여 다른 사람에게 의도하지 않은 혜택이나 손해를 가져다주면서도 이에 대한 대가를 받지도 않고 비용을 지불하지도 않는 상태를 말한다. 외부 효과는 사회적인 관점에서 최적 산출량보다 적게 또는 더 많게 생산하는 시장 실패를 초래한다.[4]('외부 효과' 참고)

미국의 금융시장에서 시작되어 전 세계로 파급된 2008년 금융위기는 1929년의 경제 대공황에 버금가는 세계적 수준의 경제적 혼란을 초래함으로써 자유시장주의의 한계를 극명하게 드러내보였다. 이는 경제가 정치적 통제의 영역에서 벗어나는 동시에 경제 영역에서 금융의 비중이 비대해지는 '금융화financialization'의 결과로 초래된 것이다.

오늘날 70여 년 전에 나온 칼 폴라니Karl Polanyi, 1886~1964의 『거대한 전환Great Transformation』(1944)이란 책이 전 세계적으로 뜨거운 주목을 받는 이유도 바로 그런 이유 때문일 것이다. 시장경제의 비인간성이나 비합리성을 고발한 지식인은 무수히 많지만, 폴라니는 아예 시장경제란 전혀 도달할 수 없는 유토피아라고 주장함으로써 더욱 근원적인 문제를 제기했다.

시장주의자들은 시장경제는 외부의 간섭을 받지 않는다면 스스로 기능할 능력이 있다는 '자기조정 시장self-regulating market' 개념을 내세우지만, 폴라니는 그건 완전히 유토피아라고 단언했다. "그런 제도는 아주 잠시도 존재할 수가 없으며, 만에 하나 실현될 경우 사회를 이루는 인간과 자연이라는 내용물은 아예 씨를 말려버리게 되어 있다. 인간은 그야말로 신체적으로 파괴당할 것이며 삶의 환경은 황무지가 될 것이다." 폴라니는 시장 유토피아를 벗어 던져야 우리는

TIP

금융화 금융화는 좁게는 기업이 재화와 서비스의 생산보다 금융 거래(인수, 합병, 파생) 부문에 더 많이 투자하는 것, 넓게는 금융이 경제를 지배하는 현상을 뜻한다. 나심 니컬러스 탈레브Nassim Nicholas Taleb, 1960~는 2007년과 2009년 사이에 일어난 세계적 경제 위기는 금융화에 책임이 있다고 했으며, 마이클 허드슨Michael Hudson, 1939~은 금융화를 중세 유럽의 고리대금업과 약탈경제로 회귀하는 것이라고 비판한다. 이렇듯 욕을 먹는 금융화지만, 금융화는 어느덧 대중의 일상적 삶에까지 깊숙이 침투했다. 자신의 삶을 다양한 리스크의 관리로서 인식하고, 이러한 리스크에 대처하기 위해 자신의 자산을 능동적으로 경영하는 '투자자 멘털리티investor mentality'가 만연한 세태를 가리켜 '일상생활의 금융화financialization of daily life'라고 한다. 강준만, 「왜 우리의 일상적 삶은 금융화되는가?: financialization」, 『재미있는 영어 인문학 이야기 2』(인물과사상사, 2015), 110~112쪽.

실재의 현실이라는 것과 만나게 되고, 인간과 인간이 관계를 맺는 사회로 나아갈 수 있다고 주장했다.[5]

그렇다고 해서 폴라니가 시장경제를 전면 부정한 것은 아니다. 그는 시장경제는 우리가 아주 소중히 해야 하는 여러 자유, 즉 "양심의 자유, 언론의 자유, 직업을 선택할 자유"를 창출했다는 점을 인정했다.[6] 바로 그런 장점이 있기에 시장을 둘러싼 논쟁과 논란이 뜨거운 것이다. 이 논쟁은 오늘날까지도 뜨겁게 전개되고 있다. 예컨대, 정부 규제를 지지하는 이병천은 다음과 같이 말한다.

"시장의 '보이지 않는 손'을 신봉하고 조장해온 자들은 끝까지 그 책임을 정부 경제정책 탓으로 돌리려고 애를 쓴다. 시장은 합리적이며 자동적 조절력을 갖고 있다고 되뇌는 사람들은 여전히 많다. 한 발 물러난 자들은 '시장의 실패'는 작은 실패에 불과하고 '정부의 실패'야말로 엄청 더 큰 실패라고 주장한다. 그러나 손바닥으로 하늘을 가린다고 하늘이 가려지겠는가. 2008년 시장의 거대한 실패와 함께 자유시장주의 '그들의' 경제학은 코너에 몰렸다."[7]

반면 황수연은 "오늘날 경제학이나 행정학에서는 시장 실패의 이론을 많이 가르치고 있다. 이 이론을 배운 사람들은 시장의 결함 때문에 정부가 존재할뿐더러 시장의 결함을 치유하기 위해서는 정부가 개입하는 것이 당연하다고 여기게 된다. 그들은 시장은 오점이 많은 제도이고 정부는 무엇이든 해결할 수 있는 믿음직한 제도라고 인식하게 되는 경향이 있다"며 다음과 같이 말한다.

"왜 우리는 이렇게 시장은 증오하면서 정부에는 그렇게 호의적일까? 여러 가지 크고 작은 원인들이 있겠지만, 학교에서 그렇게 배워 왔기 때문일 것이다. 학교에서 공공 부문의 기능과 정부의 행동을 다룰 때는 현실 그대로의 정부가 아니라 이상적인 정부의 모습을 다루고 있다. 반면 시장에 대해서는 이상적인 모습이 아니라 현실의 때 묻은 모습을 다루고 있다.……시장의 실패는 곧 정부 개입이라는 등식에는 문제가 많다. 시장도 실패하지만 정부도 실패한다. 그리고 시장 실패라고 하는 것도 사실은 시장의 실패가 아닌 것도 많다. 이러한 불균형과 오해를 바로잡기 위해서는 시장 실패 이론과 대비한 정부 실패 이론도 연구해야 하고, 시장 실패가 아닌 것을 시장 실패라고 하는 것을 바로잡아야 한다."[8]

'시장 실패'와 '정부 규제'를 둘러싼 논쟁은 앞으로도 계속되겠지만, '보이지 않는 손'이라는 개념에 대한 오해만큼은 바로잡을 필요가 있겠다. 스미스는 오늘날 '시장경제 만능주의'의 수호성인으로 숭배되고 있지만, 경제사적으로 볼 때에 스미스만큼 오·남용된 인물도 없으니 말이다.

스미스는 부자들의 도덕성에 대해 매우 회의적이었다. 그는 『국부론』 출판 17년 전인 1759년에 출간한 『도덕 감성론』에서 부자들은 '이기심과 착취하려는 본능' 때문에 '그들만의 헛되고 만족할 줄 모르는 욕망'을 추구한다고 비판했다.[9] 그는 『국부론』에서도 "우리나라(영국)의 중상주의는 주로 부자들 이익만 대변한다. 그러나 힘이 약한 상인들의 이익도 존중되어야 한다"고 주장했다.[10]

중세가 해체되면서 나타난 군주 중심의 국가체제가 진전되면서 군주에게 강력한 권력이 부여된 절대주의 체제가 나타났는데, 이런 체제를 경제적으로 표현한 것이 바로 중상주의重商主義, mercantilism다. 통제 중심의 중상주의론 장기적인 국부 육성을 할 수 없어 그 대안으로 나타난 게 바로 자본주의인데, 스미스는 자본주의 발전을 가로막는 상인들의 국가와의 결탁을 비판한 것이다. 절대군주가 상공업자들에게 각종 특혜를 주어 독과점을 부추기는 것을 중단하고 기업들 사이의 자유로운 경쟁을 보장하는 것이 국부의 참된 원천이 된다는 것이 스미스의 주장이었다. 스미스는 기업이 경쟁을 회피하면서 정치적 특권이나 특혜를 통해서 사익을 극대화하려고 하는 성향을 가지고 있다고 생각했는데, 이 생각은 오늘날 '지대추구地代追求, rent-seeking 이론'으로 발전했다.[11]

스미스는 부자들이 의식적으로 다른 이들에게 득이 될 만한 일을

지대추구 지대추구는 사적 영역의 집단들이 생산적 활동을 통해 수익을 얻기보다 국가 부문의 자원과 영향력에 접근하여 수익을 얻고자 하는 비생산적인 행위를 의미한다. 원래 렌트rent란 지대地代, 즉 토지나 기타 시설물을 이용하고 점유한 대가로 지불하는 돈을 의미하는 영어지만 오늘날의 경제학이나 정치학에서 그것을 은유로서 발전시킨 것이다. 강준만, 「왜 우리는 '합법적 도둑질'을 방치하는가?: 지대추구」, 『생각과 착각: 세상을 꿰뚫는 50가지 이론 5』(인물과사상사, 2016), 347~354쪽.

회피했기 때문에 그들을 인정하려 하지 않았지만, 다양한 여건 속에서 다른 사람들의 행동은 서로 상호 보완적이기에 그들의 행동에서 이득을 볼 수도 있다고 보았다. 여기서 바로 '의도되지 않은 결과'와 '보이지 않는 손'이라는 개념이 나오게 된다. 즉, 부자들의 이기심과 탐욕은 바로 '보이지 않는 손'에 의해 '사회의 부를 창출'하는 '의도되지 않은 결과'를 낳게 된다는 것이다.[12]

'보이지 않는 손'은 그런 정도의 의미를 가진 개념이었지만, 오늘날엔 모든 문제의 만능 해결사라도 되는 것처럼 오해되는 경향이 있다. 스미스는 시장의 원리를 그리 강하게 믿지는 않았으며, 오직 한정된 범위 안에서만 개인의 사익 추구가 사회 전체의 이익 증진에 기여한다고 보았다. 그는 소수의 무분별한 사익 추구가 다수에게 엄청난 피해를 줄 수 있음을 인정했으며, 그래서 각종 환경 규제와 금융 규제가 필요하다고 역설했다. 스미스가 원했던 것은 선의의 공정한 경쟁이었으며, 정부의 역할은 사회질서를 유지하고 시장에서 선의의 공정한 경쟁이 이루어지게끔 여건을 조성하는 데 국한되어야 한다는 것이 그의 최소국가 이론이었다.[13]

하지만 스미스의 사상은 제대로 인식되지 못한 채 시장 만능주의를 정당화하기 위한 목적으로 오·남용되고 있다. "주인을 위해서는 아니더라도, 노동자를 위한 정부 정책은 언제나 공정하고 정당해야 한다"는 스미스의 믿음이나, 그의 주장의 핵심이었던 '결과의 공정한 분배'도 거의 알려져 있지 않다.[14] 시장과 규제 사이에서 어느 한쪽에 치우치지 않고 합리적이고 공정한 판단을 내리기 위해선 스미스의 오·남용부터 바로잡아야 하지 않을까?

왜 우리 인간은
'인지적 구두쇠'인가?

제한된 합리성

스코틀랜드의 철학자 데이비드 흄David Hume, 1711~1766은 인간은 동정, 사랑, 공포, 증오 등에 더 영향을 받는다며 이성을 '감성의 노예'라고 했다. 그러나 이런 주장이 당시의 주류적 견해에 속한 건 아니었다. 흄의 책은 당시 불온서적으로 간주되었으니, 더 말해 무엇하랴. 18~19세기 내내 이성에 대한 신앙을 고백하고 예찬하는 신도의 수는 늘어갔지만, 동시에 소수나마 이성에 대한 회의와 도전도 계속되었다.

1899년 『유한계급의 이론The Theory of the Leisure Class』을 출간한 미국 경제학자 소스타인 베블런Thorstein Veblen, 1857~1929은 합리적 이기심을

경제 행동의 기본 동기로 본 주류 경제학, 즉 신고전학파 경제학에 도전장을 내밀었다. 그는 "합리성을 바탕으로, 자신의 효용을 계산해 선택한다는 평균적 인간 유형을 가정한 신고전학파의 이론은 잘 못됐다"며 인간은 그보다는 탐욕, 공포, 순응 등과 같이 훨씬 더 근본적인 심리적 힘에 의한 지배를 받는다고 주장했다.[15]

베블런 역시 학계에서는 '왕따'를 당한 인물이었다. 인간의 합리성을 의심하고 이성보다 감성의 힘을 강조하는 건 이렇듯 위험한 일이었지만 인간의 마음을 연구하는 심리학자는 그런 위험에서 비교적 자유로웠다. 미국 경제학자 허버트 사이먼Herbert A. Simon, 1916~2001은 인간의 합리성을 전제로 하여 성립한 신고전파 경제학에 일격을 가한 공로 덕분에 1978년 노벨경제학상을 수상했는데, 그런 파격이 가능했던 것은 그가 경제학자인 동시에 심리학자였기 때문이다. 이정전의 표현에 따르자면, "그는 원래 정치학 박사였고 심리학계에서도 잘 알려진 발군의 과학자였기 때문에 경제학계에서 쫓겨나더라도 밥벌이를 충분히 할 수 있는 학자였다".[16]

사이먼은 모든 의사 결정이 의사 결정 행위자의 정보 수집 · 처리 능력의 한계, 시간적 한계, 향후의 불확실성 등 다양한 제약하에서만 이루어지기 때문에 그 행위자의 목표에 비추어 완전하게 합리적인 것은 될 수 없다고 했다. 그는 1957년에 출간한 『인간 모델』에서 그런 한계를 가리켜 'bounded rationality'라고 했는데, 우리는 '한정적 합리성' 또는 '제한된 합리성'으로 번역해 쓰고 있다. 경제학에서 말하는 합리성은 주어진 목표를 최소의 희생(비용)으로 달성함을

말한다.[17]

'제한된 합리성'은 오늘날 전성기를 맞고 있는 행동경제학behavioral economics의 핵심 개념인 '휴리스틱heuristic'의 모태가 된 개념이다. 휴리스틱은 우리말로는 간편 추론법, 어림짐작법, 주먹구구법 등 다양하게 번역되며, 휴리스틱의 반대는 '알고리즘algorithm'이다. 대니얼 카너먼Daniel Kahneman, 1934~은 엄연히 객관적 사실fact이 존재하는 데도 사람들이 단순히 자신의 고정관념이나 관습 등을 통해 내리는 불완전하고 비합리적인 판단을 가리켜 휴리스틱이라고 했다. 휴리스틱은 인간이 스스로 생각하는 것보다 훨씬 비합리적인 존재임을 증명해주는 근거다.[18]

카너먼은 심리학자임에도 "심리학에서의 통찰을 경제학에 적용함으로써 연구 분야에 새로운 지평을 열었다"는 이유로 2002년 노벨경제학상을 받았다. 심리학자에게 경제학상을 주었다고 해서 논란을 불러일으켰지만, 이는 기존 학문 간의 경계가 무너지고 있고 무너져야 함을 시사하는 사건이기도 하다. 행동경제학은 인간의 합리성을 전제로 추상적 이론을 숭배해온 탓에 현실과 동떨어진 주류 경제학과는 달리 비합리적인 인간의 행태에 주목하는 경제학이다. 카너먼은 노벨상 수상 소감에서 다음과 같이 말했다.

"저는 고정관념에 기초한 인간의 두루뭉술한 사고와 편향성에 대해 연구했습니다. 인간이 모두 비합리적이라고 말하는 것은 아닙니다만 '합리성'이라는 개념은 매우 비현실적입니다. 저는 '합리성'이란 개념 자체를 부정하고 싶을 뿐입니다."[19]

알고리즘 알고리즘은 논리적으로 풀어나가면 정확한 해답을 얻을 수 있다는 개념으로, 문제 해결을 위한 공식, 단계적 절차, 컴퓨터 프로그램을 말한다. 네이버나 다음카카오 등 검색 엔진이 제공하는 '연관 검색어 기능'은 이용자들이 입력한 검색어를 바탕으로 확률이 높은 다른 검색어를 추천하는 알고리즘 서비스의 하나며, 구글의 검색 결과, 페이스북의 게시 글과 친구 추천 기능, 트위터의 트렌드 서비스 등은 모두 각각 고유한 알고리즘의 결과물이다. 이렇듯 지금 인터넷을 주관하는 '신神'은 알고리즘이지만, 알고리즘을 '대량살상 수학무기'라고 부르는 사람이 있을 정도로 그 공정성을 둘러싼 논란이 뜨겁다. 황용석, 「알고리즘과 미디어」, 『한겨레』, 2014년 11월 11일; 캐시 오닐, 김정혜 옮김, 『대량살상 수학무기: 어떻게 빅데이터는 불평등을 확산하고 민주주의를 위협하는가』(흐름출판, 2016/2017).

물론 우리는 '합리성'이라는 개념 자체를 부정할 필요는 없다. 사이먼이 말한 제한된 합리성을 갖고 있다는 선에서 타협하자. 제한된 합리성은 시장 실패와 밀접한 관련을 맺고 있다. 사이먼은 인간의 제한된 합리성이야말로 시장의 기능을 불완전하게 만드는 핵심 요인이라고 말한다. 즉, 완전한 정보를 갖고 합리적으로 행동해야 할 시장 거래 참가자들이 실제로는 제한된 합리성만을 지니고 있어 시장 기능에 비효율이 생겨난다는 것이다.[20]

사이먼은 만족satisfy과 희생sacrifice을 합해 satisfice란 말을 만들었는데, 이는 인간이 주어진 조건의 제약에서 적당히 희생할 것은 희생하고 취할 것은 취하는 것을 뜻한다. 인간은 신고전주의 학파의 주장처럼 최선의 선택이 아니라 '최소한의 필요를 충족시키는 선택satisfice', 즉 '그만하면 괜찮은good enough' 선택을 하게 된다는 게 사이

면의 주장이다.[21]

이렇듯 최소한의 합리성을 추구하는 경향과 관련, 심리학자 수전 피스크Susan T. Fiske, 1952~와 셰리 테일러Shelley E. Taylor, 1946~는 1991년 '인지적 구두쇠cognitive miser'라는 말을 만들어냈다. 이는 인간이 인지적으로 많은 자원을 소비하면서 어떤 생각을 깊게 하는 것 자체를 싫어하는 경향이 있음을 뜻한다. 고정관념이야말로 인지적 구두쇠 행위cognitive miserliness의 대표적인 예다.[22]

제한된 합리성은 규제 문제를 다룰 때에도 유용한 개념이다. 자유시장 경제학자들은 정부가 규제 대상인 피규제자(기업)보다 관련 상황을 잘 알 수는 없다는 근거를 들어 정부 규제에 반대한다. 정부가 기업이나 개인의 상황을 당사자보다 잘 알 수 없다는 건 옳은 말이지만, 사이먼의 이론을 가지고 설명하면 그건 현실에서 정부 규제가 유용한 이유와는 무관하다. 규제의 효용성은 정부가 피규제자보다 관련 상황을 잘 알고 있기 때문이 아니라 오히려 행위의 복잡성을 제한해서 피규제자들이 더 나은 의사 결정을 내릴 수 있도록 한다는 데에 있기 때문이다. 이와 관련 장하준은 "이는 2008년의 세계 금융 위기에서 선명하게 입증되었다. 2008년 금융 위기 직전에 우리는 이른바 금융 혁신을 통해 모든 것을 너무 복잡하게 만들었고, 그 때문에 우리의 의사 결정 능력은 이런 복잡성에 압도당해버렸다"며 다음과 같이 말한다.

"앞으로 유사한 금융 위기를 겪지 않으려면 금융시장에서는 행위의 자유를 엄격히 제한할 필요가 있다. 금융 상품의 경우 우리가 해

TIP

넛지 넛지는 원래 '팔꿈치로 슬쩍 찌르다', '주의를 환기시키다'는 뜻으로, 사람들의 선택을 유도하는 부드러운 개입 또는 우회적 설득을 말한다. 거리나 공공장소엔 사람들의 바람직한 행동을 이끌어내기 위해 "~을 하지 맙시다"라거나 "~을 합시다"라고 알리는 표어가 많다. 넛지는 이런 계몽 시도가 별 효과가 없다는 문제의식에서 출발해 사람들이 스스로 바람직한 행동을 할 수 있게끔 여건을 조성해주는 데에 관심을 갖는다. 화장실 소변기에 파리 한 마리를 그려 넣음으로써 소변기 밖으로 새는 소변 양을 줄인다거나, 비만의 우려가 있는 사람의 식기를 작은 것으로 바꾸어 스스로 식사량을 줄이게 한다거나, 운전자가 과속하는 도로 구간에 속도감을 더 느끼는 착각을 유도하는 장치를 해서 스스로 감속하게끔 하는 것 등이 좋은 예다. 리처드 탈러 · 캐스 선스타인, 안진환 옮김, 『넛지: 똑똑한 선택을 이끄는 힘』(리더스북, 2008/2009).

당 상품의 내용과 다른 금융 부문 및 경제 전반에 미칠 영향을 충분히 알 수 없을 정도로 복잡하다면 발행할 수 없도록 해야 한다. 그 복잡성으로 인해 심지어 전문가로 불리는 사람들마저 그 내용과 영향을 알지 못하는 상당수의 파생 금융 상품은 폐기되어 마땅하다는 이야기이다.……규제의 필요성을 받아들이는 것은 우리의 제한된 정신적 능력에 대한 겸허한 인정인 것이다."[23]

재미있지 않은가? 규제 반대론과 규제 찬성론이 모두 비슷한 논거에 근거하고 있다는 게 말이다. 모든 걸 다 알 수 없기 때문에 규제해선 안 된다는 주장과 바로 그렇기 때문에 규제가 필요하다는 주장 사이엔 서로 좁혀지기 어려운 인간관과 세계관의 차이가 존재한다. 그럼에도 우리 인간이 '인지적 구두쇠'로서 '합리적 존재rational being'라기보다는 '합리화하는 존재rationalizing being'라는 점은 부인하기 어려울 것이다.

인간의 그런 특성을 공공 정책에 활용하는 방법을 가리켜 '넛지 Nudge'라고 한다.[24] 미국의 행동경제학자 리처드 탈러Richard H. Thaler와 법률가 캐스 선스타인Cass R. Sunstein이 쓴 『넛지: 똑똑한 선택을 이끄는 힘』(2008)이 세계적인 베스트셀러가 되면서 넛지는 미국·영국 등 여러 나라에서 정부의 정책에 널리 활용되었다. 탈러가 2017년 노벨경제학상을 수상함으로써 넛지와 행동경제학의 입지는 더욱 넓어졌다.

왜 유명 관광지나 버스 터미널 앞의 음식점은 맛이 없을까?

레몬시장 이론

"경기가 어려워지면서 중고차를 찾는 소비자들이 늘고 있다. 1~2인 가구의 비율이 점차 증가함에 따라 구매력이 낮아지고 있으며, 차량 구매 주기도 짧아져 중고차에 대한 관심이 높아졌기 때문이다.⋯⋯그러나 대부분의 소비자들이 중고차 사이트에 대한 불신으로 여기저기 돌아다니며 방황하는 현실이다."[25]

2017년 8월에 나온 기사인데, 중고차를 사본 사람이라면 누구든지 불신으로 인환 방황을 해본 경험이 있을 것이다. 50년 전 미국에서 그런 경험을 기초로 한 편의 논문을 쓴 사람이 있다. 바로 조지 애컬로프George Akerlof, 1940~다. 그는 캘리포니아 버클리대학 경제학과

조교수 시절 경제적으로 빠듯한 형편이라 중고차를 구입할 수밖에 없었는데, 이때의 곤혹스러웠던 경험을 근거로 1967년 「레몬시장: 품질 불확실성과 시장 메커니즘」이란 논문을 썼다.[26]

애컬로프는 이 논문을 학술지에 제출했지만, 3번이나 퇴짜를 맞았다. 너무 하찮은 주제에 관한 논문이라는 게 주요 이유였다. 애컬로프는 3년이 지난 1970년에서야 『경제학저널』에 이 논문을 발표할 수 있었는데, 그는 이 논문에서 이렇게 말했다. "사람들이 중고차보다 새 차를 선호하는 가장 큰 이유는 중고차 딜러의 말을 믿지 못하기 때문이다. 거래되는 차의 대부분은 '레몬(불량품)'일 것이고, 좋은 차는 전혀 거래되지 않을 수도 있다. 나쁜 차가 좋은 차를 몰아낸다."

애컬로프는 거래에서 정보의 중요성을 강조하는 정보경제학을 선보인 셈인데, 그의 논문을 거절했던 한 논문 심사위원은 정보가 그렇게까지 중요하지 않다며 논문의 내용이 맞다면 경제학을 새로 써야 할 것이라고 말했다. 수십 년의 세월이 필요하긴 했지만 실제로 경제학을 새로 쓰는 일이 일어났다. 애컬로프의 논문은 이후 40여 년간 가장 많이 인용된 경제 논문이 되었으며, 정보경제학을 개척한 애컬로프에게 2001년 노벨경제학상까지 안겨주게 된다.[27]

이 논문의 영향력에 힘입어 5년 후인 1975년 미국 정부는 '마그누슨-모스 품질보증법'을 제정했는데, 주요 내용은 소비자가 구입한 지 1년 또는 주행거리 1만 2,000마일 미만인 자동차에 결함이 4번 발생하면 자동차 업체가 전액 환불 또는 교환해주도록 한 것이다. 이 법을 가리켜 보통 '레몬법lemon law'이라고 부른다. "오렌지인 줄 알고 샀는데 나중에 보니 오렌지를 닮은 신 레몬이었다"는 말에서 유래해, 레몬은 '불량품', '레몬시장lemon market'은 싸구려 저급품이 유통되는 시장을 가리킨다. 물론 레몬법에서 레몬은 '결함이 있는 불량 자동차'란 뜻이다.[28]

노벨경제학상까지 수상하게 만든 중고차 시장에서 곤혹스러운 경험은 비단 애컬로프뿐만 아니라 누구건 피하기 어려운 것이었다. 왜 그런가? 중고차 시장엔 레몬도 있기 마련이다. 중고차를 파는 사람은 그것이 레몬인지를 알지만, 사는 사람은 일부 중고차들이 레몬이라는 것을 알아도 자신이 사는 차가 레몬인지는 알지 못한다. 판매자와 구매자 사이에 이른바 '정보의 비대칭information asymmetry' 또는 '정보 불균형'이 존재하는 것이다. 그래서 구매자는 자신이 사는 차가 레몬일 수도 있다는 가능성을 염두에 둔 가격을 지불하려고 하는데, 이런 가격은 레몬에 지불하기에는 높은 가격이면서 시장에 나오는 더 나은 차의 가치를 제대로 평가하지 못하는 문제를 안고 있다.

반면 질이 더 나은 차의 소유자들은 다른 사람들이 파는 레몬에 형성된 가격으로 자신의 차를 팔기를 주저한다. 그러면 더 나은 차는 시장에 덜 나오게 되고, 레몬의 수는 늘어난다. 중고차 시장 이용자들은 이 사실을 알게 될수록 레몬을 감안하여 기꺼이 지불하려던 가격에 대해 다른 태도를 취하게 되며, 이런 악순환이 이어져 중고차 시장은 사라지거나 크게 위축될 수 있다.[29]

정보의 비대칭 문제는 비단 중고차 시장에만 해당되는 게 아니다.

중고차 시장은 정보의 비대칭이 시장의 실패로 귀결될 수 있다는 점을 보여주는 대표적 사례일 뿐 경제 전 분야에 걸쳐 나타나는 문제다. 이미 80여 년전 영국 경제학자 존 메이너드 케인스John Maynard Keynes, 1883~1946는 『고용, 이자 및 화폐에 관한 일반이론』(1936)이라는 책에서 많은 경제활동이 제한되고 믿을 수 없는 정보를 바탕으로 하고 있다는 사실을 지적하면서 자유시장주의에 강력한 이의를 제기했다. 그는 "보이지 않는 손을 믿는 사람들은 이기적인 개인의 행동이 사회적으로 바람직한 결과로 이어진다고 주장함으로써 (전체와 부분을 혼동하는) '구성의 오류'를 범했다"고 지적했다.[30]

정보의 비대칭 문제는 우리의 일상적 삶에서도 쉽게 찾아볼 수 있다. 유명 관광지, 기차 역전, 버스 터미널 앞의 음식점이 맛이 없는 이유도 바로 정보의 비대칭 때문이다(물론 그런 경향이 있다는 것일 뿐 늘 예외는 존재하는 법이라는 걸 분명해 해둘 필요가 있겠다). 그런 음식점을 이용하는 사람들은 그곳이 스쳐 지나가는 곳이기 때문에 음식점에 관한 정보가 없다. 그래서 가까운 거리에 좋은 식당이 있다 하더라도 그걸 모른 채 그저 바로 눈앞의 음식점을 찾게 된다. 물론 값은 비싼 대신 맛은 떨어질 가능성이 매우 높다. 음식점 입장에서도 손님의 대부분이 스쳐 지나가는 사람들이라 그들을 계속 오게끔 만들어야 할 동기가 약한 편이다.[31]

보험 시장도 비슷한 상황에 처해 있다. 보험 가입자가 사고를 잘 내는 경향이 있는지, 유전병에 걸리기 쉬운지, 자살을 고려하고 있는지 보험회사는 잘 모른다. 사람들은 위험이 더 많은 사람들과 같

구성의 오류 구성의 오류fallacy of composition는 부분에 대하여 말할 수 있는 것을 전체에 부당하게 적용하거나 또는 개별적인 요소에 해당되는 것을 집합 전체에 부당하게 적용하는 것인데, 개인적으로는 타당한 행동을 모두 다 같이 할 경우 전체적으로는 부정적인 결과가 초래될 때 쓰이는 말이다. 케인스가 지적한 '절약의 역설'이 좋은 예다. 불황에 저축을 늘리면 개인은 안전감을 느끼겠지만 모두가 다 그렇게 하면 소비가 줄어 경기를 더 악화시키는 결과를 초래한다는 것이다. 한국 경제가 바로 이 '절약의 역설'에 빠져 있다는 주장도 있다. 강준만, 「왜 풍년이 들면 농민들의 가슴은 타들어가는가?: 구성의 오류」, 『생각의 문법: 세상을 꿰뚫는 50가지 이론 3』(인물과사상사, 2015), 271~276쪽.

은 보험료를 내야 하는 것에 거부감을 느껴 가입자의 수는 줄어들고, 그럴수록 가입자의 기대수명은 낮아지게 되고, 보험료는 더 올라가게 되며, 이런 보험은 기대수명이 보통인 사람에게도 매력적으로 보이지 않게 된다.[32]

결국 위험도가 낮은 보험 가입자는 보험 시장에서 퇴장하고 높은 사고율을 가진 보험 가입자만 시장에 남아 균형이 성립하게 된다. 이렇게 하여 사고율이 낮은(보험회사의 입장에서는 양질의) 보험 가입자는 시장에서 제외되고, 사고율이 높은(보험회사의 입장에서는 불량한) 보험 가입자만이 보험에 가입하는 선택이 이루어지게 되는데, 이 현상을 '역선택adverse selection'이라고 한다. 능력이 있는 사람과 능력이 없는 사람을 구별하지 못하는 경우 능력 있는 사람은 모두 떠나고 능력이 없는 사람만 남게 되는 현상이다.[33]

레몬시장 이론의 기반이 되는 정보의 비대칭은 인터넷 시대에 이르러 전부는 아닐망정 상당 부분 해소되었다. 중고차 구매자는 인터넷을 통해 판매자가 제시한 가격이 합리적인지 아닌지를 검증할 수 있게 되었고, 소비자를 속이는 판매자는 인터넷에서 거짓말쟁이로 낙인찍히기 때문이다.[34] 최근에는 '블록체인blockchain'이 정보의 비대칭을 해결할 수 있는 기술로 주목을 받고 있다.

그렇지만 그런 변화에도 레몬시장에 대한 불신은 여전하다. 2012년 한국소비자원에 접수된 중고차 피해 상담은 1만 건이 넘었다. 예컨대, 18만 킬로미터 뛴 차라고 샀는데 실제 주행거리가 34만 킬로미터 이상이었다는 게 밝혀졌는데도 차를 판 매매업체는 나 몰라라 한다는 것이다. 반면 일본엔 '중고차 조작'이 없다고 하는데, 그 이유는 전문 업체 간 경매 시스템으로 유통 단계를 늘린 덕분이라고 한다. 한국에선 유통 단계를 줄이고 직거래로 가는 게 유행인데, 유통 단계를 늘리면 유통 비용이 더 들어가는 게 아닐까? 그 비용을 상쇄하고도 남는 장점이 있다. 일본은 '소비자→중고차 매입 회사→경매장→중고차 판매 회사→소비자' 구조가 정착되었는데, 이해관계자가 늘어나면서 차에 대한 정보를 한 업체가 독점할 수 없어 시장이 오히려 투명해졌다는 것이다. 즉, 정보의 비대칭 해소를 위한 최소한의 비용인 셈이다.[35]

중고차 시장의 불투명성과 기만성에 대한 소비자들의 불만이 높아지자, 한국판 '레몬법'으로 불리는 '자동차 관리법' 개정안이 마련되어 2017년 9월 국회 본회의를 통과했다. 이제 소비자들은 새 차를 구입한 지 1년(주행거리 2만 킬로미터 미만) 안에 중대한 결함이 2회,

일반 하자가 3회 발생하거나 총 수리 기간이 30일을 초과하면 교환 또는 환불을 요구할 수 있게 되었다.[36] 한국판 '레몬법'으로 인해 중고차 시장의 불투명성과 기만성이 사라질지는 지켜보아야 하겠지만, 정보의 비대칭 해소를 위한 노력은 사회 전 분야에 걸쳐 이루어져야 할 것이다.

왜 중앙·지방 정부와 공공 기관들은 매년 '12월의 열병'을 앓는가?

공유지의 비극

"지금처럼 살아간다면 50년 뒤 남아 있는 것이 없습니다. 한국 사람들은 생선을 참 좋아하죠? 안타깝게도 세계 대부분의 어장이 50년을 못 버팁니다. 알래스카 연어 어장이 속한 미국 서부 태평양 해안은 가능할 수 있습니다만, 나머지는 어려워요. 참치는 고갈되고 있습니다. 황새치는 대서양에서 사라졌고 태평양에서도 사라져가고 있죠."[37]

세계적인 베스트셀러 『총균쇠Guns, Germs, and Steel』(1997)의 저자인 재러드 다이아몬드Jared Diamond, 1937~의 말이다. 다이아몬드가 지적한 그런 현상을 가리켜 '공유지의 비극Tragedy of the Commons'이라고 한다. 주인이 따로 없는 공동 방목장에선 농부들이 경쟁적으로 더 많은 소를 끌고 나오는 것이 이득이므로 그 결과 방목장은 곧 황폐화되고 만다는 걸 경고하는 개념이다. '공유지의 비극'은 영국에서 산업혁명이 시작된 시점에 실제로 일어났던 일이다. 이 문제를 해결하기 위한 대안으로 나타난 것이 초지를 분할 소유하고 각자의 초지에 울타리를 친 '인클로저 운동enclosure movement'이다.[38]

'공유지의 비극'은 모든 이가 제한 없이 사용할 수 있지만 누구도 자발적으로 그 재화를 공급하려 하지는 않으며, 또 공급에 따른 비용을 부담한다고 해도 혜택에 상응하는 비용 부담을 꺼린다는 걸 지적하기 위해 쓰이는 말이다. 그래서 '공공재의 비극'이라고도 한다.[39]

공공재公共財, public goods는 이른바 사회간접자본이라고 하는 도로, 전기, 전화, 수도, 공원, 항만, 등대, 교량, 소방, 국방, 경찰, 교육 등과 같은 것으로 그 생산에 대한 기여와는 상관없이 누구나 그 혜택을 얻을 수 있는 것을 뜻한다. 공공재는 사유재私有財, private goods와 달리 비경합성nonrivalry과 비배제성nonexclusion이라는 2가지 특성을 지니고 있다. 비경합성의 대표적인 예는 불꽃놀이다. 공공재에 대한 어떤 사람의 소비가 다른 사람들이 소비할 수 있는 양을 감소시키지 않는다는 것이다. 비배제성의 대표적인 예는 국방 체계의 혜택이다. 세금을 내지 않은 사람이라도 공공재의 혜택을 얻는 것을 배제하는 것이 어렵거나 불가능하다는 것이다.

바로 이런 2가지 특성 때문에 공공재의 제공은 2가지 문제를 제기한다. 하나는 동기부여motivation의 문제다. 사람들은 다른 사람들

님비 님비NIMBY는 공공의 이익에는 부합하지만 자신이 속한 지역에는 이롭지 않은 일을 반대하는 지역이기주의 현상으로, 공공재의 확충에 큰 걸림돌이 되고 있다. "우리 집 마당에는 안 된다Not In My Back Yard"란 영어 문장의 머리글자를 따서 만든 용어로, 1980년 미국에서 처음 만들어졌다. 반대로 자신의 지역에 이익이 될 사업을 적극 유치하려 하는 현상은 핌피PIMFY: Please In My Front Yard라고 불린다. 미국에선 님비NIMBY를 '새로운 님비NIMBI'로 해결하려는 시도를 하고 있는데, NIMBI는 "Now I Must Be Involved(나도 이제 참여해야만 한다)"의 줄임말로, 정부가 기피 시설을 지을 부지를 선정하는 절차에 주민들을 적극적으로 참여시킨다는 뜻이다. 님비 갈등은 "왜 하필 우리 동네냐"라는 심리에서 비롯된 것이기 때문에 주민들이 정책 결정 과정에 직접 참여하면 결과가 자기에게 불리해도 쉽게 반발하지 못하는 효과가 있다는 것이다. 브루노 프라이, 유정식·홍훈·박종현 옮김, 『행복, 경제학의 혁명: 행복 연구가 21세기 경제학의 지평을 바꾼다』(부키, 2008/2015), 195~197쪽; 강준만, 「NIMBY」, 『교양영어사전 2』(인물과사상사, 2013), 467~468쪽; 오로라·김승현, 「"선진국에선 'NIMBY'를 'NIMBI'로 해결"」, 『조선일보』, 2017년 5월 4일.

의 노력을 공짜로 이용하려는 '무임승차' 욕구 때문이거나, 협력할 의사는 있지만 실효성에 대한 의구심으로 자신의 노력이 허비되는 것을 원하지 않기 때문에 공공재의 제공에 기여하지 않으려고 한다. 또 하나는 조정coordination의 문제다. 공공재에 기여하려는 동기부여가 되어 있다고 하더라도 참여자들의 기여 행위를 조정할 필요가 있는데, 이 일은 어려울 뿐만 아니라 적잖은 비용을 수반한다.[40]

'공유지의 비극'은 미국 생물학자이자 생태학자인 개릿 하딘Garrett J. Hardin, 1915~2003이 1968년 『사이언스』에 발표한 「공유지의 비극」이라는 논문에서 제시한 것이다. 하딘은 일정한 마리의 소를 수용할 수 있는 규모의 목장에 더 많은 이익을 위해 한 마리의 소를 더 집어넣었을 때 목장 자체의 생태계가 파괴된다는 걸 경고하면서 이렇게 말했다. "파멸은 모든 인간이 달려가는 최종 목적지다. 공유 자원은 자유롭게 이용되어야 한다고 믿는 사회에서 각 개인이 자신의 최대 이익만을 추구할 때 도달하는 곳이 바로 이 파멸인 것이다."[41]

오늘날 '공유지의 비극'은 천연자원의 과잉 이용, 치어까지 잡아들이는 물고기 남획의 문제 등을 비롯하여 무책임한 이기주의를 비판하거나 공동체적 가치를 역설할 때에 사용되고 있다. 오늘날 자주 지적되는 가장 큰 비극은 기후변화와 환경문제다. 미국에선 연방 예산에 이 비극을 적용하기도 하는데, 연방 예산은 535명의 소떼(의원들)가 풀을 뜯어먹는 공유지와 다를 바 없다는 것이다.[42]

한국에서도 정부 예산은 '공유지'로 간주되고 있다. 정부 예산을 가리켜 아예 '눈먼 돈'이라고 하며, 이 '눈먼 돈'을 차지하기 위해 각 이해관계 집단이 치열한 전쟁을 벌인다.[43] 청와대 경제수석과 정책실장을 지낸 김대기는 "제일 떼먹기 좋은 게 나라 돈"이라고 했는데,[44] 이런 시각에서 보자면 정치란 어떤 의미에선 '나라 돈 떼먹으려는' 행위라고 해도 과언이 아니다. 다음과 같은 4건의 신문 기사들은 정부 예산을 둘러싼 '공유지의 비극'을 잘 말해주고 있다.

⑴ "중앙 공무원이건 시장·군수건 다들 빼내 쓸 궁리만 하고 있다.……특별 교부금이 이렇게 엉터리로 낭비되고 있지만 국회의원들은 그걸 감시하기보다는 자기 지역구에 끌어다 쓸 생각뿐이다. 공무원 노조가 조사해봤더니 특별 교부금에 영향력을 미칠 수 있는 국회 행자위나 예결위 소속 의원들 출신 지역엔 다른 지자체의 1.5배

특별 교부금이 분배됐다."[45]

(2) "중앙 및 지방정부와 공공 기관들은 연말이 되면 불용 예산을 쓸 궁리를 하느라 이른바 '12월의 열병熱病, December fever'을 앓는다. 감사원에 적발되거나 정부 예산낭비신고센터에 접수되는 '연말 예산 낭비 사례'는 일일이 열거할 수 없을 정도다.……예산을 절약해 남기면 다음 해 예산 편성 때 그만큼 삭감당하고 '무능하다'는 소리나 듣는 공직 사회 분위기에서 누구도 아끼려 하지 않는 것이다."[46]

(3) "정부 어느 누구도 국민에게 예산 낭비죄를 사과하지도, 벌 받지도 않는다. 납세자인 국민이 예산 씀씀이에 별반 관심을 두지 않는 탓이다. 올 정부·지방자치단체 예산을 합치면 358조 원. 국민 한 사람이 매월 62만 원씩 호주머니에서 세금을 내는 거라면 그제서야 '내 돈' 하며 정신이 번쩍 들 것이다."[47]

(4) "올해에도 '불용不用 예산 탕진병'이 심하다. 정부, 지방자치단체, 공공 기관 가릴 것 없이 남은 예산 쓰기에 안달이다. 멀쩡한 보도블록을 바꾸는 공사판을 지나며 국민들은 부아가 치민다. 국민들은 불황 극복을 위해 허리띠를 조여 매는데, 공직 사회는 남은 예산 처리에 골몰하고 있으니 기가 막힌다. 10년이 되지 않은 보도블록은 바꾸지 못하게 했다는 정부 지침은 어디로 갔는지 국민들은 영문을 몰라 한다."[48]

정치 개혁이 어려운 이유도 바로 여기에 있다. 사람들은 누구나 다 정치 개혁을 원한다고 말은 하지만, 자신이 사는 지역에 더 많은 예산이 배정되기를 바라는 걸 전제로 한 개혁을 바랄 뿐이다. 그런데 정치인이 예산을 조금이라도 더 끌어올 수 있는 능력은 개혁의 자질이나 역량과는 전혀 무관하거나 오히려 반비례 관계다. 공유지의 비극이 지배하는 정치 체제하에서 그 체제를 전혀 건드리지 않으면서 외치는 정치 개혁 구호는 믿을 게 못 된다.

공유지의 비극을 넘어설 수 있는 방법은 없을까? 미국 정치학자 엘리너 오스트롬Elinor Ostrom, 1933~2012은 『공유지의 비극을 넘어』(1990) 등 일련의 저서를 통해 공유지의 비극을 정부 개입이나 시장 메커니즘이라는 기존 논리에서 탈피해 '공동체 중심의 자치제도'를 통해 해결할 수 있는 방안을 제시했다. 시장 아니면 국가라는 이분법에서 벗어나 개개인들의 역량에 주목해 새로운 인간 조직론을 개발하자는 것이다. 이런 새로운 비전의 제시가 높은 평가를 받아 그녀는 정치학자임에도 여성 최초로 2009년 노벨경제학상을 수상했다.[49]

공유지의 비극이 발생하지 않는 협력 시스템을 구축하려는 시도는 더할 나위 없이 바람직하고 아름답다. 그렇지만 모든 사람이 윤리적인 이성을 갖고 있다고 가정해 "한 사람 한 사람을 변화시키면 공유지의 비극 따위는 일어나지 않을 수 있다고 믿는 정책은 세상을 모르는 순진한 발상"이다.[50] 공유지의 비극은 언제든 일어날 수 있다는 최악의 상황을 염두에 두면서 협력 시스템을 만들어나가야 성공할 수 있다.

정부 예산이 '공유지'로 간주되어 무분별한 뜯어먹기의 대상이 되고 있는 현실도 정치인과 관료들에 대한 불신을 전제로 할 때에 그 어떤 개혁이 가능할 것이다. 어차피 민주주의는 불신의 토대 위에 선 제도다. 그래서 삼권분립을 비롯하여 각종 감시와 견제를 제도적으로 보장해놓은 게 아니겠는가.

왜 "그 누구도 섬은 아니다"고
하는 걸까?

외부 효과

"오래전에 어떤 시인은 '그 누구도 섬은 아니다'고 말했다. 어떤 사회에서나 한 사람의 행동은 다른 사람에게 피해를 입히거나 혜택을 베푼다. 경제학자들은 이것을 외부 효과라고 부른다."[51]

미국 경제학자로 2001년 노벨경제학상 수상자인 조지프 스티글리츠Joseph E. Stiglitz, 1943~가 『불평등의 대가』에서 한 말이다. 모든 경제학 서적에 빠지지 않고 등장하는 '외부 효과external effect, externalities'에 대한 가장 쉬운 설명인 것 같아 소개했다.

외부 효과는 영국 경제학자 아서 세실 피구Arthur Cecil Pigou, 1877~1959가 1920년에 출간한 『후생 경제학The Economics of Welfare』에서 처음 사

용한 용어다. 외부 효과는 외부불경제external diseconomy와 외부경제 external economy로 구분된다. 외부불경제는 어떤 행동의 당사자가 아닌 사람에게 비용을 발생시키는 것으로, 부정적 외부 효과라고도 한다. 외부경제는 어떤 행동의 당사자가 아닌 사람에게 편익을 유발하는 것으로, 긍정적 외부 효과라고도 한다.

부정적 외부 효과의 예로는 대기오염, 소음 공해, 교통 체증 등을 들 수 있다. 간접흡연이라고 하는 외부 효과는 널리 알려져 있지만, 컴퓨터의 외부 효과에 대해선 많은 사람이 둔감하다. 정보 기술은 전 세계 온실가스 배출량의 2퍼센트를 발생시키는데, 2번의 구글 검색이 커피 한 잔의 물을 끓이는 것과 똑같은 양의 온실가스를 배출한다.

교통 체증은 통행료가 없는 도로는 막히게 되므로 사람들에게 혼잡세를 받는다면 교통량은 줄어들 것이다. 이 경우 혼잡세는 다른 사람에게 가하는 부정적 외부 효과의 대가인 셈이다. 대다수의 경제학자들이 오염에 과세를 하자는 것도 바로 그런 이유 때문인데, 이런 세금을 가리켜 외부 효과의 작명자인 피구의 이름을 따서 '피구세pigovian tax'라고 한다. 부정적 외부 효과의 좋은 점도 있는데, 쓰레기가 재활용이나 처리 기업을 탄생시켜 고용과 이윤을 창출하는 경우를 예로 들 수 있겠다.

긍정적 외부 효과의 예로는 과수원 주인과 양봉업자의 관계를 들 수 있다. 과수원 근처에서 양봉을 하면, 과수원에 꽃이 필 때 벌들이 꽃에 모여들어 양봉업자는 꿀을 많이 채취할 수 있고, 과수원 주인은 꽃에 수정이 많이 되어 더 많은 과일을 얻을 수 있다. 집을 깨끗하게 단장함으로써 그 앞을 지나는 사람들에게 상쾌한 기분을 준다거나 전염병에 대한 예방접종을 함으로써 다른 사람에게 전염 가능성을 스스로 차단해주는 것 역시 긍정적 외부 효과의 사례다.

부동산을 예로 들어 설명하는 게 더 실감이 나겠다. 어느 주택가 부근에 공장이 건설되면 부동산 가치가 하락하고 부근에 녹지 공원이 생기면 부동산 가치가 상승한다. 주거지가 상업지로 바뀌어 경제 가치가 상승하는 경우도 있고, 도시계획의 변경, 공업단지의 지정, 그린벨트의 지정이나 해제, 우량 농지의 지정, 부동산 세제의 강화, 개별 공시지가의 고시, 토지 거래 허가제 지역 지정 등과 같이 토지 제도나 이용 규제, 부동산 세제 등의 변화에 따라서 토지의 가격이나 이용에 영향이 있을 수 있다. 부정적이건 긍정적이건 이 모든 게 바로 외부 효과에 해당된다. 일반적으로 부정적 외부 효과에 대해선 과세로 대응하지만, 긍정적 외부 효과에 대해선 보조금을 지급하는 방식으로 장려한다. 다만 어느 정도로 얼마나 할 것이냐가 늘 논란이 된다.[52]

어떤 상품에 대한 수요가 형성되면 이것이 다른 사람들의 수요에 영향을 미치는 것, 즉 사용자들이 몰리면 몰릴수록 사용자가 계속 늘어나는 것을 가리켜 '네트워크 효과network effect'라고 하는데, 네트워크 효과는 사실상 네트워크 외부 효과network externalities인 셈이다. 생산자는 네트워크 효과로 인해 생산 규모가 커질수록 비용이 줄어드는 효과를 누릴 수 있다. 왜냐하면 많은 사람이 사용할수록 규모

규모의 경제 규모의 경제는 생산량의 증가에 따라 단위당 생산비가 감소하는 현상을 말한다. 그래서 기업은 덩치를 키워 규모의 경제의 이점을 얻고자 하는데, 기업계에서 잦은 인수 · 합병이 일어나는 이유도 바로 여기에 있다. 그런 심리를 말해주는 슬로건이 바로 "큰 것은 아름답다"이다. 규모의 경제는 중소기업이 대기업과의 경쟁에서 이기기 어려운 이유지만, 무조건 덩치만 키운다고 해서 규모의 경제가 발생하는 건 아니다. 경영과 관리가 방만해져 비효율이 발생함으로써 오히려 단위당 생산비가 증가하는 규모의 비경제 diseconomies of scale가 일어날 수도 있다. 기업의 시장점유율이 40퍼센트를 넘어서면 그간 누렸던 규모의 경제가 역전되어 규모의 비경제가 나타날 뿐만 아니라 규제자에게 감시당하고 반독점 소송에 휘말려 오히려 손해를 본다는 주장도 있다. 잭디시 셰스 · 라젠드라 시소디어, 신철호 옮김, 『빅 3 법칙: 왜 모든 시장은 빅3가 지배하는가』(21세기북스, 2002), 16~44쪽.

의 경제에 의해 생산비는 낮아지는 반면, 네트워크 효과에 의해 사용자 수는 더 많이 증가하기 때문이다.

네트워크 효과의 전형적인 예는 바로 전화다. 많은 사람이 전화를 사용하지 않는다면 무슨 소용이 있겠는가. 휴대전화도 마찬가지다. 이동통신사들이 공짜 휴대전화를 나눠주는 이유는 고객이 예뻐서가 아니다. 많은 사람이 휴대전화를 사용해 휴대전화 없인 살 수 없게끔 만들어놓고 나서 더 많은 돈을 더 쉽게 챙겨가기 위해서다. 이런 네트워크 효과가 기존의 '규모의 경제economies of scale'와 무엇이 다른가? '규모의 경제'가 생산 측면의 개념이라면, '네트워크 효과'는 수요 측면의 개념이라고 할 수 있다.[53]

1995년 노벨경제학상 수상자인 미국 시카고대학 경제학자 로버트 루커스Robert Lucas, 1937~는 도시에 몰려드는 인재들이 미치는 긍정적 영향을 가리켜 혁신과 경제성장에 대한 '인적자원의 외부 효과'라는 이름을 붙였다. 사람들이 다른 숙련된 사람들과 같이 일할 때 훨씬 더 생산적으로 변한다는 것이다. 이에 대해 도시 예찬론자인 리처드 플로리다Richard Florida는 다음과 같이 말한다.

"밀집된 생태계에 살면서 서로 많이 소통하는 인재들은 그렇지 않은 곳에서 사는 인재들보다 아이디어와 상품을 더 많이 생산해낸다. 세계화 또는 인터넷이 이런 추세를 변화시켰다는 증거는 현재로서는 없다. 세계화와 소비자 시장 확대를 통해 돈은 혁신적 분야와 이미 훌륭한 인재들이 충분히 집중된 혁신적 장소로 몰렸으며, 돈이 몰린 장소는 더욱더 크게 성장했다. 인재가 풍부한 생태 시스템은 다른 곳에서 쉽게 모방할 수 없다. 능력 있고 야심찬 인재들이 모여 일할 때, 그리고 이들이 모여 살 때 경제적 가치는 극대화된다."[54]

2018년 1월 홍종호는 「부정적 외부 효과 과잉사회」라는 글에서 한국은 사회적 편익보다 사회적 비용을 유발하는 외부 효과 행위가 압도적으로 많은 사회기 때문에 "우리는 사회적 비용이 폭증하는 외부 효과 과잉사회에 살고 있다"며 다음과 같이 말했다.

"2018년을 맞아 대한민국을 구성하는 공동체 일원으로서 자신의 생각과 삶을 돌아보면 좋겠다. 나는 사회적 가치를 창출하는 사람인가, 아니면 사회적 비용을 유발하는 사람인가. 보상을 기대하지 않는 의도된 사회적 가치를 만들어낸다면 더할 나위 없이 좋을 것이다. 경제학자로서 인간 본성에 위배되는 허망한 생각을 한다고 비판받아도 개의치 않겠다. 새해에는 모든 경제주체가 자신의 의사 결정을 한번쯤 사회적 관점에서 성찰해보는 우리 사회가 되기를 소망한다."[55]

누구도 섬은 아니라지만, 그 원리는 약육강식弱肉强食의 지배를 받고 있는 게 오늘의 현실이다. 누군가가 어떤 행동으로 다른 사람에게 피해를 입히거나 혜택을 베풀 때에 이에 대한 평가와 뒤따르는 조치도 힘에 따라 천차만별이다. 힘이 강해 섬처럼 머무를 수 있는 사람들이 있는가 하면 힘이 약해 섬이 되기를 강요받는 사람들도 있다. 외부 효과를 정치사회적 개념으로도 다루면서 부정적 외부 효과를 줄이고 긍정적 외부 효과를 키우려는 노력을 할 필요가 있겠다.

제9장

세계화

왜 국가를 스트립쇼를 하는 댄서에 비유하는가?

세계화

"사회란 살아 있는 사람 간의 연대일 뿐 아니라 산 사람과 죽은 사람, 그리고 앞으로 태어날 사람들 간의 연대이다."[1] 영국 사상가 에드먼드 버크Edmund Burke, 1730~1797의 말이다. 이 말은 사회를 과거 · 현재 · 미래를 하나로 잇는 시간적 연대의 관점에서 본 말이지만, 오늘날엔 세계화로 인해 사회가 국경을 뛰어넘는 공간적 연대의 개념으로도 변하고 있다. 인터넷과 SNS 등을 통해 세계 곳곳의 소식이 즉각적으로 전해지는 세상에서 사회는 이제 국경 안에 존재할 수 없게 된 것이다.

세계화globalization란 무엇인가? 세계화는 "사회 구성원들 간의 상호 연결성이 증대되는 과정, 즉 세계의 한 부분에서 일어난 사건이 멀리 떨어져 있는 사람과 사회에 갈수록 많은 영향을 끼치는 것"으로 정의된다.[2] 세계화는 언제부터 시작된 것인가? 결코 쉽지 않은 질문이다. 세계무역기구WTO가 정식 출범한 1995년을 가리켜 '세계화의 원년'이라고 부르기도 하지만, 세계화는 이미 오래전부터 작동해온 현상이었기 때문이다.

세계화는 제1차 세계대전(1914~1918)과 제2차 세계대전(1939~1945)을 통해 심화되었지만, '세계화'라는 용어가 본격적으로 쓰이게 된 건 1983년 기업 마케팅 전략 차원에서였다. 미국 하버드대학 경영대 교수 시어도어 레빗Theodore Levitt, 1925~2006이 1983년 5월 『하버드비즈니스리뷰』에 발표한 「시장의 세계화」라는 글을 효시로 보고 있다.

레빗은 이 글에서 "새로운 기술 덕분에 미디어가 전 세계로 뻗어가고 통신 비용이 아주 저렴해지면서 세계가 좁아지고 있다"며 "그 결과 소비자들의 기호가 비슷해지고 규격화한 상품을 팔 수 있는 전 세계적인 시장이 과거에는 상상도 하지 못하던 규모로 형성되고 있다"고 주장했다. 1989년부터 시작된 소련과 동구권의 사회주의 붕괴는 레빗이 원했던 규모의 '전 세계적인 시장'을 가능케 했다. 그로 인해 세계의 거의 모든 나라가 자본주의 시장경제 체제에 편입되면서 세계경제의 개방화와 통합화가 빠른 속도로 진척되었기 때문이다.[3]

그 이전에 쓰였던 '국제화internationalization'가 기업 경영에서 나라

간 국경의 개념을 인정하는 것이라면, 세계화란 나라 간 국경 자체의 한계나 차이를 뛰어넘어 처음부터 지구촌 전체를 하나의 경영 단위로 삼는다. 세계화를 촉발시킨 건 디지털 혁명을 위시한 과학기술 혁명과 유연성 극대화라고 하는 새로운 패러다임의 생산 방식이었다. 이제 기업은 언제라도 투자 환경이 좋은 곳으로 옮겨갈 수 있게 되었다. 국가 간 자본 이동은 유동적이 되고, 그만큼 기업의 자율성은 증대되며, 따라서 노조의 힘은 물론 국가주권은 약화된다.

정부와 정치인은 선거에 의해 국민의 심판을 받지만 기업은 그런 심판에서 자유롭다. 전 세계를 무대로 휘젓고 다니는 기업을 정부가 감시 통제하는 건 불가능해진다. 견제와 균형이 없으니, 기업 주권은 강화되는 반면 국민주권은 약화되고 민주주의는 점점 신기루가 되어간다. 국가 지도자들이 자국 시민들의 복지와 안전을 보장해줄 수 있는 능력도 점점 더 줄어든다.⁴ 그래서 지그문트 바우만Zygmunt Bauman은 세계화 시대의 국가를 스트립쇼를 하는 댄서에 비유한다.

"세계화라는 카바레에서 국가는 스트립쇼를 하면서 보호막을 하나하나 벗어던지고 공연 마지막에는 꼭 필요한 한 가지밖에 남겨놓지 않는다. 바로 억압할 힘이다. 물질적 기반이 파괴되고 주권과 독립성이 무효화되고, 정치적 계급은 사라진 상황에서 주권국가는 대규모 기업들을 위해 단순히 보안 서비스를 하는 처지로 전락한다."⁵

한국에서도 정부가 앞장서서 밀어붙인 세계화 전략은 독점자본에 대한 국가의 막강했던 통제를 약화시켰으며, 기업의 경쟁력 논리와 시장 논리가 전체 사회로 확산되는 결과를 초래했다. 생존 경쟁은 더욱 격화되었지만 그 부작용을 상쇄시켜줄 수 있는 국가의 능력은 약화되고 있기 때문에, 이제 많은 한국인이 과거와는 달리 아무 거리낌 없이 이민을 생각하게 되었다.

세계화 시대의 자본주의는 '속도의 경제'다. 1980년대 말 소련과 동구권 붕괴 이후 아무런 장애물이 없는 상태에서 더욱 강화된 기세로 달려가는 자본주의를 가리켜 에드워드 루트워크Edward Luttwak는 '터보 자본주의'라는 표현을 썼다. 무서운 속도로 돌아가는 터보(원동기)를 생각해보라. 오늘날의 자본주의는 실제로 그런 속도로 질주하고 있다.[6]

한스 페터 마르틴Hans-Peter Martin과 하랄트 슈만Harald Schumann은『세계화의 덫: 민주주의와 삶의 질에 대한 공격』(1996)에서 "이런 발전 속도 속에서, 계속해서 세계관을 바꾸고 평생 동안 최대 출력을 낼 각오가 되어 있지 않거나 그럴 형편에 있지 못한 점점 더 많은 사람들이 불가피하게 뒤처지게 된다"며 "인생 계획이나 사업 목표에 대한 중요한 결단들이 흔히 정신없이 바쁜 와중에서 내려지게 되고, 정치가들로부터는 '인스턴트 대책들'을 기대할 수 있을 뿐이다"고 말한다.[7]

그렇다. 날이 갈수록 정치가들에게 기대할 건 점점 없어지고 있다. 정치가들 역시 자신들의 생존을 위한 '최대 출력'을 내는 데에만 급급하고 있기 때문에, 정치가 민생을 돌보는 게 아니라 오히려 정치가 민생과 경쟁 관계에 놓이게 되는 사태까지 일어나게 된다. 공적 영역이 점차 파괴되면서 사적 영역에서 생존 경쟁만이 치열하게

80대 20의 법칙 '80대 20의 법칙'은 '파레토의 법칙Pareto's law'을 말한다. 이탈리아의 경제학자이자 원예사인 빌프레도 파레토Vilfredo Pareto, 1848~1923는 80퍼센트의 완두콩은 20퍼센트의 콩깍지에서 생산되며 인간 세계도 비슷하다는 걸 알아냈다. 예컨대, 이탈리아 땅의 80퍼센트는 인구의 20퍼센트가 소유하고 있었다. 80/20 법칙으로 알려진 파레토의 법칙은 경영 법칙으로 발전했다. 기업 이윤의 80퍼센트는 종업원 중 20퍼센트에서 나오며, 고객 서비스 문제의 80퍼센트는 고객들 중 20퍼센트에서 나오고, 의사 결정의 80퍼센트는 회의 시간 중 20퍼센트에서 나온다는 것 등이다. 이는 다른 영역에까지 변형되어 적용되었다. 예컨대, 범죄의 80퍼센트는 범죄자 중 20퍼센트에 의해 저질러진다는 식이다. 강준만, 「왜 세상은 자꾸 '20대 80의 사회'로 가는가?: 파레토의 법칙」, 『독선 사회: 세상을 꿰뚫는 50가지 이론 4』(인물과사상사, 2013), 243~248쪽.

이루어지기 때문에 삶은 더욱 각박해질 수밖에 없다.

그런 각박함은 흔히 '80대 20의 법칙'으로 표현된다. 이 법칙에 따르면, 노동 가능한 인구 중에서 20퍼센트만 있어도 세계경제를 유지하는 데 별 문제가 없다. 달리 말하자면, 세계화의 과정은 중산층을 해체시키면서 20퍼센트의 집중된 힘과 나머지 80퍼센트의 구도로 변하게 만드는 것이다. 국내적으로 세계적으로 날이 갈수록 크게 벌어지고 있는 빈부 격차는 '20대 80의 사회'라고 하는 시나리오의 가능성을 높여주고 있다.[8]

왜 그런 일이 벌어질까? 세계화의 압력을 받고 있는 각국 정부는 기업의 경쟁력을 높여야 한다는 이유를 대면서 법인세를 인하하고 보조금을 지급하는 경쟁을 벌인다. 물론 그만큼 국고와 재정은 줄어들게 되며, 이걸 채워주는 건 보통 사람들의 세금이다. 또 정부는 저항이 약한 분야의 복지 혜택을 줄이는 방법으로 재정 고갈에 대응하는데, 그 결과는 바로 빈부 격차를 더욱 크게 벌려 놓는 것이다.[9]

이 세상을 '20대 80의 사회'로 몰고 가는 세계화가 풀뿌리 민중 차원의 격렬한 저항을 받는 건 당연한 일이다. 세계화를 추진하는 대표적인 기구라 할 WTO 총회만 열렸다 하면 세계 각국에서 시위대가 몰려드는 것도 바로 그런 이유 때문이다. 20세기 말까지 대개 세계화 반대론자는 개발도상국에 집중되었지만 21세기에 들어서는 미국이나 영국, 독일 등 선진국에서도 세계화 반대 목소리가 점차 높아져왔다.[10]

2016년 6월 브렉시트Brexit(영국의 유럽연합 이탈)와 2016년 11월 세계화를 맹렬히 비난해온 도널드 트럼프가 미국 대통령에 당선된 사건은 그 점을 잘 보여주었다. 트럼프는 한·미 자유무역협정FTA을 파기할 수 있다고 위협하는가 하면 세탁기 등 일부 품목에 대해 15~50퍼센트의 고율 관세를 부과하는 세이프가드safeguard(긴급 수입제한 조치)를 발동해 한국 기업에 타격을 입히는 등 자유무역을 반대하고 보호무역을 주장하는 기수 역할을 자임하고 나섰다.

브렉시트와 트럼프의 반反세계화 노선은 그간 세계화가 주로 개발도상국 풀뿌리 민중의 격렬한 저항을 받아온 것에 비추어볼 때에 이상한 일이다. 이는 그만큼 세계화가 매우 복잡한 현상이라는 걸 말해준다. 달리 말해, 지금까지 지적한 모든 문제에도 세계화가 부정적인 면만을 갖고 있는 건 아니라는 이야기다. 세계화는 자유, 개인주의, 효율성, 경쟁, 실적주의를 전 세계에 확산시킴으로써 민주자유무역 · 보호무역 · 공정무역 자유무역free trade은 국가가 외국 무역에 아무런 제한을 가하지 않는 건 물론이고 그 어떤 보호나 장려도 하지 않는 무역, 보호무역protective trade은 국가가 관세 또는 수입 할당제 및 그 밖의 수단으로 간섭하여 외국과의 경쟁에서 국내 산업을 보호할 목적으로 하는 무역을 말한다. 미국과 유럽 등 선진국들은 처음엔 보호무역을 실시했지만, 힘이 강해진 후엔 자유무역으로 돌아서 다른 나라들에 자유무역을 요구하고 나섰다. 19세기 독일 경제학자 프리드리히 리스트Friedrich List, 1789~1846는 그런 '교활한 방법'을 가리켜 '사다리 걷어차기kicking away the ladder'라고 했다. 보호무역으로 국제 경쟁력을 키운 후 자신들이 딛고 올라온 사다리(정책, 제도)는 치워버리고 아직 경쟁력이 없는 다른 국가들에는 자유무역을 강하게 요구한다는 의미에서다. 실제로 자유무역의 확대에는 2가지 함정이 있다. 하나는 선진국의 공산품은 지나치게 비싼 가격에, 개발도상국의 농산품은 헐값에 교환되는 불균등 교환의 문제다. 또 하나는 선진국과 개발도상국은 경제력이나 생산력에 크게 차이가 있는데, 동일한 규칙 아래 이루어지는 무역은 개발도상국에 불리하게 작용할 수밖에 없다는 점이다. 그래서 개발도상국들은 그런 불공정 무역구조로 인해 발생하는 부의 편중, 환경 파괴, 노동력 착취, 인권침해 등의 문제를 해결하기 위해 생산자에게 정당한 대가를 지불하는 무역을 주장하고 나섰다. 이런 무역을 '공정무역fair trade'이라고 한다. 그런데 일부 선진국들은 자국 시장에서도 세계화로 인한 문제들이 나타나자 다시 보호무역으로 돌아서 자국 시장의 문을 걸어 잠그는 변화를 보이고 있으며, 그 선두에 미국 대통령 도널드 트럼프가 있다. 장하준, 『사다리 걷어차기』(부키, 2004); 장하준, 『개혁의 덫』(부키, 2004), 57~63쪽; 전국지리교사연합회, 「자유무역인가, 공정무역인가」, 『살아있는 지리 교과서』(휴머니스트, 2011)(『네이버 지식백과』).

적 분권화, 정치와 행정의 현장화, 전자 민주주의, 경쟁과 혁신을 통한 자원의 효율적 배분을 가져다줄 수 있다.[11]

  사실 문제는 세계화의 과실이 골고루 배분되지 않는다는 데에 있다. 즉, 어떤 계층(주로 중상층)은 세계화로 인해 이익을 보는 반면 어떤 계층(주로 중하층)은 세계화로 인해 피해를 보는 데도, 국가가 이런 문제를 해결하지 못한다는 데에 문제가 있다. 그래서 세계화의 폐해를 막는 건 물론 세계화의 좋은 점을 살리기 위해서라도 주권 국가의 정책 자율성을 강화해야 한다는 목소리가 높다.

대표적인 국가정책 자율성 강화론자인 대니 로드릭Dani Rodrik은 국 가가 국가 자율성을 축소하는 세계화를 제어하지 못하면 그 결과 는 포퓰리스트 정당의 대두나 도널드 트럼프와 같은 네이티비스트 nativist(배외적 보호주의자)가 성행하는 가운데 세계화는 위험에 빠지 고 경제성장 자체도 더 어려워진다고 우려한다. 그는 반反세계화 흐 름을 저지하려면 국가를 강화해 국민의 복지에 도움이 되는, 그리고 커진 파이를 적절하게 배분하는 국가정책이 필요하다고 주장한다.[12]

특히 한국처럼 해외 의존도가 높은 나라는 세계화를 통해 얻을 수 있는 것이 많기 때문에 세계화를 결코 포기할 수 없다. 한미 FTA를 둘러싼 국내의 치열한 갈등이 잘 보여주었듯이, 세계화의 문제는 사 실 국가의 능력과 국내 정치의 문제기도 하다. 국가와 정치권에 한 미 FTA로 인한 국내 계층 간·업종 간 이해득실의 차이를 조정하 려는 의지가 있으며, 그렇게 할 수 있는 능력이 있느냐가 중요한 것 이지, 한미 FTA가 처음에 격렬한 반대 운동 세력이 주장했던 것처 럼 나라를 망치는 일은 아니었다는 것이다. 국가정책의 자율성마저 사라져도 좋을 그런 세계화는 가능하지 않으며 바람직하지도 않다 는 것, 이게 바로 지난 20여 년간의 세계화가 웅변해준 사실이었다 고 할 수 있겠다.

왜 미국에서 파는 떡볶이에는
고추장 대신 간장을 쓰는가?

글로컬리제이션

1990년대에 세계적인 성공을 거둔 일본 만화영화 〈파워 레인저〉
는 우주 괴수들과 싸우는 지구 방위대의 활약상을 그렸는데, 맨 처
음 일본용으로 만들었던 〈공룡전대 쥴렌저〉에서는 주인공 5명 모두
가 일본인이었다. 그러나 세계시장을 겨냥해 〈파워 레인저〉로 개작
하면서 백인과 흑인, 황색인을 고루 포진시킴으로써 국적성을 희석
시키는 데 성공했다. 얼마나 포장술이 대단한지, 이 드라마가 한국
TV에서 방영되었을 때 국내 모 언론은 "할리우드 문화의 한국 침
투"라고 엉뚱하게 개탄하기도 했다.[13]

〈파워 레인저〉의 그런 전략을 가리켜 '글로컬리제이션glocalization'

이라고 한다. 이 개념의 탄생지도 일본이다. '자신의 영역에 맞게 사는 것'이란 뜻을 가진 일본어 '도차쿠카dochakuka, 土着化'는 농업 기술을 지역 조건에 맞게 적용시키는 것을 가리켰는데, 일본 기업계가 1980년대에 이 개념을 차용했다. 소니의 창업 멤버이자 회장인 모리타 아키오盛田昭夫, 1921~1999는 세계적인 것과 지역적인 것을 혼합하는 기업 원리를 주창하면서 '글로벌 로컬리제이션global localization'을 줄여서 '글로컬리제이션glocalization'이라는 신조어를 만들어냈다.[14]

영어권에 이 개념을 소개해 세계화시킨 사람은 미국 사회학자 롤런드 로버트슨Roland Robertson, 1938~이다. 그는 1995년에 발표한 논문에서 글로컬리제이션을 세계적인 것과 지역적인 것은 문화적 양극으로 존재하는 것이 아니라 '상호 침투적' 원칙으로 존재한다는 의미에서 '미시 마케팅 전략'으로 소개했다.[15]

글로컬리제이션의 슬로건은 "사고와 전략은 글로벌하게, 행동과 운영은 로컬하게" 해야 한다는 것이다. 국내에선 '글로컬라이제이션', '글로컬화', '세방화世方化', '지구지역화'로 부르기도 하는 글로컬리제이션은 오늘날 주로 세계를 무대로 활동하는 기업의 생존 전략으로 설정되고 있다. 코카콜라, 맥도날드, 디즈니 등이 글로컬리제이션을 잘하는 기업으로 널리 알려져 있는데,[16] 디즈니의 한 간부는 이렇게 말한다. "모든 어린이들에게 디즈니 캐릭터는 지역적 인물이어야 하며, 이것은 매우 중요한 사실이다. 이들은 모두 지역 언어로 말한다.……'전 지구적으로 사고하되, 지역적으로 행동하는 것', 이것이 바로 디즈니의 전략이다."[17]

홍성욱은 글로컬리제이션은 글로벌 문화의 '잡종적' 혼재 양식이며, '글로벌'과 '로컬'의 관계는 네트워크 혁명이 수반하는 사회·문화적 변화를 이해하는 데 무척 중요하다고 말한다. 예를 들어 스티븐 스필버그Steven Spielberg나 조지 루커스George Lucas의 〈스타워즈〉 같은 영화들은 서구, 아시아, 라틴아메리카 등 다양한 로컬 문화의 공통적인 신화적 요소를 영화의 소재와 플롯에 도입함으로써 전 세계적인 성공을 거두었다는 것이다.[18]

호세 카레라스, 플라시도 도밍고, 루치아노 파바로티 등 3명의 테너 가수의 1996년 세계 합동 순회공연도 글로컬리제이션 전략을 도입했다. 이에 대해 한스 페터 마르틴Hans-Peter Martin과 하랄트 슈만Harald Schumann은 다음과 같이 말한다.

"세 명의 거물급 가수들은 일본 청중들을 위해서는 '가와노 나가레 나야미(강가의 그리움)'을 열창했는데, 이는 영원토록 도도히 흐르는 강물을 바라보며 사랑하는 이를 애타게 그리워하는 정서적 느낌을 청중들한테 기막히게 전달해주는 것이었다. 그리고 오늘날 한 번도 푸른색을 띤 적이 없이 칙칙한, 오스트리아의 빈을 흐르는 도나우 강변에서 이들은, 바로 빈 시내 프라터 경기장의 야외 공연장 앞쪽에서, 마침 댐 건설이 한창일 때, 약 10만 명의 청중들(독일, 체코, 헝가리에서 온 신흥 부자들)을 앞에 두고 '빈, 빈 오직 너만을 사랑해'를 혼신을 다해 불러 젖혔다."[19]

한국의 한류도 글로컬리제이션에 매우 능한 것으로 평가받고 있다. 한류는 문화의 혼성화 또는 혼종화cultural hybridity가 성공한 대표적 사례라고 할 수 있다. 류웅재가 잘 지적했듯이, "한류는 온전히 한국적인 콘텐츠로만 채워진 것은 아니며, 지역과 수용자의 취향에 맞게 글로벌하고 동시에 지역적인, 즉 글로컬glocal한 요소를 배합하고 뒤섞은 이종교배hybridization, 음식으로 비유하자면 짬뽕 혹은 가든 샐러드적인 요소를 가지고 있기에 가능한 것이었음을 이해해야 한다."[20]

서울 강남구 SM엔터테인먼트 사무실에는 매주 신곡이 100곡씩 쌓이는데, 국내 작곡가뿐만 아니라 스웨덴·덴마크·네덜란드·영국·프랑스·미국 등 세계 음악계에서 활동하는 작곡가 700~800명이 신곡을 보내온다. 중국인(에프엑스의 빅토리아, 미스에이의 페이 등)과 일본인(M.I.B의 강남 등), 태국계 미국인(2PM의 닉쿤) 등 아이돌 멤버들의 국적만이 아니라 작곡·작사가들까지 철저하게 '글로벌 시장'을 지향하고 있는 것이다. 이규탁은 "미국에서 파는 떡볶이에는 고추장 대신 간장을 쓰는 것처럼 해외 수용자들이 한국 가요에서 느낄 수 있는 거부감을 최대한 지우는 다국적 전략"이라고 분석했다.[21]

한류의 성공이 시사하듯이, 글로컬리제이션은 작은 지역에서도 세계를 상대로 뛸 수 있다는 희망으로 받아들여졌지만, 한류의 성공을 일반화하긴 어렵다. 작은 지역에서 전 세계를 상대로 해서 성공을 거둔 사례는 비교적 찾아보기 어렵다는 말이다. 한동안 인터넷이 그 방향으로 글로컬리제이션의 문을 열어주지 않을까 하는 희망을 피력한 사람들도 있었지만, 그건 어디까지나 이론적인 가능성에 지

관심 경제 관심 경제는 세인의 관심이나 주목을 받는 것이 경제적 성패의 주요 변수가 된 경제로, '주목 경제'라고도 한다. 경제학자 허버트 사이먼Herbert Simon, 1916~2001은 1997년 관심 경제 이론을 통해 "정보사회가 발전할수록 정보는 점점 흔해지고, 관심은 점점 귀해진다"고 했다. 즉, "정보의 풍요가 관심의 빈곤을 야기한다"는 것이다. 구글의 에릭 슈밋 Eric Schmidt은 꾸준히 사로잡고 통제할 수 있는 '안구eyeballs'의 수를 극대화해야만 지배적인 세계 기업이 될 수 있을 것이라고 말한다. 일부 학자들은 경제 시스템의 핵심으로 '관심 거래attention transactions'가 '금융 거래financial transactions'를 대체할 것이라고 주장한다. 우리는 바야흐로 "날 좀 봐달라"고 몸부림쳐야만 생존하고 성공할 수 있는 세상에 살게 된 것이다. 강준만, 「왜 우리는 "날 좀 봐달라"고 몸부림치는가?: 관심 경제」, 『생각과 착각: 세상을 꿰뚫는 50가지 이론 5』(인물과사상사, 2016), 231~235쪽.

나지 않는 것으로 드러났다.

예컨대, 거대 매체의 글로컬리제이션 전략은 작은 로컬 매체들을 죽이는 데엔 큰 효과를 발휘하고 있지만, 작은 로컬 매체들이 역방향의 글로컬리제이션에 성공을 거두는 건 기대하기 어렵다. 인터넷 매체도 예외는 아니다. 인터넷은 공간적 제약을 전혀 받지 않기 때문에 로컬 인터넷 매체는 내셔널하고 글로벌한 것과 동시에 경쟁을 해야만 하는 부담을 안게 된다. 로컬 매체로선 오히려 과거의 공간적 제약과 한계를 그리워할 지경이다.

정보 폭발의 현장인 인터넷에서는 자신을 팔기 위해 남들의 주목을 받아야만 살 수 있기 때문에 이제 우리는 질적으로 전혀 새로운 '관심 경제attention economy'로 진입했다고 주장하는 사람들도 있다. 그러나 지방의 입장에서 볼 때엔 그건 이미 고리타분한 이야기다. 인터넷 시대 이전부터 지방은 '관심 경제'를 위해 투쟁했지만 그것에서 소외되어왔기 때문이다.

글로컬리제이션은 중심부가 아닌 변방의 지역에는 위험인 동시에 기회임이 틀림없지만, 현재로선 위험이 더 커 보인다. 기회는 아직 당위나 가능성에 머무르고 있는 반면, 위험은 이미 충분히 준비되어 있던 것으로 즉각 다가오고 있기 때문이다. 글로컬리제이션이 힘을 가진 쪽의 일방적인 지배 전략으로만 사용되지 않게끔 하기 위한 고민과 노력이 절실히 요청된다고 할 수 있겠다.

왜 우리는 '루저'는 차별당해도
마땅하다고 생각하는가?

신자유주의

1970년대 이전까지 서구 경제는 영국 경제학자 존 메이너드 케인스John Maynard Keynes, 1883~1946 가 제시한 이른바 '케인스 경제학'에 따라 자본주의 경제의 근본적 불안정성을 전제로 정부의 적극적 개입을 내세우면서 생산과 복지의 조화를 달성하고 정치사회적으로는 노동과 자본의 합의 구조를 유지하고 있었다. 그러나 1970년대 들어 미국과 영국을 비롯한 서구 경제는 전반적으로 생산성 저하와 경제 침체, 만성적 인플레이션과 정부의 재정적자 등으로 어려움을 겪었다. 이런 상황 속에서 케인스 경제학의 장점은 사라진 듯 보였다.[22]

신자유주의Neoliberalism란 케인스 경제학이 쇠퇴하면서 재등장한 신고전파 경제학의 전통을 이어받은 이념이다. 이 이념의 핵심을 한 마디로 이야기하자면, "시장은 좋은 것이고, 국가의 개입은 나쁘다"는 것이다. 신자유주의 이론은 1970년대 후반부터 국내 경제에서든 국제경제에서든 국가나 정부 차원의 모든 인위적인 개입을 공격하면서 자유시장의 논리를 설파하는 데 성공했는데, 우리의 삶에 구체적으로 나타난 정책 양상은 개방화, 자유화, 민영화, 탈규제, 탈복지 등이었다.[23] 특히 시장의 세계화는 시장을 신성시하는 신자유주의를 세계를 이끌어가는 주도적인 사회질서 조직 원리로 부상시켰다.[24] 세계화와 신자유주의에 의해 구축된 경제를 가리켜 흔히 '신경제New Economy'라고 부른다.

신고전파 전통을 잇는 통화주의monetarism는 시장 기구의 효율성을 신뢰하고 정부 비개입주의를 주장하는데, 그 기본 가정은 저인플레이션과 저실업, 지속적 성장은 통화 공급을 통제하고 공공 지출의 억제를 통한 균형 예산을 실현함으로써 성취될 수 있다는 것이다. 1979년에서 1990년까지 영국 총리를 지낸 '철의 여인' 마거릿 대처Margaret Thatcher, 1925~2013가 구현한 이른바 '대처주의Thatcherism'의 핵심이 바로 이것이다. 그래서 대처는 균형 예산을 실현하겠다고 국가 관리하에 있는 공기업을 민영화하고 복지에 대한 대대적인 공격에 임했던 것이다.[25]

반면 이미 민영화는 이루어져 있던 미국에서 1981년에서 1989년까지 대통령을 지낸 로널드 레이건Ronald Reagan, 1911~2004은 신자유주의 노선의 알맹이를 이른바 '공급 측면의 경제'로 채웠다. 이는 사회 복지 비용을 대폭 삭감시키고 세율을 인하해 투자를 촉발시킴으로써 실업을 줄이고, 따라서 더 많은 세금을 거두어 국방비를 늘리는 동시에 연방정부의 적자폭을 메꾸어 나가겠다는 경제 청사진이었다.[26]

국제 분야에서 신자유주의의 구체적인 강령은 이른바 워싱턴 컨센서스Washington Consensus로 나타났다. 워싱턴 컨센서스는 1980년대에 워싱턴에 있는 미국의 재무부와 경제 연구기관들, IMF, 세계은행 등의 국제기구들 사이에 합의된 내용을 가리키는 것인데, 이 합의의 형성 과정에 라틴아메리카의 외채 문제가 중요한 역할을 했다.[27]

워싱턴 컨센서스에서 나온 신자유주의 정책의 3대 기둥은 재정 긴축, 민영화, 시장 자유화 등이다. 좀더 구체적으로 보자면, 신자유주의의 경제 논리는 자본 운동에 대한 대외적 개방, 정부와 노조의 기업에 대한 규제 철폐, 공공 부문이나 복지 제도의 민영화와 감축, 인원 감축을 비롯한 기업 경영 유연화 등이었다. 말이 좋아 '시장'이지 시장 상황은 나라에 따라 크게 다르다. 미국의 시장과 제3세계의 시장이 어떻게 똑같겠는가? 그래서 신자유주의적 개혁이 제3세계로 확산된 것은 시장 민주주의를 가져오기보다는 '시장 권위주의market authoritarianism'로 퇴행할 가능성을 초래할 수 있다는 비판이 제기되었다.[28]

놈 촘스키Noam Chomsky, 1928~는 신자유주의가 경제의 건전성을 보장하는 조건으로 예찬하는 '노동시장의 유연성'은 기만적인 언어

조작이라고 주장했다. 그는 노동시장의 유연성이라는 말은 내일 당신의 일자리가 사라질 수도 있다는 뜻이라며 투쟁에 나설 것을 촉구했다.[29] 촘스키가 역설한 투쟁은 세계 곳곳에서 반反세계화 시위로 나타났다.

한국에선 신자유주의가 어떤 식으로 나타났던가? 홍기빈은 한국 경제가 신자유주의를 새로운 '국시國是'로 내걸고 하나의 국가 개조 계획으로 본격적으로 추진하기 시작한 시점을 김영삼 정부가 세계화추진위원회를 출범시킨 1995년 1월로 본다. 그는 신자유주의 논리에 대해 "경제를 살리는 열쇠는 오로지 기업만이 쥐고 있으며, 기업 활동의 성쇠는 다시 투자자들에게 있으며, 그들의 투자 여부는 미래 수익에 대한 그들의 예측 평가에 달려 있다. 따라서 기업과 투자자의 의욕을 살리기 위해 경제뿐만 아니라 온 국가와 사회 전부가 전면적으로 개조되어야 한다는 것이다"며 다음과 같이 말한다.

"기업 활동에 장애가 되는 또 지구적 자본의 유입을 가로막는 모든 규제를 철폐해야 하며, 투자자들의 투자 의욕을 감퇴시키는 높은 세율과 '징벌적인' 조세정책들은 모두 낮추고 없애야 한다. 사회는 자본의 수익 창출에 필요한 인적 물적 자원을 언제든 제공할 수 있는 원천이 되어야 한다. 노동시장은 최대한 유연해져야 하며, 사회복지 지출은 최소화되어야 한다. 게다가 경제를 '살리고' 싶다면, 여기서 한 걸음 더 나아가야 한다. 국가는 기업과 투자자들이 기뻐하고 만족할 만한 정책과 제도들을 공격적으로 입안, 추진해야 하며 모든 개인과 사회 전체는 자신의 '자산 가치'를 올리기 위해 불철주야 스스로를 채찍질해야 한다."[30]

신자유주의가 그토록 많은 욕을 먹으면서도 지난 수십 년간 건재할 수 있었던 이유도 바로 여기에 있다. 이른바 '국가 경쟁력'을 앞세운 국가주의 논리가 다른 모든 가치를 압도했기 때문에 신자유주의의 어두운 그림자를 외면하는 일이 벌어진 것이다. 신자유주의로 인한 문제가 너무도 심각하다는 것이 밝혀진 이후에도 국가정책은 이른바 '경로 의존' 현상에 의해 관성을 갖고 지속되었다. 2008년 글로벌 금융 위기를 기점으로 신자유주의 이데올로기는 사실상 파산선고를 받았지만, 신자유주의 정책이 지속되었던 이유도 바로 여기에 있다.

2010년대 들어 IMF, OECD, 아시아개발은행 등 한때 신자유주의 경제의 아성이었던 국제기구에서도 임금 소득의 상승이 경제 성장의 실마리요, 복지의 강화야말로 성장의 전제 조건이라는 내용의 보고서들을 쏟아내기 시작했다.[31] 이에 대해 조효제는 "그렇게 경고

해도 듣지 않고 수많은 사람들의 삶을 망가뜨려 놓은 다음에야 뒷북을 치고 나오는 것을 도대체 어떻게 해석할 수 있을까"라고 개탄했다.[32]

신자유주의가 수많은 사람의 삶만 망가뜨려 놓은 게 아니라 그들의 정신까지도 망가뜨려 놓았다는 주장도 있다. 무한 경쟁을 강요하는 신자유주의가 견디기 어려운 인간성을 요구하면서 사람들이 실제로 그런 인간성을 갖게 되는 일이 벌어졌다는 것이다. 리처드 세넷Richard Sennett은 이미 20년 전 『신자유주의와 인간성의 파괴』(1998)에서 신자유주의로 인해 "인간성, 특히 다른 사람과 유대 관계를 맺으면서 지속가능한 자아sustainable self의 의식을 간직하는 인간성의 특징들이 훼손될 위기에 처한 것이다"고 주장했다.[33] 같은 맥락에서 조효제는 '신자유주의의 심리적 파괴성'에 대해 다음과 같이 말한다.

"경쟁이라는 말만 붙이면 그 내용이 무엇이든 무조건 공정하고, 경쟁에 의한 결과는 그것이 불평등이든 차별이든 무조건 최선이라는 경쟁 만능주의를 정상으로 받아들이게 되었다. 이런 분위기에서 보편적 평등 의식 따위는 사치스러운 농담으로 비친다. 경쟁 심리를 내면화한 대중은 자기가 '못나서' 낙오한 루저라면 차별당해도 마땅한 존재라고 무시하기에 이르렀다. 경쟁이 심한 사회일수록 자해, 거식증, 고립감, 성공에 강박적으로 집착하는 수행 불안증, 그리고 사회 불안 장애가 많이 나타난다."[34]

경쟁 심리의 내면화는 이른바 '잔인한 낙관주의'로 나타났다. 로런 벌랜트Lauren Berlant, 1957-는 『잔인한 낙관주의』(2011)에서 '좋은 삶'에 대한 환상을 마음속 깊이 붙들어두는 애착심이야말로 신자유주의 시대를 특징짓는 지배적 감정이라고 주장했다. 신자유주의가 지배하는 오늘날 우리에게 계층 상승, 안정된 직업, 친밀한 관계의 지속, 사회적 평등은 점점 더 달성하기 어려운 일이 되었지만, 우리가 원하는 것을 얻기가 어려워질수록 그것은 그만큼 더 좋은 것이 되며 좋은 삶에 대한 우리의 애착은 그 삶에 다가가기 어려운 정도에 비례해서 환상으로 발전된다는 것이다.[35]

신자유주의 비판은 꼭 필요하지만, 과유불급過猶不及의 원칙은 지키는 것이 좋겠다. 신자유주의를 가리켜 흔히 시장 만능주의라고도 하는데, 신자유주의 비판이 시장 만능주의를 넘어서 아예 시장 자체를 비판하는 수준으로까지 나아가는 건 옳지 않다는 뜻이다. 김기원이 잘 지적했듯이, 시장의 불완전성과 폭력성을 시정하는 일은 매우 중요하지만, 그렇다고 해서 경쟁에 의한 효율이라는 시장의 긍정성까지 무시해서는 안 된다는 뜻이다.[36]

신자유주의가 사람들의 정신까지도 망가뜨려 놓았다는 주장에 일리가 있다면, 신자유주의 이전의 정신 상태로 돌아가려면 어떻게 해야 할까? 세넷은 신자유주의로 인해 표류하는 삶을 구조하는 수단으로 '우리'를 제시했다. 그간 '우리'는 이민자들이나 외부인들에 대한 거부로 표출된 정서였지만, "그 위험한 대명사는 더욱 긍정적이며, 그리고 더욱 깊이 있는 탐험에 사용될 수 있다"는 이유에서다. 즉, 신자유주의의 신경제에서 도피하기보다는 신경제에 저항하기

위해서 지속적인 인격적 관계를 '우리'라는 단어의 사용에 포함시키는 게 어떻겠느냐는 것이다.[37]

그러나 그런 정도론 '루저'는 차별당해도 마땅하다고 생각하는 신자유주의적 사고 체계의 굴레를 벗어나긴 쉽지 않을 것이다. 어떤 대안을 모색하건 한 가지 분명한 사실은 신자유주의가 지배해온 세월이 30년에 이르렀기에 그 긴 세월에 형성된 삶의 방식과 정신을 바꾸는 데에도 적잖은 세월이 필요하다는 각성에 기반한 지속적인 실천일 것이다.

왜 트럼프 대통령은 반反이슬람 · 반反이민 정책을 펼까?

문명 충돌론

1989년 소련과 동구권의 사회주의 체제의 붕괴로 냉전체제가 종식되면서 인류는 급속한 세계화의 과정을 겪게 되었는데, 이 세계화가 "문명적 융합을 통한 국제적 표준의 수립이 아닌 미국적 표준의 세계화라는 일방주의의 함정"에 빠져들면서 자신들의 정체성을 지키고자 하는 사람들에겐 큰 불만으로 다가왔다.[38]

바로 이런 상황에서 미국 정치학자 새뮤얼 헌팅턴Samuel P. Huntington, 1927~2008은 이른바 '문명충돌론'을 들고 나왔다. 그는 1993년 『포린어페어스Foreign Affairs』에 기고한 「문명의 충돌?」이란 글에서 탈냉전 시대에 세계는 민족국가 간의 갈등이 아니라 '문명들을 갈라놓는 문화적 단층선'에 의해 규정될 것이며, 일정한 가치를 공유하는 집단이 다른 집단의 가치와 충돌한다고 주장했다. 즉, 기독교를 믿는 서방세계 대 여타 세계의 대결이라는 것이다. 이 글이 1996년 책으로 출간되면서 세계 외교계와 지식계가 떠들썩한 가운데 치열한 찬반 논쟁이 전개되었다.[39]

인간은 조상, 종교, 언어, 역사, 가치, 관습, 제도 등으로 자신을 규정한다. 인간은 정치를 단지 그들의 이익 추구만을 위해서만 사용하는 것은 아니며 그들의 정체성을 규명하기 위해 사용한다.[40] 헌팅턴이 자신의 논지를 뒷받침하기 위해 내세운 이런 전제들은 상당한 설득력이 있다. 문화적 갈등이 중요하다는 걸 부인할 사람은 없을 것이다. 그러나 헌팅턴이 빈부 격차의 양극화와 같은 문제를 외면하면서 문화적 갈등만을 강조하는 데에 이르러선 고개를 갸우뚱거리지 않을 수 없다.

헌팅턴의 문명 충돌론은 사실상 '종교 충돌론'이다. 그가 말하는 8개 문명권은 구미(기독교), 러시아·동유럽(그리스정교), 이슬람, 범중국(유교), 힌두, 일본, 아프리카, 남미 등인데, 이는 곧 종교권이다. 헌팅턴은 이슬람과 기독교 사이의 지속적이고 깊은 갈등적 관계에 비하면 20세기의 자유민주주의와 마르크스-레닌주의 사이의 갈등은 순간적이고 외양적인 역사적 현상에 지나지 않는다고 말한다. 맞는 말이다. 그러나 헌팅턴의 '문명 충돌론'이 설득력을 가지려면 눈앞에 닥친 정책적 문제에 대해선 침묵하고 조용히 문명사적인 차원에서 분석하는 것으로 그쳐야 했다.

그러나 그는 그렇게 하지 않았다. 바로 여기에 근본적인 문제가 있다. 헌팅턴이 이 책을 통해 유포시키고자 한 메시지는 유교와 이슬람 문명권이 연대하여 서방 세계의 이익과 가치, 힘에 도전하고 있는 마당에 미국은 유럽과 결속을 다져야지 이른바 '아시아·태평양 시대'와 같은 헛된 구호에 휘말려들어 그쪽에 신경을 쓰면 안 된다는 것이다.

그래서 헌팅턴이 '제2의 X'일지도 모른다는 주장이 제기되었다. 미국 외교관 조지 케넌George F. Kennan, 1904~2005은 1947년 7월 'X'라는 가명으로 쓴 『포린어페어스』 논문에서 소련의 팽창주의 세력화는 불가피하다고 주장했다. 그는 따라서 '기민하고 주의 깊게 대응 세력을 동원해' 소련을 봉쇄할 필요가 있다고 했다. 이렇게 해서 '봉쇄containment'라는 하나의 독트린이 탄생했고 그 이론은 1989년 소련 진영이 내부 붕괴할 때까지 서방 외교의 기조가 되어왔다. 그런데 1989년 이후 미국에선 근본적으로 달라진 국제질서에 대응할 만한 독트린이 나오지 않았다. 그런 상황에서 헌팅턴이 새로운 독트린으로 문명 충돌론을 제시한 게 아니냐는 것이다.

케넌은 소련의 팽창주의를 경고하기 위해 X라는 가명으로 논문을 썼다. 그렇다면 '제2의 X'로서 헌팅턴이 구체적으로 겨냥하는 건 무엇인가? 그건 소련의 해체 이후 누가 가장 강력한 미국의 경쟁자로 떠오르는지 그걸 생각하면 될 것이다. 그건 바로 중국이다. 중국은 새롭게 개막된다는 이른바 '아시아·태평양 시대'의 종주국으로 자처하는 건 물론 실제로 그렇게 부상하고 있었다. 중국의 부상에 대해 몹시 불편해하고 있던 미국은 2012년부터 중국을 포위하는 정책을 적극적으로 추진하기 시작했는데,[41] 이는 헌팅턴의 이론이 현실화되었음을 말해주는 것으로 볼 수 있다.

헌팅턴은 이슬람 인구가 늘어나는 것도 매우 불안하게 생각했다. 이슬람 인구는 과거 세계 인구 대비 18퍼센트에 못 미쳤으나 이젠 23퍼센트를 차지하고 있으며 21세기에는 50퍼센트 수준에 육박할 것이라는 점을 강조한다. 이슬람 근본주의의 영향력은 점점 커지고 있으며 이들은 극단적으로 반反서방적이라는 지적도 빠트리지 않는다.

2001년 9월 11일 오전 8시 45분, 그리고 20분 후, 미국 뉴욕의 세계무역센터에 오사마 빈 라덴Osama bin Laden, 1957~2011이 주도하는 테러 조직 알 카에다가 납치한 여객기 2대가 충돌함으로써 쌍둥이 빌딩은 무너지고 3,000여 명이 사망하는 전대미문의 끔찍한 테러 사건이 발생했다. 이 9·11 테러 이후 헌팅턴의 문명 충돌론은 새로운 주목을 받으면서 더욱 광범위하게 인용되었다. 9·11 테러 사건은 미국의 아프가니스탄 공격에 이어 2003년 3월 이라크 침략으로 비화되었다. 이라크 침략은 미국에 재앙에 가까운 결과를 초래했지만, 미국의 이슬람에 대한 불안과 반감은 도널드 트럼프 대통령의 노골적인 반反이슬람 언행과 정책으로 계승되고 있다.

이렇듯 헌팅턴의 메시지는 미국이 세계 헤게모니를 유지하기 위해서는 중국과 이슬람의 결탁을 억제해야 하며, 서방세계는 새로운 잠재적 적대 진영을 막기 위해 새로운 연대 전선을 구축해야 한다는 것으로 요약할 수 있다. 그러나 서동찬은 "속을 들여다보면 서구 문명과 이슬람 문명이 충돌하는 것이 아니라 세계 금융자본주의 시스템의 모순이 폭발하고 있다는 사실을 알 수 있다"며 "헌팅턴이 종결되었다고 선언했던 글로벌 차원에서의 사회경제적 갈등과 대립이 여전히 현시대 폭력과 분쟁의 중심에 놓여 있다는 것을 명심하면서, 종교와 문명의 충돌로 몰아가는 이들의 지배적 담론에 제동을 걸어야 한다"고 주장한다.[42]

문명 충돌론은 국제관계에만 적용되는 것이 아니라 미국 내의 다문화 정책에도 적용된다. 앞서 다문화주의에 관한 논의에서 보았듯이, 헌팅턴은 기독교의 약화를 우려한다. 그러나 그것보다 직접적이고 위험천만한 현상이 미국을 위협하고 있다고 헌팅턴은 경고한다. 그게 바로 다문화주의라는 것이다.[43]

헌팅턴은 2004년에 출간한 『우리는 누구인가?: 미국의 국가 정체성에 대한 도전』이란 책에선 그런 주장을 상세히 다루었다. 그는 미국은 탄생 때부터 개신교도의 국가였음을 강조하면서 그런 국가 정체성을 뒤흔드는 미국 내 문명 충돌의 양상을 다각적으로 분석하면서 다문화주의는 사실상 미국의 적이라는 메시지를 전했다.[44]

헌팅턴의 그런 우려와 공포를 해소해주겠다는 듯, 트럼프 대통령은 반反다문화주의를 넘어서 노골적인 인종차별주의 언행과 정책을 구사함으로써 문명 충돌론을 미국 내에서 구현하고 있다. 트럼프의 일관된 반反이민 노선도 미국 국내 문제를 문명 충돌론의 가치와 정체성에서 바라보는 데서 연유한 것이다.[45]

포퓰리즘 포퓰리즘은 영어로 people을 뜻하는 라틴어 populus에서 유래한 말로, 시대와 나라에 따라 다양한 정의가 있으나, 일반적으로 '반反엘리트주의적인 민중 영합주의'를 가리키는 말이다. 포퓰리즘은 대중 기반과 다계급적cross-class 구성을 지닌 정당 또는 정치 운동을 포괄하는 개념으로 '소외된 엘리트들'에 의한 리더십, 대중에 대한 직접적인 호소, 기존 정당의 취약성, 혁명적이라기보다는 개혁적인 경향, 단순하고 감정에 기반을 둔 대안 제시 등의 특성을 갖는다. 포퓰리즘은 사회주의와 비슷한 점이 많지만, 분노의 감정에 토대를 두고 있어 분노를 느끼는 대상이 누구인지에 따라 포퓰리즘의 성격이 달라지고, 여기서 좌파와 우파로 갈라지게 된다. 좌파든 우파든 근본적으로 반체제적이며, '낙오자들의 목소리rhetoric of the underdog'라는 주장도 있다. 강준만, 「한국 '포퓰리즘 소통'의 구조: '정치 엘리트 혐오'의 문화정치학」, 『스피치와 커뮤니케이션』, 제17호(2012년 6월), 7~38쪽.

트럼프는 대선 기간 중 세계화도 맹렬히 비판했는데, 지지자들은 2016년 대선은 세계화에 대한 국민투표의 성격을 가지며, 트럼프가 그 선봉에 있다고 보았다. 세계화를 향한 동력이 민주·공화뿐만 아니라 모든 엘리트를 결합시키는 구심점인데, 엘리트는 세계화의 수혜자로서 미국과 미국인에 대한 충성도가 없거나 낮다고 본 것이다. 트럼프의 이런 반反엘리트주의를 가리켜 '포퓰리즘populism'이라고 한다.[46]

헌팅턴의 '문명 충돌론'은 이론과 추상의 차원에서 논의될 때엔 설득력이 있는 면이 없진 않지만, 그것이 미국의 구체적인 외교정책으로 가시화될 때엔 여러 가지 심각한 문제점을 안고 있다. 무엇보다도 문명 충돌론은 '자기실현적 예언self-fulfilling prophecy'이 될 수 있다. 이런 가능성에 대해 헌팅턴은 "과거 30년 전에 제기됐던 미소美蘇 간

핵전쟁 가능성이 결국 이에 대한 우려로 인해 현실로 나타나지 않았듯이, 문명 충돌의 가능성을 직시함으로써 폭력 발생을 방지하는 자기부정적 예언self-denying prophesy으로 변할 가능성도 있다"고 반론을 폈지만,[47] 이미 보았듯이 지난 20여 년간 그의 예언은 현실로 나타났지 않은가.

미국을 비롯한 세계 강대국들이 문명 충돌론을 믿게 되면 세계적 차원의 인권 운동은 쇠퇴할 것이고 빈곤 문제는 더욱 심각해질 것이다. 또 강대국들은 '문명 충돌'이나 '문화 갈등'이라는 면죄부를 흔들면서 패권주의적 정책을 정당화하려 들 것이다. 국가 간 충돌은 불가피하다는 전제하에 국제관계를 바라보기보다는 평등하고 화합 지향적인 세계를 만드는 것은 가능하다는 믿음을 갖고 그 목표를 위해 애쓰는 것이 더 좋지 않을까?

왜 초연결 사회가 국가를 파멸의 위기에 빠뜨릴 수도 있는가?

연결 과잉

"상경한 근로자들은 농촌 공동체에서 고립된 생활을 접고 세계경제의 일부가 될 수 있었다. 서울은 한국인들만을 서로 연결해주는 것은 아니다. 서울은 오랫동안 한국과 세계국가들 사이의 연결고리역할을 해왔다. 서울은 한국과 아시아 국가들, 그리고 유럽과 미국을 연결하는 관문이다. 서울의 교통 인프라는 사람들뿐 아니라 그들의 머릿속에 담긴 아이디어가 한국의 안팎으로 흐를 수 있게 해준다."48

미국 하버드대학 경제학과 교수 에드워드 글레이저Edward Glaeser가 『도시의 승리』(2011)에서 혁신과 학습을 조장하는 데 도시가 가진

우위의 대표적 사례로 서울이 이룬 성공을 들면서 한 말이다. 서울은 수십 년 동안 전국 각지에서 많은 인재를 끌어오며 번영한 도시로서 위상을 높였는바, 서울의 크기와 범위는 서울을 위대한 혁신의 집합소로 만들었다는 것이다.

앞서 보았듯이, 도시의 그런 힘을 가리켜 '네트워크 효과network effect'라고 한다. 사실 서울이라고 하는 초일극 중앙집중화의 터전 위에 선 '아파트 공화국'이야말로 네트워크를 깔기에 가장 적합한 체제였다. 한국은 이미 2000년대 중반 국민의 절반 이상이 아파트에 거주할 뿐만 아니라 전화국 반경 4킬로미터 내에 거주하는 인구가 93퍼센트에 달해 인터넷 서비스 공급에도 매우 유리한 위치를 확보해 하드웨어에선 세계적인 인터넷 강국이 되었다.[49]

그러나 대도시가 제공하는 네트워크 효과엔 그만한 비용과 희생이 따르기 마련이다. 네트워크 효과로 성장한 거대 기업들이 독과점의 횡포를 저지르듯, 네트워크 효과는 그 효과에서 배제된 사람들에게 부당한 희생을 강요한다. 예컨대, "네트워크 효과가 상승작용을 일으켜서 마이크로소프트는 독점을 누리게 되었고, 그 독점이 너무 강력해진 나머지 소비자들은 마이크로소프트가 부리는 변덕의 포로가 되고 말았다".[50] 마찬가지로 서울이 정치, 경제, 사회, 문화 전반에 걸쳐 독점적 지위를 누리면서 지방은 '내부 식민지'로 전락하고 말았다.[51]

세계화는 네트워크 효과를 얻기 위한 연결망을 전 지구적 차원으로 확대시키면서 연결의 명암明暗을 증폭시키고 있다. 물론 그로 인

내부 식민지 내부 식민지internal colony는 식민지가 국가들 사이에서만 존재하는 게 아니라 한 국가 내에서도 극심한 지역 간 불평등의 형식으로 존재한다는 개념이다. 내부 식민지는 세계 도처에서 나타나고 있는 현상이지만, 한국은 수도권 집중도가 세계 최고 수준인 나라답게 그 정도가 심각한 편이다. 첫째, 경제적 종속이다. 한국은 수도권에 전체 경제력의 3분의 2, 국세 수입의 4분의 3, 100대 기업 본사의 95퍼센트, 예금의 70퍼센트 등이 집중되어 있으며, 지방의 빈곤율은 수도권의 빈곤율보다 2배 정도 높다. 둘째, 정치적 종속이다. 한국에서 '지방=중앙 정치의 식민지'라는 도식은 신문의 사설 제목으로 등장할 정도로 상식이 되었다. 셋째, 국가 엘리트의 독점이다. 한국에서 각 분야의 최고 엘리트는 지방 출신이라 하더라도 거의 대부분 '인서울' 대학 출신으로 서울 기득권에 동화되거나 포섭되어야만 그 지위를 유지·발전시킬 수 있다. 넷째, 소통 채널의 독점이다. 서울의 미디어 집중도는 세계에서 그 유례를 찾아보기 어려울 정도로 극심하다. 다섯째, 문화적 종속이다. 주요 문화적 인프라·자본·행사들이 서울에 집중되어 있으며, 유명 문화예술인들의 거의 대부분이 수도권에 살고 있다. 여섯째, 문화적 모멸이다. '지잡대' 운운하는 표현이 말해주듯이, 한국에서 지방 모멸은 매우 심하며, 지방 주민들은 그런 모멸에 정면 대응하기보다는 자녀를 서울에 진출시켜 성공케 하는, 즉 '개천에서 용 나는' 모델을 택하고 있다. 이런 내부 식민지 체제는 모든 한국인의 삶을 각박하고 피폐하게 만드는 주요 이유이지만, 모두 힘을 합쳐 그것을 바꾸려하기보다는 개인과 가족 중심으로 서울에 연결된 끈을 만들기 위한 각자도생各自圖生의 삶에만 몰두하고 있어 지속되고 있다. 강준만, 「지방의 '내부 식민지화'를 고착시키는 일상적 기제: '대학–매체–예산'의 트라이앵글」, 『사회과학연구』, 54집 2호(2015년 12월), 113~147쪽.

해 좋은 점이 많지만, 좋지 않은 점도 있다. 윌리엄 데이비도William H. Davidow는 『과잉 연결 시대』(2011)에서 인터넷 시대에 네트워크 효과를 낳게 하는 overconnectivity, 즉 '과잉 연결' 또는 '연결 과잉'은 통제 불능 등과 같은 수많은 부작용을 낳으면서 사회 전체를 파멸의 위기에 빠뜨릴 수도 있다고 경고한다.

"오늘날엔 연결성이 강화될수록 문제는 커지기만 한다. 지역적 문제가 국가적 문제로, 국가적 위기가 국제적 위기로 전개된다. 인터넷의 영향으로 모든 형태의 상호 연결성이 높아지고 견고해지면서, 사회는 점점 상호 의존 상태에 놓이게 되었다. 하지만 그 변화가 항상 나은 방향으로 진행된 것은 아니다. 2008년 경제 위기가 닥쳤을 때 이러한 상호 의존성은 그 어느 때보다 더 두드러졌다.……나는 우리가 겪은 금융 위기의 근본적 뿌리가 바로 '연결 과잉' 현상에 있다고 자신 있게 말할 수 있다."[52]

연결 과잉으로 인한 '문화 지체cultural lag'의 가속화 문제도 심각하다. 데이비도는 상호 연결성의 급작스러운 증가는 2가지 가능성을 안고 있다고 말한다. 첫째, 상호 연결성으로 말미암아 매우 급격한 변화가 일어날 가능성이다. 주변 환경이 기술의 변화를 따라잡지 못한다는 사실은 연결 과잉 현상이 상당한 문화 지체를 일으킬 수 있음을 의미한다. 둘째, 우리의 주변 환경은 우리와 연결된 여러 존재로 구성되는데, 연결성의 과도한 증가는 그 연결 존재를 갑작스럽게 변화시키며, 그에 따라 우리의 제도나 사회적 · 경제적 기관들 또한 급격한 환경 변화를 겪게 될 가능성이다. 엄청나게 민첩한 움직임을 보이지 못하는 한, 제도나 기관들은 환경 변화를 따라잡지 못하며, 이는 또다시 상당한 문화 지체 현상을 낳는다.[53]

어디 그뿐인가. 연결 과잉은 금융 위기 이상의 재난을 불러올 수도 있다. 찰스 페로Charles Perrow는 인간이 만든 복잡한 시스템은 참사의 위험을 늘 안고 있다는 걸 지적하기 위해 '정상 사고normal accidents'라는 개념을 제시했다. 아무리 안전장치를 강화한다 해도 피할 수 없는 사고, 즉 '정상 사고'가 있다는 것이다. 사고는 원래 비정상적인 것이기 때문에 '정상 사고'라는 말은 사실 형용모순이지만, 페로는 사고가 비정상적인 상태의 결과가 아니라 정상적인 상태의 결과로 일어난다는 것을 강조하기 위해 '정상 사고'라는 말을 썼다.

복잡하고 긴밀하게 연결된 시스템은 '상호작용성 복잡성interactive complexity'과 '긴밀한 연계성tight coupling'으로 인해 결코 100퍼센트의 안전을 보장할 수 없다. 따라서 이런 복잡계 시스템은 아예 구축하지 말아야 한다. 일상적이고 사소하지만 평범하기 짝이 없는 실수와 오류가 몇 개 이상 중첩될 경우 대형 사고가 발생할 수 있는데, 무슨 수로 인간의 그런 원초적 취약성을 완벽하게 할 수 있겠는가. 페로가 원자력발전소 건설을 강력히 반대하는 것도 바로 그런 이유 때문이다. 그럼에도 우리는 늘 사람 탓을 하는 데에 익숙해 있다. 페로는 이렇게 개탄한다. "우리는 항상 발전소 직원을 비난한다. '조작자 실수'라는 것이다."⁵⁴

그럼에도 디지털 혁명의 와중에서 연결은 다다익선多多益善이라는 믿음이 세상을 지배하고 있다. 복잡한 것은 전문가들이 알아서 해결할 일이라고 생각한다. 여기에 시장을 키우려는 자본 논리가 동력으로 작용하면서 세상은 그 어떤 위험에도 아랑곳하지 않고 연결 과잉으로 치닫고 있다. 이른바 '초연결 사회hyper-connected society'의 장밋빛 비전만이 요란스럽게 외쳐지고 있다. 2014년 5월 미래창조과학부가 '초연결 창조한국'을 전망으로 내세우면서 발표한 '정보통신

진흥 및 융합 활성화 기본계획(ICT 기본계획)'의 핵심은 모든 사람과 사물, 기기를 정보통신 네트워크로 연결하는 '사물인터넷Internet of Things'과 '똑똑해진' 네트워크, 즉 스마트 네트워크의 활용이다.[55] 이와 관련, 김재섭은 "정부가 사물인터넷을 너무 너그러운 눈으로 보는 게 우려스럽다"며 다음과 같이 말한다.

"미래부는 옛 정보통신부 시절 이메일의 마케팅 활용 및 기업들의 주민등록번호 이용과 관련해 '산업 육성'을 명분으로 너그러운 자세를 가졌다가 온 국민을 스팸 메일 및 개인정보 유출 노이로제에 시달리게 했다. 시스코 · 엠에스 · 구글 등 세계적인 정보기술 업체들이 한국 사람들의 신기술 수용 능력이 세계 최고 수준이라며 엄지손가락을 치켜세우는데, 뿌듯해할 필요 없다. 미국에서는 프라이버시 침해 등의 문제로 엄두도 못 내는 신제품 테스트를 한국에서는 쉽게 해볼 수 있는 데 대한 립서비스에 지나지 않기 때문이다."[56]

2017년 5월 150개국에서 20만 건이 넘는 피해를 발생시킨 랜섬웨어 '워너크라이WannaCry'는 통신으로 온 세계가 연결되는 '초연결사회'가 어떤 위험을 안고 있는지 적나라하게 드러냈다. 소수의 공격으로 세계가 마비될 수 있는 '사이버 아마겟돈Cyber Armageddon'의 경고라는 말까지 나왔다. 특히 금융 · 유통 등 주요 거래부터 전력 · 국방 등 기간시설까지 전산으로 연결된 현대사회에선 "초연결 사회가 초위험 사회나 마찬가지"라는 것이다.[57]

우리의 일상적 삶에서도 이른바 '접속 중독connectivity addiction'이 심화되면서 '축복받은 단절 상태blessedly disconnected'를 그리워하는 사람들이 늘고 있다.[58] 하지만 경제 시스템 자체가 '초연결 경제'로 질주하고 있는 상황에서,[59] 생존에 급급한 사람들에게 단절 상태는 결코 축복일 수 없으며 이미 성공한 사람들만이 누릴 수 있는 사치일 뿐이다.

문명사적 차원에서 내려와 우리가 현실적으로 주목해야 할 것은 우리가 연결 과잉으로 인해 빚어지는 문제의 원인을 전혀 다른 곳에서 찾으려드는 건 아닌가 하는 점이다. 연결 과잉이 낳는 새로운 유형의 인정투쟁이 한국 디지털 문화를 지배하는 가장 큰 동력은 아닐까? 악플의 난무도 그런 관점에서 이해할 수 있는 건 아닐까? 그렇다면, 연결 과잉이 초연결 사회의 미덕으로 칭송받는 한 그 어떤 해법도 존재할 수 없다는 이야긴데, 차라리 이런 의심이 과도한 것이라고 자위하는 게 나을지도 모르겠다. 그럼에도 우리 인간은 실수하게 되어 있다는 점만큼은 인정하는 게 좋을 것 같다.

연결 문제와 관련해 우리가 가장 중요하게 생각해야 할 것은 무엇을, 왜, 연결하느냐 하는 본질적인 문제다. 경제적 이익을 위한 연결은 과잉 상태인 반면, 홀로 고립된 섬처럼 살아가는 사람들을 위한 연결은 과소 상태가 아닌가? 연결을 위한 우리의 기술 인프라는 세계 최고 수준인 반면, 연결 부재로 인한 자살율이 세계 최고 수준인 것은 어떻게 이해해야 할까? 연결해야 할 것을 연결하고 단절해야 할 것을 단절하는 판단력을 키우고 실천하는 것이야말로 더 나은 사회로 가기 위한 조건이 아닐까?

주

머리말

1 임귀열, 「No politics is an island」, 『한국일보』, 2013년 1월 31일; 니컬러스 디폰조(Nicholas DiFonzo), 곽윤정 옮김, 『루머 사회: 솔깃해서 위태로운 소문의 심리학』(흐름출판, 2008/2012), 9쪽.

2 김성탁, 「영국 '외로움 담당 장관' 생겼다」, 『중앙일보』, 2018년 1월 18일.

3 이영창, 「1인 가구 · 한 부모 가정…달라지는 '가족의 표준'」, 『한국일보』, 2018년 1월 4일.

4 박선영, 「고독사 가장 많은 50대 독거남…'나비남'을 구하라」, 『한국일보』, 2017년 12월 23일.

5 김윤태, 『사회적 인간의 몰락: 왜 사람들은 고립되고 원자화되고 파편화되는가?』(이학사, 2015), 9~54쪽.

6 에릭 바인하커(Eric D. Beinhocker), 안현실 · 정성철 옮김, 『부는 어디에서 오는가: 진화하는 경제 생태계에서 찾은 '진짜' 부의 기원』(알에이치코리아, 2006/2015), 701쪽.

7 장상환, 「역자 후기: 하일브로너의 생애와 경제사상」, 로버트 L. 하일브로너, 장상환 옮김, 『세속의 철학자들: 위대한 경제사상가들의 생애, 시대와 아이디어』(이마고, 2005), 459~460쪽.

8 홍진수, 「국민 10명 중 9명 '인지적 오류' 습관」, 『경향신문』, 2017년 2월 18일.

9 조현욱, 「정치적 온건파 만드는 2가지 방법」, 『중앙일보』, 2012년 11월 6일.

제1장 자유

1 돈 왓슨(Don Watson), 정회성 옮김, 『기차를 타고 아메리카의 일상을 관찰하다: 이방인의 시선으로 쓴 아메리카 대륙횡단기』(휴머니스트, 2008/2013), 376, 460쪽.

2 이사야 벌린(Isaiah Berlin), 박동천 옮김, 『자유론』(아카넷, 2002/2006), 343~344쪽.

3 진태원, 「냉전의 시대, 다원적 가치 옹호한 자유주의」, 『한겨레』, 2014년 5월 19일.

4 애덤 스위프트(Adam Swift), 김비환 옮김, 『정치의 생각: 정의에서 민주주의까지』(개마고원,

2006/2011), 87~88쪽.

5 조승래, 「공화주의 자유론에 대하여」, 『서양사학연구』, 15권(2006년 12월), 121쪽.

6 진태원, 「냉전의 시대, 다원적 가치 옹호한 자유주의」, 『한겨레』, 2014년 5월 19일.

7 애덤 스위프트(Adam Swift), 김비환 옮김, 『정치의 생각: 정의에서 민주주의까지』(개마고원, 2006/2011), 5~6, 86쪽.

8 조승래, 「공화주의 자유론에 대하여」, 『서양사학연구』, 15권(2006년 12월), 121~123쪽; 임정아, 「불간섭으로서의 자유와 "종속으로부터의 자유" 비교」, 『범한철학』, 64권(2012년 3월), 117쪽.

9 김범춘, 「신공화주의 정치철학에서의 자유의 문제」, 『통일인문학』, 64권(2015년 12월), 165~166쪽.

10 조승래, 「공화주의 자유론에 대하여」, 『서양사학연구』, 15권(2006년 12월), 140~141쪽.

11 오토 랑크(Otto Rank), 정명진 옮김, 『심리학을 넘어서』(부글북스, 2015), 60쪽.

12 홍윤기, 「자유」, 우리사상연구소 엮음, 『우리말 철학사전 1』(지식산업사, 2001), 304~335쪽.

13 에리히 프롬(Erich Fromm), 이상두 옮김, 『자유에서의 도피』(범우사, 1941/1988), 144쪽.

14 에리히 프롬(Erich Fromm), 이상두 옮김, 「머리말(II)」, 『자유에서의 도피』(범우사, 1941/1988), 16쪽.

15 Erich Fromm, 『Escape from Freedom』(New York: Avon Books, 1941/1970), pp.194~195.

16 에리히 프롬(Erich Fromm), 문국주 옮김, 『불복종에 관하여』(범우사, 1987), 21쪽.

17 에리히 프롬(Erich Fromm), 이상두 옮김, 『자유에서의 도피』(범우사, 1941/1988), 183쪽.

18 Erich Fromm, 오제운 옮김, 『To Have or to Be?(소유냐 존재냐?)』(YBM Si-sa, 1976/1986), 199쪽.

19 리처드 플로리다(Richard Florida), 이길태 옮김, 『창조적 변화를 주도하는 사람들』(전자신문사, 2002/2002), 72쪽.

20 루터 S. 루드케(Luther S. Luedtke), 「미국 국민성의 탐색」, 루터 S. 루드케(Luther S. Luedtke) 편, 고대 영미문학연구소 옮김, 『미국의 사회와 문화』(탐구당, 1987/1989), 29쪽.

21 로버트 캐플런(Robert D. Kaplan), 장병걸 옮김, 『무정부시대가 오는가』(코기토, 2001), 101쪽.

22 해나 아렌트(Hannah Arendt), 김선욱 옮김, 『예루살렘의 아이히만: 악의 평범성에 대한 보고서』(한길사, 1963/2006), 349~391쪽; 김선욱, 『정치와 진리』(책세상, 2001), 111~113쪽; 김선욱, 『한나 아렌트 정치 판단 이론: 우리 시대의 소통과 정치 윤리』(푸른숲, 2002), 34~35쪽; 이진우, 「근본악과 세계애의 사상」, 해나 아렌트(Hannah Arendt), 이진우·태정호 옮김, 『인간의 조건』(한길사, 1996), 29쪽.

23 김재휘, 『설득 심리 이론』(커뮤니케이션북스, 2013), 20~21쪽; 김경일, 「권위와 복종: 왜 불공정함도 따를까」, 『네이버캐스트』, 2011년 10월 24일.

24 엘리엇 애런슨(Elliot Aronson), 윤진·최상진 옮김, 『사회심리학(개정5판)』(탐구당, 1988/1991), 37쪽; 황상민, 『사이버공간에 또 다른 내가 있다: 인터넷세계의 인간 심리와 행동』(김영사, 2000), 147~149쪽; 리처드 와이즈먼(Richard Wiseman), 박세연 옮김, 『립잇업: 멋진 결과를 만드는 작은 행동들』(웅진지식하우스, 2012/2013), 305~310쪽; 폴 에얼릭(Paul R. Ehrlich)·로버트 온스타인(Robert Ornstein), 고기탁 옮김, 『공감의 진화: '우리' 대 '타인'을 넘어선 공감의 진화인류학』(에이도스, 2010/2012), 188~189쪽.

25 주성하, 「인성(人性) 말살하는 교도소」, 『동아일보』, 2004년 5월 8일, A10면; 홍성태, 「전쟁국가 미국, 잔악한 미군」, 『황해문화』, 제44호(2004년 가을), 321~331쪽; Mohammad A. Auwal, 「The Bush Team's Moral Ethos: An Ethical Critique of the Iraq War」, Steve May, ed., 『Case Studies in Organizational Communication: Ethical Perspectives and Practices』(Thousand Oaks, CA: Sage, 2006), pp.99~100.

26 로렌 슬레이터(Lauren Slater), 조증열 옮김, 『스키너의 심리상자 열기』(에코의서재, 2004/2005), 70쪽; 「Situationism(psychology)」, 『Wikipedia』; 마이클 셔머(Michael Shermer), 박종성 옮김, 『경제학이 풀지 못한 시장의 비밀』(한국경제신문, 2008/2013), 371쪽.

27 콰메 앤서니 애피아(Kwame Anthony Appiah), 이은주 옮김, 『윤리학의 배신』(바이북스, 2008/2011), 85쪽.

28 황상민, 『사이버공간에 또 다른 내가 있다: 인터넷세계의 인간 심리와 행동』(김영사, 2000), 150쪽.

29 로랑 베그(Laurent Bègue), 이세진 옮김, 『도덕적 인간은 왜 나쁜 사회를 만드는가』(부키, 2011/2013), 258~259쪽.

30 엘리엇 애런슨(Elliot Aronson), 박재호 옮김, 『인간, 사회적 동물: 사회심리학에 관한 모든 것』(탐구당, 2012/2014), 50쪽; 정인숙, 『커뮤니케이션 핵심 이론』(커뮤니케이션북스, 2013), 60~61쪽; 이남석, 『편향: 나도 모르게 빠지는 생각의 함정』(옥당, 2013), 153~158쪽; 정승양, 「주변 환경 따라 달라지는 인간의 행동」, 『서울경제』, 2013년 1월 11일.

31 그레고리 번스(Gregory Berns), 김정미 옮김, 『상식파괴자』(비즈니스맵, 2008/2010), 152쪽.

32 마크 뷰캐넌(Mark Buchanan), 김희봉 옮김, 『사회적 원자: 세상만사를 명쾌하게 해명하는 사회물리학의 세계』(사이언스북스, 2007/2010), 128쪽.

33 샘 소머스(Sam Sommers), 임현경 옮김, 『무엇이 우리의 선택을 좌우하는가: 우리의 감정, 행동, 결정을 주도하는 보이지 않는 힘』(청림출판, 2011/2013), 135~136쪽.

34 로랑 베그(Laurent Bègue), 이세진 옮김, 『도덕적 인간은 왜 나쁜 사회를 만드는가』(부키, 2011/2013), 98쪽.

35 나은영, 『행복 소통의 심리』(커뮤니케이션북스, 2013), 65~67쪽.

36 나은영, 『행복 소통의 심리』(커뮤니케이션북스, 2013), 61~63쪽.

37 데이비드 맥레이니(David McRaney), 박인균 옮김, 『착각의 심리학』(추수밭, 2011/2012), 338~339쪽.

38 실뱅 들루베(Sylvain Delouvee), 문신원 옮김, 『당신의 이성을 마비시키는 그럴듯한 착각들』(지식채널, 2013), 80쪽.

39 맷 리들리(Matt Ridley), 김한영 옮김, 『본성과 양육』(김영사, 2003/2004), 356~357쪽.

40 Alvin Toffler, 『Future Shock』(New York: Bantam Books, 1970), pp.263~283.

41 Susie Dent, 『fanboys and overdogs: the language report』(New York: Oxford University Press, 2005), p.9.

42 케빈 켈리(Kevin Kelly), 이한음 옮김, 『기술의 충격: 테크놀로지와 함께 진화하는 우리의 미래』(민음사, 2010/2011), 348~349쪽; 김헌식, 『의외의 선택, 뜻밖의 심리학』(위즈덤하우스, 2010), 99쪽.

43 시나 아이엔가(Sheena Iyengar), 오혜경 옮김, 『선택의 심리학: 어떻게 선택할 것인가』(21세기북스, 2010), 295~351쪽; 바스 카스트(Bas Kast), 정인회 옮김, 『선택의 조건: 사람은 무엇으로 행복을 얻는가』(한국경제신문, 2012), 42~58쪽.

44 하야시 노부유키, 김정환 옮김, 『스티브 잡스의 명언 50』(스펙트럼북스, 2009/2010), 74~75쪽.

45 폴커 키츠(Volker Kitz) · 마누엘 투쉬(Manuel Tusch), 홍성광 옮김, 『우리는 왜 혼자일 때 행복할까』(문학동네, 2011), 29쪽.

46 배리 슈워츠(Barry Schwartz), 형선호 옮김, 『선택의 심리학』(웅진지식하우스, 2004/2005), 80~81쪽.

47 더글러스 러시코프(Douglas Rushkoff), 김상현 옮김, 『통제하거나 통제되거나: 소셜 시대를 살아가는 10가지 생존법칙』(민음사, 2010/2011), 65~72쪽.

48 조지프 나이(Joseph Nye), 홍수원 옮김, 『제국의 패러독스: 외교전문가 조지프 나이의 미국 진단』(세종연구원, 2002), 114쪽.

49 심슨 가핀켈(Simson Garfinkel), 한국데이터베이스진흥센터 옮김, 『데이터베이스 제국』(한빛미디어, 2001), 397~398쪽; 「Collaborative filtering」, 「Wikipedia」.

50 엘리 패리저(Eli Pariser), 이현숙·이정태 옮김, 『생각 조종자들』(알키, 2011), 41~42쪽.

51 심슨 가핀켈(Simson Garfinkel), 한국데이터베이스진흥센터 옮김, 『데이터베이스 제국』(한빛미디어, 2001), 406쪽.

52 앨리 러셀 혹실드(Arlie Russell Hochschild), 류현 옮김, 『나를 빌려드립니다: 구글 베이비에서 원톨로지스트까지, 사생활을 사고파는 아웃소싱 자본주의』(이매진, 2012/2013), 353~357쪽.

53 이준구, 『36.5℃ 인간의 경제학: 경제행위 뒤에 숨겨진 인간의 심리 탐구』(알에이치코리아, 2009), 125~126쪽.

제2장 정의

1 아마티아 센(Amartya Sen), 박우희 옮김, 『자유로서의 발전』(세종연구원, 1999/2001), 84쪽; 김만권, 『정치에 반하다』(궁리, 2017), 128~129쪽.

2 제러미 벤담(Jeremy Bentham), 고정석 옮김, 『도덕과 입법의 원리 서설』(나남, 1789/2011), 27~28쪽; 김만권, 『정치에 반하다』(궁리, 2017), 129쪽; 마이클 샌델(Michael J. Sandel), 이창신 옮김, 『정의란 무엇인가』(김영사, 2009/2010), 55쪽.

3 이태숙, 「공리주의」, 김영한 엮음, 『서양의 지적운동 II』(지식산업사, 1998), 142, 160쪽.

4 김만권, 『정치에 반하다』(궁리, 2017), 129~131쪽; 프랭크 러벳(Frank Lovett), 김요한 옮김, 『롤스의 '정의론' 입문』(서광사, 2011/2013), 19~20쪽.

5 홍윤기 외, 「한국의 정치철학자들, 정의란 무엇인가를 따지다」, 『시민과세계』, 18권(2010년 12월), 267쪽.

6 마이클 샌델(Michael J. Sandel), 이창신 옮김, 『정의란 무엇인가』(김영사, 2009/2010), 153~155쪽.

7 마이클 샌델(Michael J. Sandel), 이창신 옮김, 『정의란 무엇인가』(김영사, 2009/2010), 148~149쪽.

8 마이클 샌델(Michael J. Sandel), 이창신 옮김, 『정의란 무엇인가』(김영사, 2009/2010), 157~158, 161~162쪽.

9 조너선 하이트(Jonathan Haidt), 왕수민 옮김, 『바른 마음: 나의 옳음과 그들의 옳음은 왜 다른가』(웅진지식하우스, 2012/2014), 227~230쪽.

10 마이클 샌델(Michael J. Sandel), 이창신 옮김, 『정의란 무엇인가』(김영사, 2009/2010), 361쪽; 김영기, 「마이클 샌델의 정의관 비판: 『정의란 무엇인가』를 중심으로」, 『동서사상』, 10권(2011년 2월), 6쪽.

11 애덤 스위프트(Adam Swift), 김비환 옮김, 『정치의 생각: 정의에서 민주주의까지』(개마고원, 2006/2011), 57쪽.

12 존 롤스(John Rawls), 황경식 옮김, 『사회정의론』(서광사, 1971/1985), 12~13쪽; 김만권, 『불평등의 패러독스: 존 롤스를 통해 본 정치와 분배정의』(개마고원, 2004), 73쪽; 프랭크 러벳(Frank Lovett), 김요한 옮김, 『롤스의 '정의론' 입문』(서광사, 2011/2013), 23쪽.

13 문종대, 「언론 보도 기준: 공리주의의 한계」, 『언론학연구』, 15권1호(2011년 2월), 57~58쪽.

14 마이클 샌델(Michael J. Sandel), 이창신 옮김, 『정의란 무엇인가』(김영사, 2009/2010), 36~40쪽.

15 홍윤기 외, 「한국의 정치철학자들, 정의란 무엇인가를 따지다」, 『시민과세계』, 18권(2010년 12

월), 263~264, 296쪽.

16 마이클 샌델(Michael J. Sandel), 이창신 옮김, 『정의란 무엇인가』(김영사, 2009/2010), 54쪽.

17 존 롤스(John Rawls), 황경식 옮김, 『사회정의론』(서광사, 1971/1985), 26쪽.

18 존 롤스(John Rawls), 황경식 옮김, 『사회정의론』(서광사, 1971/1985), 137~208쪽; 데이비드 존
스턴(David Johnston), 정명진 옮김, 『정의의 역사』(부글북스, 2011), 324~325쪽; 디팩 맬호트
라(Deepak Malhotra) · 맥스 베이저먼(Max H. Bazerman), 안진환 옮김, 『협상 천재』(웅진지식
하우스, 2007/2008), 192쪽.

19 김만권, 『정치에 반하다』(궁리, 2017), 139~142쪽.

20 존 롤스(John Rawls), 황경식 옮김, 『사회정의론』(서광사, 1971/1985), 33~34쪽; 황경식,
「세기의 정의론자 존 롤스」, 존 롤스(John Rawls), 황경식 옮김, 『정의론(개정판)』(이학사,
1999/2003), 758쪽; 마이클 샌델(Michael J. Sandel), 이창신 옮김, 『정의란 무엇인가』(김영사,
2009/2010), 198, 210~211쪽.

21 존 롤스(John Rawls), 황경식 옮김, 『사회정의론』(서광사, 1971/1985), 375~402쪽; 존 롤스
(John Rawls), 황경식 옮김, 『정의론(개정판)』(이학사, 1999/2003), 400쪽.

22 애덤 스위프트(Adam Swift), 김비환 옮김, 『정치의 생각: 정의에서 민주주의까지』(개마고원,
2006/2011), 47~48쪽; 김만권, 『불평등의 패러독스: 존 롤스를 통해 본 정치와 분배정의』(개
마고원, 2004), 96~97쪽; 김주성, 「21세기와 고전/존 롤스 '정의론': '최저임금제'가 필요한 이
유」, 『조선일보』, 2007년 2월 3일, D7면.

23 김주성, 「21세기와 고전/존 롤스 '정의론': '최저임금제'가 필요한 이유」, 『조선일보』, 2007년 2
월 3일, D7면.

24 존 롤스(John Rawls), 황경식 옮김, 『사회정의론』(서광사, 1971/1985), 39~42쪽; 홍성우, 「롤즈
의 정치적 자유주의에 대한 샌델의 비판」, 『범한철학』, 33권(2004년 6월), 21쪽.

25 존 롤스(John Rawls), 황경식 옮김, 『사회정의론』(서광사, 1971/1985), 375~402쪽; 맹주만, 「롤
스와 샌델, 공동선과 정의감」, 『철학탐구』, 32권(2012년 11월), 340~341쪽; 에이프릴 카터(April
Carter), 조효제 옮김, 『직접행동: 21세기 민주주의, 거인과 싸우다』(교양인, 2005/2006), 354쪽.

26 장영민, 「드워킨 1931-2013」, 『법철학연구』, 19권 1호(2016년 4월), 20쪽.

27 셸던 월린(Sheldon S. Wolin), 강정인 외 옮김, 『정치와 비전: 서구 정치사상에서의 지속과 혁
신 3』(후마니타스, 2004/2013), 262~273쪽.

28 존 롤스(John Rawls), 장동진 옮김, 『정치적 자유주의』(동명사, 1993/1998), 58쪽.

29 Jordan Almond, 『Dictionary of Word Origins: A History of the Words, Expressions, and
Cliches We Use』(Secaucus, NJ: Citadel Press, 1997), p.37; 「Blind Justice」, 『Wikipedia』.

30 이양수, 「해제/샌델과 자유주의 비판」, 마이클 샌델(Michael J. Sandel), 이양수 옮김, 『정의의
한계』(멜론, 1982/2012), 33쪽.

31 마이클 샌델(Michael J. Sandel), 이양수 옮김, 『정의의 한계』(멜론, 1982/2012), 266~281
쪽; 장은주, 『정치의 이동: 분배정의를 넘어 존엄으로 진보를 리프레임하라』(상상너머, 2012),
187~188쪽.

32 김선욱, 「해제/마이클 샌델과 정의론」, 마이클 샌델(Michael J. Sandel), 이목 옮김, 『마이클 샌
델의 하버드 명강의』(김영사, 2010/2011), 425~426쪽.

33 마이클 샌델(Michael J. Sandel), 이창신 옮김, 『정의란 무엇인가』(김영사, 2009/2010); 김호기,
「[김호기의 세상을 뒤흔든 사상 70년] (15) '공정으로서의 정의' 설파…정의를 정치철학으로 복
귀시키다」, 『경향신문』, 2016년 6월 30일.

34 홍윤기 외, 「한국의 정치철학자들, 정의란 무엇인가를 따지다」, 『시민과세계』, 18권(2010년 12월),
283쪽; 전병근, 「40년 正義만 팠다, 문제는 정의가 아니라 德」, 『조선일보』, 2012년 8월 4일.

35 존 롤스(John Rawls), 장동진 옮김, 『정치적 자유주의』(동명사, 1993/1998), 214쪽; 홍성우, 「롤 즈의 정치적 자유주의에 대한 샌델의 비판」, 『범한철학』, 33권(2004년 6월), 5~31쪽.

36 맹주만, 「롤스와 샌델, 공동선과 정의감」, 『철학탐구』, 32권(2012년 11월), 319~320쪽.

37 맹주만, 「롤스와 샌델, 공동선과 정의감」, 『철학탐구』, 32권(2012년 11월), 334~338쪽.

38 김영기, 「마이클 샌델의 정의관 비판: 『정의란 무엇인가』를 중심으로」, 『동서사상』, 10권(2011년 2월), 12~14쪽.

39 스테판 뮬홀(Stephen Mulhall)·애덤 스위프트(Adam Swift), 김해성·조영달 옮김, 『자유주의 와 공동체주의』(한울아카데미, 1992/2001), 106~107쪽.

40 김영기, 「마이클 샌델의 정의관 비판: 『정의란 무엇인가』를 중심으로」, 『동서사상』, 10권(2011년 2월), 23쪽.

41 마이클 샌델(Michael J. Sandel), 이창신 옮김, 『정의란 무엇인가』(김영사, 2009/2010), 309쪽.

42 김선욱, 「추천사/마이클 샌델의 정치사상 토대를 담은 필독서」, 마이클 샌델(Michael J. Sandel), 이양수 옮김, 『정의의 한계』(멜론, 1982/2012), 10쪽.

43 마이클 샌델(Michael Sandel), 김선욱 외 옮김, 『공동체주의와 공공성』(철학과현실사, 2008), 10쪽.

44 송재룡, 『포스트모던 시대와 공동체주의』(철학과현실사, 2001), 110쪽.

45 김의수, 「한국 사회와 공동체」, 사회와철학연구회 편, 『세계화와 자아 정체성: 사회와철학 1』(이 학사, 2001), 214쪽.

46 김의수, 「한국 사회와 공동체」, 사회와철학연구회 편, 『세계화와 자아 정체성: 사회와철학 1』(이 학사, 2001), 215~216쪽.

47 롤프 도벨리(Rolf Dobelli), 두행숙 옮김, 『스마트한 생각들: 사람의 마음을 움직이는 52가지 심 리 법칙』(걷는나무, 2011/2012), 177~178쪽; 댄 애리얼리(Dan Ariely), 장석훈 옮김, 『상식 밖의 경제학』(청림출판, 2008), 249쪽; 「Placebo button」, 『Wikipedia』.

48 이계평, 「'나라면' 자주 쓰는 CEO…'통제의 환상'에 빠지기 쉽다」, 『한국경제』, 2013년 3월 7일.

49 한규석, 『사회심리학의 이해』(학지사, 1995), 143~144쪽; 데이비드 맥레이니(David McRaney), 박인균 옮김, 『착각의 심리학』(추수밭, 2011/2012), 122~126쪽; 「Just-world hypothesis」, 『Wikipedia』; 강준만, 「왜 파워포인트 프레젠테이션은 우리의 적이 되었는가?: 통제의 환상」, 『감정 독재: 세상을 꿰뚫는 50가지 이론』(인물과사상사, 2013), 31~37쪽 참고.

50 리처드 스미스(Richard H. Smith), 이영아 옮김, 『쌤통의 심리학: 타인의 고통을 즐기는 은밀한 본성에 관하여』(현암사, 2013/2015), 145쪽.

51 닐 로즈(Neal Roese), 허태균 옮김, 『이프(If)의 심리학: 실패를 성공으로 바꾸는 후회의 재발견』 (21세기북스, 2005/2008), 135~136쪽.

52 엘리엇 애런슨(Elliot Aronson), 박재호 옮김, 『인간, 사회적 동물: 사회심리학에 관한 모든 것』 (탐구당, 2012/2014), 479쪽.

53 Markus Appel, 「Fictional Narratives Cultivate Just-World Beliefs」, 『Journal of Communication』, 58(2008), pp.62~83; 조너선 갓셜(Jonathan Gottschall), 노승영 옮김, 『스 토리텔링 애니멀: 인간은 왜 그토록 이야기에 빠져드는가』(민음사, 2012/2014), 168쪽.

54 「시적 정의[詩的 正義, Poetic justice, Poetische Gerechtigkeit]」, 『네이버 지식백과』.

55 폴커 키츠(Volker Kitz)·마누엘 투쉬(Manuel Tusch), 김희상 옮김, 『스마트한 심리학 사용법』 (갈리온, 2013/2014), 201~205쪽.

56 앤서니 기든스(Anthony Giddens)·필립 서튼(Philip W. Sutton), 김봉석 옮김, 『사회학의 핵 심 개념들』(동녘, 2014/2015), 404~405쪽; 마이클 가자니가(Michael S. Gazzaniga), 박인균 옮김, 『뇌로부터의 자유: 무엇이 우리의 생각, 감정, 행동을 조종하는가?』(추수밭, 2011/2012),

308~313쪽; 데이비드 존스턴(David Johnston), 정명진 옮김, 『정의의 역사』(부글북스, 2011), 51~52쪽.

57 하워드 제어(Howard Zehr), 손진 옮김, 『회복적 정의란 무엇인가?: 범죄와 정의에 대한 새로운 접근』(KAP, 1990/2010), 213~216쪽.

58 하워드 제어(Howard Zehr), 손진 옮김, 『회복적 정의란 무엇인가?: 범죄와 정의에 대한 새로운 접근』(KAP, 1990/2010), 259쪽.

59 로랑 베그(Laurent Bègue), 이세진 옮김, 『도덕적 인간은 왜 나쁜 사회를 만드는가』(부키, 2011/2013), 131쪽.

60 마이클 가자니가(Michael S. Gazzaniga), 박인균 옮김, 『뇌로부터의 자유: 무엇이 우리의 생각, 감정, 행동을 조종하는가?』(추수밭, 2011/2012), 313쪽.

61 김민지, 「회복적 사법[restorative justice]」, 『심리학용어사전』(한국심리학회, 2014); 『네이버 지식백과』.

62 박숙영, 『공동체가 새로워지는 회복적 생활교육을 만나다』(좋은교사, 2014), 49~51쪽.

63 전호성, 「학폭법, 치유와 반성은 없고 법적 의무만」, 『내일신문』, 2017년 6월 20일.

64 심재훈, 「"갈등 해결에 벌보다 반성·성찰·치유 우선해야"」, 『김해뉴스』, 2017년 6월 28일.

65 정양환·유원모, 「유전무죄-무전유죄…"여전히 돈 없고 빽 없으면 서럽다"」, 『동아일보』, 2017년 1월 25일.

제3장 평등

1 로버트 노직(Robert Nozick), 남경희 옮김, 『아나키에서 유토피아로: 자유주의 국가의 철학적 기초』(문학과지성사, 1974/1997); 애덤 스위프트(Adam Swift), 김비환 옮김, 『정치의 생각: 정의에서 민주주의까지』(개마고원, 2006/2011), 55쪽.

2 박홍규, 『아나키즘 이야기: 자유·자치·자연』(이학사, 2004), 47쪽.

3 마이클 샌델(Michael J. Sandel), 이창신 옮김, 『정의란 무엇인가』(김영사, 2009/2010), 91쪽; 손제민, 「미국 젊은층에 리버테리언 바람…고민 깊어지는 공화당」, 『경향신문』, 2013년 8월 24일.

4 조효제, 『인권의 지평: 새로운 인권 이론을 위한 밑그림』(후마니타스, 2016), 149쪽.

5 양성희, 「분수대/리버테리언」, 『중앙일보』, 2007년 3월 3일, 31면.

6 장동진·김만권, 「노직의 자유 지상주의: 소극적 자유의 이상」, 『정치사상연구』, 3권(2000년 11월), 196~197쪽.

7 로버트 노직(Robert Nozick), 남경희 옮김, 『아나키에서 유토피아로: 자유주의 국가의 철학적 기초』(문학과지성사, 1974/1997), 192~196쪽; 장동진·김만권, 「노직의 자유 지상주의: 소극적 자유의 이상」, 『정치사상연구』, 3권(2000년 11월), 209~211쪽.

8 장동진·김만권, 「노직의 자유 지상주의: 소극적 자유의 이상」, 『정치사상연구』, 3권(2000년 11월), 212쪽; 홍윤기 외, 「한국의 정치철학자들, 정의란 무엇인가를 따지다」, 『시민과세계』, 18권(2010년 12월), 285쪽.

9 로버트 노직(Robert Nozick), 남경희 옮김, 『아나키에서 유토피아로: 자유주의 국가의 철학적 기초』(문학과지성사, 1974/1997), 212~220쪽; 장동진·김만권, 「노직의 자유 지상주의: 소극적 자유의 이상」, 『정치사상연구』, 3권(2000년 11월), 212~213쪽; 김비환, 「21세기와 고전 (7) 로버트 노직 '아나키, 국가, 그리고 유토피아': '최소국가'만이 자유를 보장한다」, 『조선일보』, 2007년 2월 10일, D11면.

10 목광수, 「로버트 노직의 『아나키, 국가, 그리고 유토피아』: 자유 지상주의를 통한 유토피아를 위하여」, 『철학과현실』, 92권(2012년 3월), 224쪽.

11 김영기, 「마이클 샌델의 정의관 비판: 『정의란 무엇인가』를 중심으로」, 『동서사상』, 10권(2011년 2월), 10쪽.

12 김만권, 『세상을 보는 열일곱 개의 시선: 정치와 사회에 관한 철학에세이』(개마고원, 2007), 154쪽.

13 로널드 드워킨(Ronald M. Dworkin), 염수균 옮김, 『자유주의적 평등』(한길사, 2000/2005), 500~503쪽; 조지프 피시킨(Joseph Fishkin), 유강은 옮김, 『병목 사회: 기회의 불평등을 넘어서기 위한 새로운 대안』(문예출판사, 2014/2016), 79쪽.

14 로널드 드워킨(Ronald M. Dworkin), 염수균 옮김, 『자유주의적 평등』(한길사, 2000/2005), 49~50쪽; 김만권, 『정치에 반하다』(궁리, 2017), 57~58쪽.

15 애덤 스위프트(Adam Swift), 김비환 옮김, 『정치의 생각: 정의에서 민주주의까지』(개마고원, 2006/2011), 107~110쪽.

16 로널드 드워킨(Ronald M. Dworkin), 염수균 옮김, 『자유주의적 평등』(한길사, 2000/2005), 49~50쪽; 에이프릴 카터(April Carter), 조효제 옮김, 『직접행동: 21세기 민주주의, 거인과 싸우다』(교양인, 2005/2006), 364쪽; 김만권, 『정치에 반하다』(궁리, 2017), 60~62쪽.

17 로널드 드워킨(Ronald M. Dworkin), 염수균 옮김, 『자유주의적 평등』(한길사, 2000/2005), 136~144쪽; 손철성, 「적극적 우대 조치의 정당화 논변에 대한 고찰: 대학 입학 할당제를 중심으로」, 『윤리교육연구』, 36권(2015년 4월), 207쪽.

18 로널드 드워킨(Ronald M. Dworkin), 염수균 옮김, 『자유주의적 평등』(한길사, 2000/2005), 147~160쪽; 박상혁, 「자유주의 정의론에서 평등과 책임의 요구: 드워킨의 롤즈 비판에 대한 응답」, 『철학연구』, 95권(2011년 12월), 125~151쪽; 에이프릴 카터(April Carter), 조효제 옮김, 『직접행동: 21세기 민주주의, 거인과 싸우다』(교양인, 2005/2006), 364쪽.

19 박상혁, 「자유주의 정의론에서 평등과 책임의 요구: 드워킨의 롤즈 비판에 대한 응답」, 『철학연구』, 95권(2011년 12월), 131~132쪽; 곽노완, 「좋은 삶과 기본소득: 기본소득을 향한 드워킨 분배정의론의 재구성」, 『도시인문학연구』, 7권 1호(2015년 4월), 65~66쪽.

20 로널드 드워킨(Ronald M. Dworkin), 염수균 옮김, 『자유주의적 평등』(한길사, 2000/2005), 14~15, 50쪽.

21 손철성, 「적극적 우대 조치의 정당화 논변에 대한 고찰: 대학 입학 할당제를 중심으로」, 『윤리교육연구』, 36권(2015년 4월), 207쪽; 에이프릴 카터(April Carter), 조효제 옮김, 『직접행동: 21세기 민주주의, 거인과 싸우다』(교양인, 2005/2006), 364쪽.

22 곽노완, 「좋은 삶과 기본소득: 기본소득을 향한 드워킨 분배정의론의 재구성」, 『도시인문학연구』, 7권 1호(2015년 4월), 67~68쪽.

23 Michael Young, 『The Rise of Meritocracy, 1870-2033: An Essay on Education and Equality』(New York: Penguin, 1961).

24 Jon Davis, 「Meritocracy in the Civil Service, 1853-1970」, Geoff Dench, ed., 『The Rise and Rise of Meritocracy』(Malden, MA: Blackwell, 2006), p.35; David Willetts, 「The Future of Meritocracy」, Geoff Dench, ed., 『The Rise and Rise of Meritocracy』(Malden, MA: Blackwell, 2006), p.237; Christopher Hayes, 「Twilight of the Elites: America After Meritocracy』(New York: Crown, 2012), p.42; 오언 존스(Owen Jones), 이세영 · 안병률 옮김, 『차브: 영국식 잉여 유발사건』(북인더갭, 2011/2014), 249쪽.

25 Daniel Bell, 「On Meritocracy and Equality」, Jerome Karabel · A. H. Halsey, eds., 『Power and Ideology in Education』(New York: Oxford University Press, 1977), pp.607~635.

26 Charles Conrad, 『Strategic Organizational Communication: Cultures, Situations, and Adaptation』(New York: Holt, Rinehart and Winston, 1985).

27 강준만, 『개천에서 용 나면 안 된다: 갑질 공화국의 비밀』(인물과사상사, 2015) 참고.

28 정혜전, 「미(美) CEO 500명의 평균 연봉 대통령 30배·근로자 475배」, 『조선일보』, 2006년 1월 24일, B3면.

29 지그문트 바우만(Zygmunt Bauman), 안규남 옮김, 『왜 우리는 불평등을 감수하는가: 가진 것마저 빼앗기는 나에게 던지는 질문』(동녘, 2013), 60~61쪽.

30 「낙수효과[落水效果, trickle down effect]」, 『네이버 지식백과』.

31 이정환, 『한국의 경제학자들』(생각정원, 2014), 101쪽; 이혜진, 「왜 우리는 불평등을 감수하는가」, 『폴리뉴스』, 2013년 8월 30일.

32 조엘 베스트(Joel Best), 안진환 옮김, 『댓츠 어 패드(That's a fad!): 개인과 조직이 일시적 유행에 현혹되지 않는 5가지 방법』(사이, 2006), 28~29쪽.

33 로리 에시그(Laurie Essig), 이재영 옮김, 『유혹하는 플라스틱: 신용카드와 성형수술의 달콤한 거짓말』(이른아침, 2010/2014), 26, 85쪽.

34 김경락, 「OECD "소득 불평등이 경제성장 최대 걸림돌"」, 『한겨레』, 2014년 12월 10일.

35 양권모, 「낙수효과 사망 선고」, 『경향신문』, 2015년 6월 17일.

36 신기주, 「인터뷰/정태인: 불평등 대한민국에 경종을 울리다」, 『월간인물과사상』, 제198호(2014년 10월), 26~27쪽.

37 리처드 윌킨슨(Richard G. Wilkinson)·케이트 피킷(Kate Pickett), 전재웅 옮김, 『평등이 답이다: 왜 평등한 사회는 늘 바람직한가?』(이후, 2010/2012), 279쪽.

38 남정호, 「학벌이 뭔 소용이냐고?」, 『중앙일보』, 2017년 7월 12일.

39 공태윤, 「민간 기업 다섯 곳 중 한 곳 "올해 블라인드로 채용 진행"」, 『한국경제』, 2018년 1월 22일.

40 김명진, 「블라인드 채용·지역 할당 채용에 서울 명문 대학생들 뿔났다」, 『조선일보』, 2017년 6월 29일.

41 유리 그니지(Uri Gneezy)·존 리스트(John A. List), 안기순 옮김, 『무엇이 행동하게 하는가: 마음을 움직이는 경제학』(김영사, 2013/2014), 167~171쪽.

42 오형규, 『자장면 경제학』(좋은책만들기, 2010), 280~285쪽; 「Statistical discrimination(economics)」, 『Wikipedia』; 「Signalling(economics)」, 『Wikipedia』.

43 남성일, 「대통령 선거 경계 1호 '집단주의'」, 『한국경제』, 2007년 12월 4일.

44 이현송, 『미국 문화의 기초』(한울아카데미, 2006), 316쪽.

45 폴 오이어(Paul Oyer), 홍지수 옮김, 『짝찾기 경제학』(청림출판, 2014), 144쪽; 엘든 테일러(Eldon Taylor), 이문영 옮김, 『무엇이 우리의 생각을 지배하는가』(알에이치코리아, 2009/2012), 115쪽.

46 조지 애컬로프(George A. Akerlof)·레이철 크랜턴(Rachel E. Kranton), 안기순 옮김, 『아이덴티티 경제학: 정체성이 직업·소득·행복을 결정한다』(랜덤하우스코리아, 2010/2011), 143~144쪽.

47 팀 하퍼드(Tim Harford), 이진원 옮김, 『경제학 콘서트 2』(웅진지식하우스, 2008), 220쪽.

제4장 인권

1 커스틴 셀라스(Kirsten Sellars), 오승훈 옮김, 『인권, 그 위선의 역사』(은행나무, 2002/2003), 11~12쪽.

2 벨덴 필즈(A. Belden Fields), 박동천 옮김, 『인권: 인간이기 때문에 누려야 할 권리』(모티브북, 2003/2013), 83쪽; 임재성, 「평화권, 아래로부터 만들어지는 인권: 한국 사회운동의 '평화권'

담론을 중심으로」, 『경제와사회』, 91권(2011년 9월), 170쪽; 홍익표, 「북한 인권 문제를 둘러싼 동북아 국제 갈등: '세 세대 인권' 개념을 중심으로」, 『국제관계연구』, 17권 2호(2012년 10월), 111~113쪽.

3   임재성, 「평화권, 아래로부터 만들어지는 인권: 한국 사회운동의 '평화권' 담론을 중심으로」, 『경제와사회』, 91권(2011년 9월), 170쪽.

4   벨덴 필즈(A. Belden Fields), 박동천 옮김, 『인권: 인간이기 때문에 누려야 할 권리』(모티브북, 2003/2013), 84쪽; 이정주 · 성열관, 「초등학교 사회과 교과서의 인권 교육 관련 내용 분석: 1 · 2 · 3세대 인권의 관점에서」, 『사회과교육연구』, 18권 2호(2011년), 56쪽.

5   조효제, 「애국주의/국가주의 대 인권」, 『내일을 여는 역사』, 58권(2015년 3월), 122~128쪽.

6   임재성, 「평화권, 아래로부터 만들어지는 인권: 한국 사회운동의 '평화권' 담론을 중심으로」, 『경제와사회』, 91권(2011년 9월), 167~210쪽.

7   홍익표, 「북한 인권 문제를 둘러싼 동북아 국제 갈등: '세 세대 인권' 개념을 중심으로」, 『국제관계연구』, 17권 2호(2012년 10월), 111~113쪽.

8   조효제, 『인권의 문법』(후마니타스, 2007), 50쪽.

9   엘리아스 카네티(Elias Canetti), 강두식 옮김, 『군중과 권력』(주우, 1960/1982), 278쪽.

10   셀던 월린(Sheldon S. Wolin), 「마키아벨리의 정치사상: 정치 그리고 폭력의 경제학」, 퀜틴 스키너 외, 강정인 편역, 『마키아벨리의 이해』(문학과지성사, 1993), 151~223쪽.

11   조효제, 『인권의 지평: 새로운 인권 이론을 위한 밑그림』(후마니타스, 2016), 82쪽.

12   Johan Galtung, 「Violence, Peace, and Peace Research」, 『Journal of Peace Research』, 6:3(1969), pp.167~191.

13   조효제, 『인권의 지평: 새로운 인권 이론을 위한 밑그림』(후마니타스, 2016), 83~85쪽; 문성훈, 「폭력 개념의 인정 이론적 재구성」, 『사회와철학』, 20권(2010년 10월), 69쪽.

14   조효제, 『인권의 지평: 새로운 인권 이론을 위한 밑그림』(후마니타스, 2016), 84, 110~112쪽.

15   요한 갈퉁(Johan Galtung), 강종일 외 옮김, 『평화적 수단에 의한 평화』(들녘, 1996/2000), 84, 413, 419쪽; 문성훈, 「폭력 개념의 인정 이론적 재구성」, 『사회와철학』, 20권(2010년 10월), 70쪽.

16   요한 갈퉁(Johan Galtung), 강종일 외 옮김, 『평화적 수단에 의한 평화』(들녘, 1996/2000), 84, 413, 419~422, 439쪽; 이문영, 「폭력 개념에 대한 고찰: 갈퉁, 벤야민, 아렌트, 지젝을 중심으로」, 『역사비평』, 106권(2014년 2월), 331쪽.

17   장원순, 「구조적 폭력에 대응하는 인권교육 접근법」, 『사회과교육』, 54권 2호(2015년 6월), 36쪽.

18   장원순, 「구조적 폭력에 대응하는 인권교육 접근법」, 『사회과교육』, 54권 2호(2015년 6월), 43~44쪽.

19   조효제, 『인권의 지평: 새로운 인권 이론을 위한 밑그림』(후마니타스, 2016), 85쪽.

20   김진국, 「[김진국이 만난 사람] 말도 않고 안쓰럽게 쳐다보는 그런 시선이 폭력」, 『중앙일보』, 2017년 11월 17일.

21   피에르 부르디외(Pierre Bourdieu), 최종철 옮김, 『구별짓기: 문화와 취향의 사회학(전2권)』(새물결, 1979/1995).

22   Pierre Bourdieu and Loic J. D. Wacquant, 「An Invitation to Reflexive Sociology」(Chicago: University of Chicago Press, 1992), pp.204~205, 231; 질리언 테트(Gillian Tett), 신예경 옮김, 『사일로 이펙트: 무엇이 우리를 눈멀게 하는가』(어크로스, 2015/2016), 54~67쪽; 피터 버크(Peter Burke), 곽차섭 옮김, 『역사학과 사회이론』(문학과지성사, 1992/1994), 136~137쪽.

23   김정규, 「한국인 민족주의와 상징적 폭력의 의도하지 않은 결과: 외국인 이주자에 대한 편견과 차별」, 『사회이론』, 36권(2015년 6월), 222쪽.

24   스테판 올리브지(Stephane Olivesi), 이상길 옮김, 『부르디외, 커뮤니케이션을 말하다』(커뮤니

케이션북스, 2005/2007), 68~69쪽.

25 김정규, 「한국인 민족주의와 상징적 폭력의 의도하지 않은 결과: 외국인 이주자에 대한 편견과 차별」, 『사회이론』, 36권(2015년 6월), 228~229쪽.

26 이상호, 「사회질서의 재생산과 상징 권력: 부르디외의 계급 이론」, 현택수 편, 『문화와 권력: 부르디외 사회학의 이해』(나남, 1998), 173쪽; 이상길, 「피에르 부르디외의 언어관에 대한 비판적 검토: 과학과 상징 폭력 논의를 중심으로」, 『문화와사회』, 14권(2013년 5월), 117쪽.

27 강창동, 「학교교육의 상징적 폭력 작용에 관한 이론적 고찰」, 『한국교육학연구』, 15권2호(2009년 6월), 31~55쪽.

28 김석수, 「상징적 폭력과 전근대적 학벌 사회」, 『사회와철학』, 16권(2008년 10월), 145, 154쪽.

29 피에르 부르디외(Pierre Bourdieu), 문경자 옮김, 『피에르 부르디외: 혼돈을 일으키는 과학』(솔, 1984/1994), 174~175쪽.

30 Pierre Bourdieu, 「The Aristocracy of Culture」, 『Media, Culture and Society』, 2(1980), p.253.

31 오성근, 『마녀사냥의 역사: 불타는 여성』(미크로, 2000), 15~23쪽; 찰스 맥케이(Charles Mackay), 이윤섭 옮김, 『대중의 미망과 광기』(창해, 1841/2004), 280~298쪽; 존 B. 베리(John Bagnell Bury), 박홍규 옮김, 『사상의 자유의 역사』(바오, 1914/2006), 80쪽.

32 헨드릭 빌럼 판론(Hendrik Willem van Loon), 이혜정 옮김, 『관용』(서해문집, 1925/2005), 164~165쪽.

33 프랭크 푸레디(Frank Furedi), 박형신 옮김, 『우리는 왜 공포에 빠지는가?: 공포문화 벗어나기』(이학사, 2006/2011), 117쪽.

34 클레이 존슨(Clay Johnson), 김상현 옮김, 『똑똑한 정보 밥상: 몸에 좋은 정보 쏙쏙 가려먹기』(에이콘, 2012), 60~61쪽.

35 앤서니 기든스(Anthony Giddens)·필립 서튼(Philip W. Sutton), 김봉석 옮김, 『사회학의 핵심 개념들』(동녘, 2014/2015), 380~381쪽.

36 한세희, 「게임 중독 담론과 도덕적 공황」, 『전자신문』, 2010년 10월 25일.

37 심재웅, 「언론의 학원 폭력 보도 유감」, 『한국일보』, 2012년 5월 12일.

38 앤서니 기든스(Anthony Giddens)·필립 서튼(Philip W. Sutton), 김봉석 옮김, 『사회학의 핵심 개념들』(동녘, 2014/2015), 382쪽.

39 강성원, 「[저널리즘의 미래 ⑥] 제한된 취재원, 출입처 중심 받아쓰기 취재 관행의 한계…선정적 이슈 찾아 '하이에나 저널리즘' 행태도」, 『미디어오늘』, 2015년 2월 11일.

40 손동영, 「사회적 정서와 공존의 여유」, 『머니투데이』, 2015년 12월 4일; 조지 보나노(George A. Bonanno), 박경선 옮김, 『슬픔 뒤에 오는 것들: 상실과 트라우마 그리고 슬픔의 심리학』(초록물고기, 2009/2010), 218~219쪽.

41 조지 보나노(George A. Bonanno), 박경선 옮김, 『슬픔 뒤에 오는 것들: 상실과 트라우마 그리고 슬픔의 심리학』(초록물고기, 2009/2010), 213~219쪽.

42 어네스트 베커(Ernest Becker), 김재영 옮김, 『죽음의 부정: 프로이트의 인간 이해를 넘어서』(인간사랑, 1973/2008), 11쪽; 「Terror management theory」, 『Wikipedia』.

43 대커 켈트너(Dacher Keltner), 하윤숙 옮김, 『선의 탄생』(옥당, 2009/2011), 202쪽; 박상희, 「공포 관리 이론[terror management theory]」, 『심리학용어사전』, 2014년 4월; 『네이버 지식백과』.

44 조지 보나노(George A. Bonanno), 박경선 옮김, 『슬픔 뒤에 오는 것들: 상실과 트라우마 그리고 슬픔의 심리학』(초록물고기, 2009/2010), 220쪽.

45 캐서린 메이어(Catherine Mayer), 황덕창 옮김, 『어모털리티: 나이가 사라진 시대의 등장』(퍼플카우, 2011/2013), 151~152쪽.

46 마이클 본드(Michael Bond), 문희경 옮김, 『타인의 영향력: 그들의 생각과 행동은 어떻게 나에

게 스며드는가』(어크로스, 2014/2015), 258~259쪽; 「Hobbesian trap」, 『Wikipedia』.

47 손동영, 「사회적 정서와 공존의 여유」, 『머니투데이』, 2015년 12월 4일.

48 C. 더글러스 러미스(C. Douglas Lummis), 김종철·최성현 옮김, 『경제성장이 안 되면 우리는 풍요롭지 못할 것인가』(녹색평론사, 2000/2011), 99~100쪽; 양권모, 「[여적] 공포 마케팅」, 『경향신문』, 2015년 5월 12일.

49 조지 보나노(George A. Bonanno), 박경선 옮김, 『슬픔 뒤에 오는 것들: 상실과 트라우마 그리고 슬픔의 심리학』(초록물고기, 2009/2010), 222~223쪽.

제5장 행복

1 조너선 하이트(Jonathan Haidt), 권오열 옮김, 『명품을 코에 감은 코끼리, 행복을 찾아나서다』(물푸레, 2006/2010), 165쪽.

2 로버트 스키델스키(Robert Skidelsky)·에드워드 스키델스키(Edward Skidelsky), 김병화 옮김, 『얼마나 있어야 충분한가』(부키, 2012/2013), 175~180쪽; 이효영, 「행복의 기술」, 『서울경제』, 2012년 7월 13일.

3 줄리엣 쇼어(Juliet B. Schor), 구계원 옮김, 『제3의 경제학: 세상을 바꾸는 착한 경제생활』(위즈덤하우스, 2010/2011), 250쪽.

4 리처드 레이어드(Richard Layard), 정은아 옮김, 『행복의 함정: 가질수록 행복은 왜 줄어드는가』(북하이브, 2005/2011), 63~67쪽.

5 제러미 리프킨(Jeremy Rifkin), 이경남 옮김, 『공감의 시대』(민음사, 2010), 621, 624쪽.

6 「Hedonic treadmill」, 『Wikipedia』; 배리 슈워츠(Barry Schwartz), 형선호 옮김, 『선택의 심리학』(웅진지식하우스, 2004/2005), 178~179쪽.

7 롤프 도벨리(Rolf Dobelli), 두행숙 옮김, 『스마트한 생각들: 사람의 마음을 움직이는 52가지 심리 법칙』(걷는나무, 2011/2012), 126~130쪽.

8 이윤미, 「車 스티커에 붙은 인간의 심리를 읽다」, 『헤럴드경제』, 2012년 12월 7일.

9 그레그 이스터브룩(Gregg Easterbrook), 박정숙 옮김, 『우리는 왜 더 잘살게 되었는데도 행복하지 않은가: 진보의 역설』(에코리브르, 2004/2007).

10 이인식, 『이인식의 멋진 과학 2』(고즈윈, 2011), 283~284쪽.

11 강남규, 「"소득 늘어난 만큼 행복해진다"…메르켈 독트린 뿌리째 흔들어」, 『중앙일보』, 2013년 10월 5일; 맷 리들리(Matt Ridley), 조현욱 옮김, 『이성적 낙관주의자: 번영은 어떻게 진화하는가?』(김영사, 2010), 50~53쪽.

12 「Orman, Suze」, 『Current Biography』, 64:5(May 2003), p.62.

13 최원형, 「중급 식당 메뉴판에 형용사가 많은 까닭」, 『한겨레』, 2015년 3월 27일.

14 서영지, 「경쟁 압박감에…스러지는 고학력 전문·관리직」, 『한겨레』, 2015년 1월 19일.

15 김동춘, 「편안해야 깊이 생각하고 멀리 본다」, 『한겨레』, 2015년 3월 18일.

16 강준만, 『미국사 산책 8: 미국인의 풍요와 고독』(인물과사상사, 2010), 19쪽.

17 마이클 마멋(Michael Marmot), 김보영 옮김, 『사회적 지위가 건강과 수명을 결정한다』(에코리브르, 2004/2006), 131~132쪽.

18 마거릿 헤퍼넌(Margaret Heffernan), 김성훈 옮김, 『경쟁의 배신: 경쟁은 누구도 승자로 만들지 않는다』(알에이치코리아, 2014), 535쪽.

19 알랭 드 보통(Alain de Botton), 정영목 옮김, 『불안』(은행나무, 2004/2011), 8쪽.

20 로버트 프랭크(Robert H. Frank)·필립 쿡(Philip J. Cook), 권영경·김양미 옮김, 『이긴 자가 전부 가지는 사회』(CM비지니스, 1995/1997), 80쪽.

21 소스타인 베블런(Thorstein Veblen), 이완재 · 최세양 옮김, 『한가한 무리들』(동인, 1899/1995).

22 김지은, 「피카소 그림 값 치솟는 건 '부익부 빈익빈' 탓?」, 『한겨레』, 2015년 5월 25일.

23 제프리 밀러(Geoffrey F. Miller), 김명주 옮김, 『스펜트: 섹스, 진화 그리고 소비주의의 비밀』(동녘사이언스, 2009/2010), 284쪽.

24 Robert H. Frank, 『Choosing the Right Pond: Human Behavior and the Quest for Status』(New York: Oxford University Press, 1985), p.8.

25 전병재, 『사회심리학: 관점과 이론』(경문사, 1987), 433~435쪽; 양윤 · 최윤식 · 나은영 · 홍종필 · 김철민 · 김연진, 『광고심리학』(학지사, 2011), 262쪽; 「준거집단[reference group]」, 『사회학사전』(사회문화연구소, 2000); 『네이버 지식백과』.

26 강준만, 『춤추는 언론 비틀대는 선거: 언론과 선거의 사회학』(아침, 1992), 197~199쪽.

27 Herbert H. Hyman, 「Reflections on Reference Groups」, 『Public Opinion Quarterly』, 24:3(1960), pp.384~386; Manford H. Kuhn, 「The Reference Group Reconsidered」, Jerome G. Manis · Bernard N. Meltzer, eds., 『Symbolic Interaction: A Reader In Social Psychology』, 2nd ed.(Boston, MA: Allyn and Bacon, 1967/1972), pp.175~176.

28 전병재, 『사회심리학: 관점과 이론』(경문사, 1987), 436~437쪽.

29 양윤 · 최윤식 · 나은영 · 홍종필 · 김철민 · 김연진, 『광고심리학』(학지사, 2011), 262쪽.

30 이령경 · 권수애 · 유정자, 「청소년 소비자의 명품 구매 행동에 미치는 준거집단의 영향」, 『한국패션디자인학회지』, 10권 3호(2010년 9월), 1~20쪽.

31 마이클 캐플런(Michael Kaplan) · 엘런 캐플런(Ellen Kaplan), 이지선 옮김, 『뇌의 거짓말: 무엇이 우리의 판단을 조작하는가?』(이상, 2009/2010), 54쪽; 김경미, 『행복한 심리학』(교양인, 2010), 16~17쪽; 이정전, 『우리는 행복한가』(한길사, 2008), 84~85쪽.

32 피종일, 「좋은 '준거집단'」, 『강원일보』, 2015년 3월 11일.

33 임보영 · 마강래, 「지역 내 준거집단과 비교한 경제적 격차가 삶의 만족감에 미치는 영향에 대한 연구」, 『국토계획』, 50권 3호(2015년 4월), 213~224쪽.

34 리처드 윌킨슨(Richard G. Wilkinson), 김홍수영 옮김, 『평등해야 건강하다: 불평등은 어떻게 사회를 병들게 하는가?』(후마니타스, 2005/2008), 199쪽.

35 스티븐 코비(Stephen R. Covey), 김경섭 옮김, 『성공하는 가족들의 7가지 습관』(김영사, 1997/1998), 267쪽.

36 강준만, 「왜 부자 친구를 두면 불행해질까?: 이웃 효과」, 『감정 독재: 세상을 꿰뚫는 50가지 이론 1』(인물과사상사, 2013), 141~145쪽 참고.

37 프랭크 뉴포트(Frank Newport), 정기남 옮김, 『여론조사: 대중의 지혜를 읽는 핵심 키워드』(휴먼비즈니스, 2004/2007), 32쪽; 「Social comparison theory」, 『Wikipedia』.

38 김재휘, 『설득 심리 이론』(커뮤니케이션북스, 2013), 10~13쪽; 존 메이어(John D. Mayer), 김현정 옮김, 『성격, 탁월한 지능의 발견』(추수밭, 2014/2015), 302쪽; 엘렌 랭어(Ellen J. Langer), 이모영 옮김, 『예술가가 되려면: 심리학의 눈으로 바라본 예술가 이야기』(학지사, 2005/2008), 216~217쪽.

39 로버트 실러(Robert J. Shiller), 노지양 · 조윤정 옮김, 『새로운 금융시대』(알에이치코리아, 2012/2013), 327쪽.

40 대니얼 J. 레비틴(Daniel J. Levitin), 김성훈 옮김, 『정리하는 뇌』(와이즈베리, 2014/2015), 409쪽.

41 리처드 세넷(Richard Sennett), 김병화 옮김, 『투게더: 다른 사람들과 함께 살아가기』(현암사, 2012/2013), 229~230쪽.

42 비난트 폰 페터스도르프(Winand von Petersdorff) 외, 박병화 옮김, 『사고의 오류』(율리시즈, 2013/2015), 24~28쪽; 데이비드 즈와이그(David Zweig), 박슬라 옮김, 『인비저블: 자기 홍보의

시대, 과시적 성공 문화를 거스르는 조용한 영웅들』(민음인, 2014/2015), 44쪽.

43 홍주희, 「"선진국 환상 버려야 선진국 된다"」, 『중앙일보』, 2014년 5월 29일.

44 김경락, 「비교 성향 강한 당신 삶에 만족하십니까」, 『한겨레』, 2014년 8월 13일.

45 토머스 차모로-프레무지크(Tomas Chamorro-Premuzic), 이현정 옮김, 『위험한 자신감: 현실을 왜곡하는 아찔한 습관』(더퀘스트, 2013/2014), 73쪽.

46 악셀 호네트(Axel Honneth), 문성훈·이현재 옮김, 『인정투쟁: 사회적 갈등의 도덕적 형식론』(동녘, 1992/1996); 문성훈, 『인정의 시대: 현대사회 변동과 5대 인정』(사월의책, 2014).

47 프랜시스 후쿠야마(Francis Fukuyama), 구승회 옮김, 『트러스트: 사회도덕과 번영의 창조』(한국경제신문사, 1996), 459~460쪽.

48 문성훈, 『인정의 시대: 현대사회 변동과 5대 인정』(사월의책, 2014), 109쪽.

49 로버트 풀러(Robert W. Fuller), 안종설 옮김, 『신분의 종말: '특별한 자'와 '아무것도 아닌 자'의 경계를 넘어서』(열대림, 2003/2004), 255쪽.

50 노명우, 『세상물정의 사회학: 세속을 산다는 것에 대하여』(사계절, 2013), 210쪽.

51 양지혜, 「한국인 페이스북엔 '먼 친구' 설정 유독 많다는데…」, 『조선일보』, 2013년 7월 29일.

52 손해용, 「"시시콜콜 자기 얘기 하던 페북, 스스로 발가벗기는 공간 변질"」, 『중앙일보』, 2013년 9월 7일.

53 양성희, 「우리는 왜 SNS에 중독되는가? 아마도 온라인 인정투쟁 중」, 『중앙일보』, 2013년 8월 17일.

54 이성훈, 「"페이스북 많이 할수록 불행해져"」, 『조선일보』, 2013년 8월 17일; 서미혜, 「SNS 이용이 상대적 박탈감과 객관적 주관적 경제 지위 간 격차를 거쳐 삶의 만족도에 미치는 영향」, 『한국언론정보학보』, 83호(2017년 6월), 72~95쪽.

55 안혜리, 「예일대의 행복 수업」, 『중앙일보』, 2018년 1월 31일.

56 마셜 로젠버그(Marshall B. Rosenberg), 캐서린 한 옮김, 『비폭력 대화: 일상에서 쓰는 평화의 언어, 삶의 언어』(한국NVC센터, 2004/2013), 41, 168쪽.

제6장 문화

1 「[사설] 이번엔 밀양 참사…우리는 안전 후진국에 갇혀 있다」, 『중앙일보』, 2018년 1월 27일.

2 이원규, 「해방 후 한국인의 종교 의식 구조 변천 연구」, 권유식 외, 『현대 한국 종교 변동 연구』(한국정신문화연구원, 1993), 184쪽; R. P. 쿠조르트(Ray P. Cuzzort)·E. W. 킹(Edith W. King), 한숭홍 옮김, 『20세기 사회사상』(나눔사, 1980/1991), 312쪽.

3 윌리엄 데이비도(William H. Davidow), 김동규 옮김, 『과잉 연결 시대: 일상이 된 인터넷, 그 이면에선 어떤 일이 벌어지는가』(수이북스, 2011), 11~12쪽.

4 김재섭, 「왜 호들갑인가요? 뒷감당 어쩌려고」, 『한겨레』, 2014년 5월 8일.

5 한홍구, 『대한민국사: 단군에서 김두한까지』(한겨레신문사, 2003), 23~24쪽.

6 김진경, 『삼십 년에 삼백 년을 산 사람은 어떻게 자기 자신일 수 있을까』(당대, 1996), 82~83쪽; 정영태, 「개발연대 지식인의 역할과 반성」, 장회익·임현진 외, 『한국의 지성 100년』(민음사, 2001), 175~176쪽에서 재인용.

7 오관철, 「소득·학력 높을수록 '연줄 중시'」, 『경향신문』, 2006년 12월 27일, 3면.

8 고유석, 「문명에 차이고 기계에 쫓기고/생의 여로 "위험만재"(인간화 시대: 1)」, 『경향신문』, 1990년 1월 1일, 15면.

9 이봉수, 「총체적 국가 재난, 대통령 책임이다」, 『경향신문』, 2014년 4월 25일.

10 남종영, 「생명권, 문화상대주의 논리에 도전하다」, 『한겨레』, 2012년 7월 14일.

11 「佛서 4명의 딸에게 '할례' 강요한 부모 철창행」, 『중앙일보』, 2012년 6월 5일.

12 황유석, 「"러 민주주의 후퇴 우려" "각국 문화·관습 상대적": 부시-푸틴 정상회담 설전」, 『한국일보』, 2005년 2월 26일, 12면.

13 유명기, 「문화상대주의와 반문화상대주의」, 『비교문화연구』, 1권(1993년 11월), 31~34쪽; 엘빈 해치(Elvin Hatch), 박동천 옮김, 『문화상대주의의 역사』(모티브북, 1983/2017), 78~116쪽.

14 김상섭, 「문화 간 관계에 관한 이론적 전개 양상」, 『문화교류연구』, 6권 1호(2017년 2월), 33쪽.

15 유명기, 「문화상대주의와 반문화상대주의」, 『비교문화연구』, 1권(1993년 11월), 33쪽.

16 김여수, 「상대주의 논의의 문화적 위상」, 『철학과현실』, 8권(1991년 3월), 64쪽; 유명기, 「문화상대주의와 반문화상대주의」, 『비교문화연구』, 1권(1993년 11월), 37쪽.

17 최성환, 「다문화주의와 인권의 문제: 문화상대주의와 보편주의의 경계에서」, 『철학탐구』, 30권(2011년 11월), 360쪽.

18 유명기, 「문화상대주의와 반문화상대주의」, 『비교문화연구』, 1권(1993년 11월), 32, 38~39쪽.

19 누마자키 이치로, 「문화상대주의」, 아야베 쓰네오 편, 유명기 옮김, 『문화인류학의 20가지 이론』(일조각, 2006/2009), 78~96쪽; 김상섭, 「문화 간 관계에 관한 이론적 전개 양상」, 『문화교류연구』, 6권 1호(2017년 2월), 24, 34쪽.

20 Geert Hofstede, 차재호·나은영 옮김, 『세계의 문화와 조직: 문화 간 협력과 세계 속에서의 생존』(학지사, 1995), 28쪽.

21 마이클 샌델(Michael Sandel), 김선욱 외 옮김, 『공동체주의와 공공성』(철학과현실사, 2008), 337쪽.

22 Geert Hofstede, 차재호·나은영 옮김, 『세계의 문화와 조직: 문화 간 협력과 세계 속에서의 생존』(학지사, 1995), 29쪽.

23 차하순, 『현대의 역사사상』(탐구당, 1994), 146쪽.

24 이정국, 「'이주민이라고 차별' 경험 다문화 가족, 41%로 늘어」, 『한겨레』, 2013년 5월 31일.

25 「[사설] 숨어 사는 아이 2만 5,000명…인권 차원에서 품어야」, 『중앙일보』, 2015년 9월 11일.

26 유희곤, 「외국인 200만 시대…25명 중 1명꼴」, 『경향신문』, 2017년 6월 22일.

27 더글러스 켈너(Douglas Kellner), 김수정·정종희 옮김, 『미디어 문화: 영화, 랩, MTV, 광고, 마돈나, 패션, 사이버펑크』(새물결, 1995/1997), 49~50쪽.

28 새뮤얼 헌팅턴(Samuel P. Huntington), 이희재 옮김, 『문명의 충돌』(김영사, 1996/1997), 418쪽.

29 박승철, 「독일·프랑스도 "다문화주의 실패"…EU 16개국서 극우파 득세」, 『매일경제』, 2011년 7월 27일.

30 김미나, 「독일 극우 72년 만에 의회 입성…"독일이 포퓰리즘에 졌다"」, 『한겨레』, 2017년 9월 27일.

31 선정민, 「외국인 혐오 단체, 또 이자스민 찾아가서…충격」, 『조선일보』, 2012년 7월 12일; 노재현, 「이주민 정책, 동화에서 융화로 전환해야」, 『중앙일보』, 2012년 8월 4일.

32 강진구, 「한국 사회의 반다문화 담론 고찰: 인터넷 공간을 중심으로」, 『인문과학연구』, 32권(2012년 3월), 5~34쪽; 강진구, 「한국 사회의 반다문화 담론에 대한 비판적 고찰」, 『다문화콘텐츠연구』, 17권(2014년 10월), 7~37쪽; 김태영·윤태진, 「텔레비전 예능 프로그램 속의 다문화주의: JTBC 〈비정상회담〉의 '기미가요' 논란을 통해 본 다문화주의 담론의 취약성 연구」, 『한국언론정보학보』, 77권(2016년 6월), 255~288쪽.

33 Stephen Hart, 『Cultural Dilemmas of Progressive Politics: Styles of Engagement among Grassroots Activists』(Chicago: The University of Chicago Press, 2001), pp.213~215.

34 Todd Gitlin, 『The Twilight of Common Dreams: Why America Is Wracked by Culture Wars』(New York: Metropolitan Books, 1995), pp.236~237.

35 전경옥 · 김현숙, 「미국 다문화주의를 통해 본 다문화주의 정치 철학의 딜레마와 한국에의 함의」, 『다문화사회연구』, 3권 1호(2010년 2월), 5~29쪽.

36 신지민 · 선담은, 「당신 동생은 도련'님'인데 내 동생은 왜 그냥 '처남'이야?」, 『한겨레』, 2017년 9월 30일.

37 Kimberly Bratton, 『Donald Trump: An American Love-Fest』(Loganville, GA: Vixen Publishing, 2016), pp.123~124; Michael D'Antonio, 『The Truth about Trump』(New York: Thomas Dunne Books, 2015/2016), p.328; Brad Power, 『Donald Trump: White America Is Back(pamphlet)』(2016), p.13; 정의길, 「트럼프는 막말만 하지 않는다」, 『한겨레』, 2015년 12월 26일.

38 김미나, 「독일 극우 72년 만에 의회 입성…"독일이 포퓰리즘에 졌다"」, 『한겨레』, 2017년 9월 27일; 다니엘 린데만, 「충격 안겨준 독일 극우 정당의 약진」, 『중앙일보』, 2017년 9월 28일.

39 James Davison Hunter, 『Culture Wars: The Struggle to Define America』(New York: BasicBooks, 1991).

40 조화유, 「뉴시스의 오역! What is political correctness?」, 『뉴데일리』, 2016년 5월 2일.

41 박금자, 『정의롭게 말하기: 폴리티컬 코렉트니스』(커뮤니케이션북스, 2012), 53~61쪽.

42 Dinesh D'Souza, 『Illiberal Education: The Politics of Race and Sex on Campus』(New York: The Free Press, 1991), p.230; 정상준, 「다문화주의를 넘어서」, 미국학연구소 편, 『21세기 미국의 역사적 전망 II: 문화 · 경제』(서울대학교출판부, 2002), 147~165쪽.

43 Tammy Bruce, 『The New Thought Police: Inside the Left's Assault on Free Speech and Free Minds』(New York: Forum, 2001); Diane Ravitch, 『The Language Police: How Pressure Groups Restrict What Students Learn』(New York: Alfred A. Knopf, 2003).

44 John L. Jackson, Jr., 『Racial Paranoia: The Unintended Consequences of Political Correctness』(New York: Basic Civitas Books, 2008), pp.77~78.

45 주디스 슈클라(Judith N. Shklar), 사공일 옮김, 『일상의 악덕』(나남, 1984/2011), 124쪽.

46 James S. Spiegel, 『Hypocrisy: Moral Fraud and Other Vices』(Grand Rapids, MI: Baker Books, 1999), p.105.

47 양성희, 「'정치적 올바름'의 정치학」, 『중앙일보』, 2017년 1월 5일.

48 최상진 · 김기범, 『문화심리학: 현대 한국인의 심리 분석』(지식산업사, 2011), 166, 183쪽.

49 최상진, 『한국인 심리학』(중앙대학교출판부, 2000), 162쪽.

50 루스 베네딕트(Ruth Benedict), 김윤식 · 오인석 옮김, 『국화와 칼: 일본문화의 틀』(을유문화사, 1946/1995), 237~240쪽.

51 한규석, 『사회심리학의 이해』(학지사, 1995), 455쪽.

52 Geert Hofstede, 차재호 · 나은영 옮김, 『세계의 문화와 조직』(학지사, 1995), 97~98쪽.

53 새뮤얼 헌팅턴(Samuel P. Huntington), 장원석 옮김, 『미국 정치론: 부조화의 패러다임』(오름, 1981/1999), 181쪽.

54 최형규, 「성매매 혐의자 중국, 공개 모욕: 노란 옷 입히고 거리에」, 『중앙일보』, 2006년 12월 7일, 19면.

55 C. 프레드 앨퍼드(C. Fred Alford), 남경태 옮김, 『한국인의 심리에 관한 보고서』(그린비, 2000), 108~109쪽.

56 제러미 리프킨(Jeremy Rifkin), 이경남 옮김, 『공감의 시대』(민음사, 2010), 148~149쪽.

57 조홍식, 『똑같은 것은 싫다: 조홍식 교수의 프랑스 문화 이야기』(창작과비평사, 2000), 196~197쪽.

58 김한수, 「"아버지는 절에 다니고 아들은 교회 가는 한국 외국인들은 신비롭게 봐": '서양인의

한국 종교 연구' 펴낸 김종서 교수」, 『조선일보』, 2006년 7월 20일, A23면.

59 임혁백, 「동아시아 지역 통합의 조건과 제약」, 『아세아연구』, 통권 118호(2004년 12월), 123~165쪽.

60 조홍식, 『똑같은 것은 싫다: 조홍식 교수의 프랑스 문화 이야기』(창작과비평사, 2000), 196~197쪽.

제7장 환경

1 자넷 빌(Janet Biehl)·피터 스타우든마이어(Peter Staudenmaier), 『에코파시즘: 독일 경험으로 부터의 교훈』(책으로만나는세상, 1995/2003), 15~68쪽.

2 알도 레오폴드(Aldo Leopold), 윤여창·이상원 옮김, 『모래땅의 사계: 어느 자연주의자가 들려주는 자연과 인간의 경이로운 대화』(푸른숲, 1949/1999), 245~247쪽.

3 홍성태, 「개발주의와 생태주의」, 『내일을여는역사』, 58권(2015년 3월), 111~113쪽.

4 이상헌, 『생태주의』(책세상, 2011), 31~33쪽.

5 레이철 카슨(Rachel Carson), 이태희 옮김, 『침묵의 봄』(참나무, 1962/1991), 94쪽.

6 패트리샤 넬슨 리메릭(Patricia Nelson Limerick), 김봉중 옮김, 『정복의 유산: 서부개척으로 본 미국의 역사』(전남대학교출판부, 1988/1998), 174~175쪽.

7 안 내스(Arne Naess), 「외피론자 대 근본론자: 장기적 관점의 생태 운동」, 문순홍 편저, 『생태학의 담론: 담론의 생태학』(솔 1999), 66~76쪽; 은석, 「생태주의와 복지국가는 결합할 수 있는가?: 자본 포섭형 복지국가에서 성찰적 공동체형 복지국가로의 전환을 위하여」, 『비판사회정책』, 53권(2016년 11월), 222쪽; 김학택, 「P. Singer의 환경 윤리」, 『범한철학』, 52권(2009년 3월), 193~194쪽; 「Arne Naess」, 『Wikipedia』.

8 캐럴린 머천트(Carolyn Merchant), 허남혁 옮김, 『래디컬 에콜로지: 잿빛 지구에 푸른 빛을 찾아주는 방법』(이후, 1992/2001), 125쪽.

9 박준건, 「생태 사회의 사회철학」, 한국철학사상연구회, 『문화와철학』(동녘, 1999), 265~267쪽.

10 한면희, 「현실 녹색 정책의 이념과 생태주의 사상」, 『동서사상』, 8권(2010년 2월), 161~184쪽.

11 문순홍, 「해제/북친의 삶과 사회 생태론」, 머리 북친(Murray Bookchin), 문순홍 옮김, 『사회 생태론의 철학』(솔, 1995/1997), 251쪽.

12 서영표, 「참여와 자치 위에 세워진 녹색 공동체들의 연방: 머리 북친, 『사회적 생태론과 코뮌주의』, 메이데이, 2012」, 『진보평론』, 54권(2012년 12월), 302쪽.

13 머리 북친(Murray Bookchin), 서유석 옮김, 『사회적 생태론과 코뮌주의』(메이데이, 2007/2012), 102쪽.

14 머리 북친(Murray Bookchin), 구승회 옮김, 『휴머니즘의 옹호: 반인간주의, 신비주의, 원시주의를 넘어서』(민음사, 1995/2002), 147쪽.

15 머리 북친(Murray Bookchin), 구승회 옮김, 『휴머니즘의 옹호: 반인간주의, 신비주의, 원시주의를 넘어서』(민음사, 1995/2002), 15~16쪽.

16 로널드 베일리(Ronald Bailey), 이상돈 옮김, 『에코스캠: 환경 종말론자들의 빗나간 예언』(이진출판사, 1993/1999), 27쪽.

17 한면희, 「현실 녹색 정책의 이념과 생태주의 사상」, 『동서사상』, 8권(2010년 2월), 171쪽.

18 레스터 브라운(Lester Brown), 한국생태경제연구회 옮김, 『에코 이코노미: 지구를 살리는 새로운 경제학』(도요새, 2001/2003), 23쪽.

19 에른스트 페터 피셔(Ernst Peter Fischer), 박규호 옮김, 『슈뢰딩거의 고양이: 과학의 아포리즘이 세계를 바꾸다』(들녘, 2006/2009), 349~350쪽.

20 한스 요나스(Hans Jonas), 이진우 옮김, 『책임의 원칙: 기술 시대의 생태학적 윤리』(서광사, 1979/1994), 5쪽.

21 한스 요나스(Hans Jonas), 이진우 옮김, 『책임의 원칙: 기술 시대의 생태학적 윤리』(서광사, 1979/1994), 29∼34쪽; 양해림, 『한스 요나스의 생태학적 사유 읽기: 『책임의 원칙』 독해』(충남대학교출판문화원, 2013), 84쪽.

22 한스 요나스(Hans Jonas), 이진우 옮김, 『책임의 원칙: 기술 시대의 생태학적 윤리』(서광사, 1979/1994), 5쪽; 한스 요나스(Hans Jonas), 이유택 옮김, 『기술 의학 윤리: 책임 원칙의 실천』(솔, 1987/2005), 260쪽; 김문정, 「핵에너지의 윤리적 검토: 한스 요나스의 책임 윤리를 중심으로」, 『철학논총』, 75권(2014년 1월), 53∼73쪽.

23 양해림, 「생태계의 위기와 책임 윤리의 도전: 한스 요나스의 책임 개념을 중심으로」, 『철학』, 65권(2000년 11월), 241∼267쪽.

24 한스 요나스(Hans Jonas), 이유택 옮김, 『기술 의학 윤리: 책임 원칙의 실천』(솔, 1987/2005), 63∼69쪽; 김문정, 「H. 요나스의 생명철학과 '생명에의 윤리'」, 『생명윤리』, 15권 1호(2014년 6월), 57∼71쪽.

25 한스 요나스(Hans Jonas), 이진우 옮김, 『책임의 원칙: 기술 시대의 생태학적 윤리』(서광사, 1979/1994), 245∼247쪽; 김일방, 「한스 요나스의 맑스주의 비판에 관한 일고찰」, 『철학논총』, 74권(2013년 10월), 131∼132쪽.

26 한스 요나스(Hans Jonas), 이진우 옮김, 『책임의 원칙: 기술 시대의 생태학적 윤리』(서광사, 1979/1994), 58쪽; 소병철, 「한스 요나스의 『책임의 원칙』에 나타난 생태 정치의 정당성 문제」, 『서강인문논총』, 36권(2013년 4월), 11∼12쪽.

27 한스 요나스(Hans Jonas), 이진우 옮김, 『책임의 원칙: 기술 시대의 생태학적 윤리』(서광사, 1979/1994), 248∼255쪽; 소병철, 「한스 요나스의 『책임의 원칙』에 나타난 생태 정치의 정당성 문제」, 『서강인문논총』, 36권(2013년 4월), 12∼16쪽.

28 소병철, 「한스 요나스의 『책임의 원칙』에 나타난 생태 정치의 정당성 문제」, 『서강인문논총』, 36권(2013년 4월), 16∼22쪽.

29 Edward Hallett Carr, 『What Is History?』(New York: Vintage Books, 1961), p.67.

30 양해림, 『한스 요나스의 생태학적 사유 읽기: 『책임의 원칙』 독해』(충남대학교출판문화원, 2013), 26∼27, 77∼85쪽.

31 「체르노빌 원전 사고(Chernobyl nuclear accident)」, 『과학백과사전』(네이버 지식백과).

32 울리히 벡(Ulrich Beck), 홍성태 옮김, 『위험사회: 새로운 근대(성)를 향하여』(새물결, 1986/1997), 77∼78쪽.

33 송재룡, 「울리히 벡의 코스모폴리탄 비전과 그 한계: 공동체주의 입장에서」, 『현상과인식』, 34권 4호(2010년 12월), 96, 107쪽.

34 김영욱, 「위험사회와 위험 커뮤니케이션: 위험에 대한 성찰과 커뮤니케이션의 필요성」, 『커뮤니케이션 이론』, 2권 2호(2006년 12월), 207쪽.

35 울리히 벡(Ulrich Beck), 문순홍 옮김, 『정치의 재발견: 위험사회 그 이후−재귀적 근대사회』(거름, 1993/1998), 81쪽.

36 울리히 벡(Ulrich Beck), 문순홍 옮김, 『정치의 재발견: 위험사회 그 이후−재귀적 근대사회』(거름, 1993/1998), 31쪽.

37 김영욱, 「위험사회와 위험 커뮤니케이션: 위험에 대한 성찰과 커뮤니케이션의 필요성」, 『커뮤니케이션 이론』, 2권 2호(2006년 12월), 214∼215쪽.

38 울리히 벡(Ulrich Beck), 홍찬숙 옮김, 『세계화 시대의 권력과 대항권력: 새로운 세계 정치경제』(길, 2002/2011), 94∼95, 387∼388쪽.

39   울리히 벡(Ulrich Beck), 박미애 · 이진우 옮김, 『글로벌 위험사회』(길, 2007/2010), 46쪽.

40   울리히 벡(Ulrich Beck), 박미애 · 이진우 옮김, 『글로벌 위험사회』(길, 2007/2010), 395~396쪽.

41   오애리, 「백악관 "파리기후협약 탈퇴 입장 번복 없다"」, 『뉴시스』, 2017년 9월 17일.

42   차재권, 「지속가능 발전에서 녹색 성장으로: 환경 담론의 한국적 진화 혹은 퇴보?」, 『동북아문화연구』, 39권(2014년 6월), 577~604쪽.

43   김호기, 「"위험이 현대사회 중심 현상"…과학기술에 대한 성찰적 반성 촉구」, 『경향신문』, 2016년 9월 7일.

44   울리히 벡(Ulrich Beck), 홍윤기 옮김, 『아름답고 새로운 노동세계』(생각의나무, 1999/1999), 209쪽.

45   제러미 리프킨(Jeremy Rifkin), 이원기 옮김, 『유러피언 드림: 아메리칸 드림의 몰락과 세계의 미래』(민음사, 2004/2005), 419~421쪽.

46   세계환경발전위원회, 조형준 · 조성태 옮김, 『우리 공동의 미래: 지구의 지속가능한 발전을 위하여』(새물결, 1987/2005), 460쪽.

47   세계환경발전위원회, 조형준 · 조성태 옮김, 『우리 공동의 미래: 지구의 지속가능한 발전을 위하여』(새물결, 1987/2005), 87, 117~118쪽.

48   폴 스트레턴(Paul Strathern), 김낙년 · 천병윤 옮김, 『세계를 움직인 경제학자들의 삶과 사상』(몸과마음, 2001/2002), 153~164쪽; 존 케네스 갤브레이스(John Kenneth Galbraith), 지길홍 옮김, 『불확실성의 시대』(홍신문화사, 1977/1995), 33~34쪽.

49   앤서니 기든스(Anthony Giddens) · 필립 서튼(Philip W. Sutton), 김봉석 옮김, 『사회학의 핵심 개념들』(동녘, 2014/2015), 137~138쪽; 이호균, 「지속가능한 발전 개념에 대한 비판: 열린 체계와 닫힌 체계」, 『한국사회학』, 34권(2000년 12월), 809쪽.

50   세계환경발전위원회, 조형준 · 조성태 옮김, 『우리 공동의 미래: 지구의 지속가능한 발전을 위하여』(새물결, 1987/2005), 391쪽.

51   임효진 · 이두곤, 「교육의 내재적 가치 관점에서 지속가능 발전교육의 교육적 고찰과 발전 방향 연구」, 『환경교육』, 29권 4호(2016년 12월), 388~390쪽.

52   세르주 라투슈(Serge Latouche), 정기헌 옮김, 『낭비사회를 넘어서: 계획적 진부화라는 광기에 관한 보고서』(민음사, 2012/2014), 131~132쪽.

53   앤서니 기든스(Anthony Giddens) · 필립 서튼(Philip W. Sutton), 김봉석 옮김, 『사회학의 핵심 개념들』(동녘, 2014/2015), 140~141쪽.

54   조이슬 · 김희강, 「발전 규범으로서 유엔의 지속가능 발전목표: Martha Nussbaum의 가능성 이론을 중심으로」, 『한국행정학보』, 50권 3호(2016년 9월), 36~37쪽; 샌드라 프레드먼(Sandra Fredman), 조효제 옮김, 『인권의 대전환: 인권 공화국을 위한 법과 국가의 역할』(교양인, 2008/2009), 82~83쪽.

55   남경희, 「합리적 의사 결정의 가치 기준으로서 지속가능성」, 『사회과교육』, 50권 1호(2011년 3월), 1~12쪽.

56   홍성욱, 「왜 과학에 윤리를 묻지 않는가」, 김동춘 외, 『불안의 시대 고통의 한복판에서: 당대비평 2005 신년특별호』(생각의나무, 2005), 147~155쪽; 로랑 베그(Laurent Bègue), 이세진 옮김, 『도덕적 인간은 왜 나쁜 사회를 만드는가』(부키, 2011/2013), 79~80쪽.

57   피터 싱어(Peter Singer), 김성한 옮김, 『동물해방(개정판)』(연암서가, 2009/2012), 14, 35쪽; Simon Mort, ed., 『Longman Guardian New Words』(Harlow, England: Longman, 1986), p.182; 「Speciesism」, 『Wikipedia』; 「Peter Singer」, 『Wikipedia』.

58   홍지유, 「반려동물 '바캉스 철 비극'…월 9,000마리 버려진다」, 『중앙일보』, 2017년 8월 19일.

59   배국원, 「피터 싱어: 새 시대의 생명윤리를 향하여」, 강봉균 외, 『월경(越境)하는 지식의 모험자

들: 혁명적 발상으로 세상을 바꾸는 프런티어들』(한길사, 2003), 252~261쪽.

60 피터 싱어(Peter Singer), 김성한 옮김, 『동물해방(개정판)』(연암서가, 2009/2012), 151~157쪽; 추정완, 「싱어(Peter Singer)의 종차별주의(speciesism) 비판」, 『생명윤리』, 6권 2호(2005년 12월), 54~55쪽.

61 제러미 벤담(Jeremy Bentham), 고정석 옮김, 『도덕과 입법의 원리 서설』(나남, 1789/2011), 443~444쪽; 피터 싱어(Peter Singer), 김성한 옮김, 『동물해방(개정판)』(연암서가, 2009/2012), 36~37쪽.

62 피터 싱어(Peter Singer), 황경식 · 김성동 옮김, 『실천윤리학(제3판)』(연암서가, 2011/2013), 53~54쪽; 문성학, 「동물해방과 인간에 대한 존중(Ⅰ): 피터 싱어의 이익평등고려 원칙 비판」, 『철학논총』, 84권(2016년 4월), 133쪽.

63 피터 싱어(Peter Singer), 황경식 · 김성동 옮김, 『실천윤리학(제3판)』(연암서가, 2011/2013), 119쪽; 김학택, 「P. Singer의 환경 윤리」, 『범한철학』, 52권(2009년 3월), 184쪽.

64 유선봉, 「동물권(動物權) 논쟁(論爭): 철학적(哲學的), 법학적(法學的) 논의(論議)를 중심(中心)으로」, 『중앙법학』, 10권 2호(2008년 8월), 435~468쪽; 맹주만, 「톰 레간과 윤리적 채식주의」, 『근대철학』, 4권 1호(2009년 6월), 43~65쪽.

65 피터 싱어(Peter Singer), 황경식 · 김성동 옮김, 『실천윤리학(제3판)』(연암서가, 2011/2013), 434~436쪽; 김학택, 「P. Singer의 환경 윤리」, 『범한철학』, 52권(2009년 3월), 193쪽.

66 오쓰루 다다시, 「장애와 건강: 장애아와 건강한 관계는 어떻게 가능한가」, 김창엽 외, 『나는 '나쁜' 장애인이고 싶다: 다양한 몸의 평등한 삶을 꿈꾸며』(삼인, 2002), 73~76쪽.

67 피터 싱어(Peter Singer), 김성한 옮김, 『동물해방(개정판)』(연암서가, 2009/2012), 470쪽; 배국원, 「피터 싱어: 새 시대의 생명 윤리를 향하여」, 강봉균 외, 『월경(越境)하는 지식의 모험자들: 혁명적 발상으로 세상을 바꾸는 프런티어들』(한길사, 2003), 252~261쪽.

68 추정완, 「싱어(Peter Singer)의 종차별주의(speciesism) 비판」, 『생명윤리』, 6권 2호(2005년 12월), 49~63쪽.

제8장 시장

1 제러미 리프킨(Jeremy Rifkin), 이원기 옮김, 『유러피언 드림: 아메리칸 드림의 몰락과 세계의 미래』(민음사, 2004/2005), 136쪽.

2 장하준, 김희정 · 안세민 옮김, 『그들이 말하지 않는 23가지: 장하준, 더 나은 자본주의를 말하다』(부키, 2010), 244~258쪽.

3 지광석 · 김태윤, 「규제의 정당성에 대한 모색: 시장 실패의 치유 vs. 거래 비용의 최소화 · 경감」, 『한국행정학보』, 44권 2호(2010년 6월), 263쪽.

4 김철환, 「시장 실패: 시장은 왜 실패할까?」, 『네이버 지식백과』; 장하준, 김희정 · 안세민 옮김, 『그들이 말하지 않는 23가지: 장하준, 더 나은 자본주의를 말하다』(부키, 2010), 253~254쪽; 지광석 · 김태윤, 「규제의 정당성에 대한 모색: 시장 실패의 치유 vs. 거래 비용의 최소화 · 경감」, 『한국행정학보』, 44권 2호(2010년 6월), 267쪽; 장하준, 김희정 옮김, 『장하준의 경제학 강의: 지금 우리를 위한 새로운 경제학 교과서』(부키, 2014), 44쪽.

5 칼 폴라니(Karl Polanyi), 홍기빈 옮김, 『거대한 전환: 우리 시대의 정치 · 경제적 기원』(길, 1944/2009), 94, 600~604쪽.

6 나종석, 「신자유주의적 시장 유토피아에 대한 비판: 시장주의를 넘어 민주적 공공성의 재구축에로」, 『사회와철학』, 18호(2009년 10월), 207쪽.

7 이병천, 「시장경제학의 대실패, 고전의 숲에서 새 길 찾는 법」, 『시민과세계』, 19호(2011년 7월),

290쪽.

8   황수연, 「시장 실패의 이론과 시장의 재발견」, 『사회과학연구』, 22권 2호(2006년 10월), 186쪽.

9   아마티아 센(Amartya Sen), 박우희 옮김, 『자유로서의 발전』(세종연구원, 1999/2001), 327~328쪽.

10 김용관, 『탐욕의 자본주의: 투기와 약탈이 낳은 괴물의 역사』(인물과사상사, 2009), 46쪽.

11 남경태, 『트라이앵글 세계사』(푸른숲, 2001); 이정전, 『경제학을 리콜하라: 왜 경제학자는 위기를 예측하지 못하는가』(김영사, 2011), 78~83쪽.

12 아마티아 센(Amartya Sen), 박우희 옮김, 『자유로서의 발전』(세종연구원, 1999/2001), 328쪽.

13 이정전, 『경제학을 리콜하라: 왜 경제학자는 위기를 예측하지 못하는가』(김영사, 2011), 87, 99쪽.

14 놈 촘스키(Noam Chomsky), 강주헌 옮김, 『그들에게 국민은 없다: 촘스키의 신자유주의 비판』(모색, 1999/1999), 61쪽; 제러미 폭스(Jeremy Fox), 이도형 옮김, 『촘스키와 세계화』(이제이북스, 2000/2002), 46쪽.

15 폴 스트레턴(Paul Strathern), 김낙년·전병윤 옮김, 『세계를 움직인 경제학자들의 삶과 사상』(몸과마음, 2001/2002), 298~306쪽.

16 이정전, 『경제학을 리콜하라: 왜 경제학자는 위기를 예측하지 못하는가』(김영사, 2011), 141쪽.

17 「한정적 합리성」, 『네이버 지식백과』; 「Bounded rationality」, 『Wikipedia』; 「Herbert A. Simon」, 『Wikipedia』; 「Carnegie School」, 『Wikipedia』; 이정전, 『경제학을 리콜하라: 왜 경제학자는 위기를 예측하지 못하는가』(김영사, 2011), 147쪽.

18 하정민, 「주류 경제학 '구멍' 파고든 '행동경제학' 창시자」, 『신동아(인터넷)』, 2013년 5월 24일; 「Heuristic」, 『Wikipedia』; 강준만, 「왜 우리는 감정으로 의견을 결정하는가?: 감정 휴리스틱」, 『감정 독재: 세상을 꿰뚫는 50가지 이론 1』(인물과사상사, 2013), 107~111쪽 참고.

19 댄 애리얼리(Dan Ariely), 이경식 옮김, 『거짓말하는 착한 사람들: 우리는 왜 부정행위에 끌리는가』(청림출판, 2012), 321쪽.

20 박기찬·이윤철·이동현, 『경영의 교양을 읽는다』(더난출판, 2005), 292~295쪽.

21 장하준, 김희정 옮김, 『장하준의 경제학 강의: 지금 우리를 위한 새로운 경제학 교과서』(부키, 2014), 161쪽.

22 이남석, 『무삭제 심리학』(예담, 2008), 146~147쪽; 김경일, 「창의성이란 무엇인가?」, 『네이버캐스트』, 2012년 6월 25일; 「Cognitive miser」, 『Wikipedia』; 강준만, 「왜 고정관념에 세금을 물려야 하는가?: 고정관념」, 『독선 사회: 세상을 꿰뚫는 50가지 이론 3』(인물과사상사, 2013) 참고.

23 장하준, 김희정·안세민 옮김, 『그들이 말하지 않는 23가지: 장하준, 더 나은 자본주의를 말하다』(부키, 2010), 257~258쪽.

24 강준만, 「'넛지 커뮤니케이션'의 방법론적 유형 분류: 공익적 설득을 위한 넛지의 활용 방안」, 『한국언론학보』, 제60권 6호(2016년 12월), 7~35쪽; 강준만, 「'취향 공동체'가 정책의 대상이 되면 안 되는가?: 팬덤의 '사회자본' 형성을 위한 넛지」, 『사회과학연구』, 30권 1호(2017년 8월), 19~49쪽; 강준만, 「왜 '넛지' 논쟁이 뜨거운가?: 설득 커뮤니케이션의 윤리에 관한 고찰」, 『사회과학연구』, 56권 2호(2017년 12월), 349~388쪽; 강준만 외, 『넛지 사용법: 소리없이 세상을 바꾸는 법』(인물과사상사, 2017) 참고.

25 오영세, 「인천 중고차 매매 사이트 '중고차싸이카', 허위·미끼 매물 없어」, 『KNS뉴스통신』, 2017년 8월 19일.

26 최병서, 『애커로프가 들려주는 레몬시장 이야기』(자음과모음, 2011), 13쪽.

27 대니얼 핑크(Daniel H. Pink), 김명철 옮김, 『파는 것이 인간이다』(청림출판, 2012/2013), 75~76쪽; 존 캐서디(John Cassidy), 이경남 옮김, 『시장의 배반』(민음사, 2009/2011), 195~198쪽.

28 박구재, 「[여적] 레몬법」, 『경향신문』, 2017년 9월 30일; 「The Market for Lemons」,

『Wikipedia』.

29 토머스 셸링(Thomas C. Schelling), 이한중 옮김, 『미시동기와 거시행동: 작은 동기와 선택은
    어떻게 커다란 현상이 될까』(21세기북스, 2006/2009), 120~121쪽.

30 존 캐서디(John Cassidy), 이경남 옮김, 『시장의 배반』(민음사, 2009/2011), 213~222쪽.

31 팀 하퍼드(Tim Harford), 김명철 옮김, 『경제학 콘서트』(웅진지식하우스, 2005/2006), 167~168쪽.

32 토머스 셸링(Thomas C. Schelling), 이한중 옮김, 『미시동기와 거시행동: 작은 동기와 선택은
    어떻게 커다란 현상이 될까』(21세기북스, 2006/2009), 121쪽.

33 박찬희 · 한순구, 『인생을 바꾸는 게임의 법칙』(경문사, 2005), 228쪽; 「역선택[逆選擇, adverse
    selection]」, 『네이버 지식백과』.

34 오윤희, 「의사는 처방을 팔고 교사는 지식을 팔아…우린 모두 세일즈맨」, 『조선일보』, 2013년
    10월 12일.

35 김영훈, 「가락시장처럼 경매에 부치니…일본선 '중고차 조작' 없다」, 『중앙일보』, 2013년 7월 2일.

36 박구재, 「[여적] 레몬법」, 『경향신문』, 2017년 9월 30일.

37 안희경, 「[신년 기획] 문명, 그 길을 묻다—세계 지성과의 대화 (1) '총균쇠' 저자 재러드 다이아
    몬드」, 『경향신문』, 2014년 1월 1일.

38 조홍섭, 「'공유지의 비극' 막으려면」, 『한겨레』, 2005년 4월 4일, 18면; N. Gregory Mankiw, 김
    경환 · 김종석 옮김, 『맨큐의 경제학(제6판)』(센게이지러닝코리아, 2012/2013), 263쪽.

39 유상철, 「공유지의 비극」, 『중앙일보』, 2005년 8월 19일, 31면; 어수봉, 「'공유의 비극'과 비정규
    직 입법」, 『매일경제』, 2006년 3월 7일, A6면.

40 피터 콜록(Peter Kollock), 「온라인 협동의 경제: 사이버공간에서의 선물과 공공재」, 마크 스
    미스(Marc Smith) · 피터 콜록(Peter Kollock) 편, 조동기 옮김, 『사이버공간과 공동체』(나남,
    1999/2001), 411~443쪽.

41 샬럿 헤스(Charlotte Hess) · 엘리너 오스트롬(Elinor Ostrom), 「공유 자원으로서의 지식」, 엘리
    너 오스트롬(Elinor Ostrom) · 샬럿 헤스(Charlotte Hess) 편저, 김민주 · 송희령 옮김, 『지식의
    공유: 폐쇄성을 넘어 '자원으로서의 지식'을 나누다』(타임북스, 2007/2010), 38쪽.

42 라즈 파텔(Raj Patel), 제현주 옮김, 『경제학의 배신: 시장은 아무것도 주지 않는다』(북돋
    움, 2009/2011), 161~163쪽; 「Tragedy of the Commons」, 『Wikipedia』; 「Overexploitation」,
    『Wikipedia』; 정태인, 『착한 것이 살아남는 경제의 숨겨진 법칙』(상상너머, 2011), 61쪽.

43 정광모, 『또 파? 눈먼 돈, 대한민국 예산: 256조 예산을 읽는 14가지 코드』(시대의창, 2008).

44 김대기, 『덫에 걸린 한국 경제』(김영사, 2013), 34쪽; 고정애, 「전직 관료의 쓴소리 "제일 떼먹기
    좋은 게 나라 돈"」, 『중앙일보』, 2013년 12월 21일.

45 「특별 교부금, 공무원 돈 아니라 국민 돈이다(사설)」, 『조선일보』, 2008년 5월 29일.

46 「연말에 예산 펑펑 쓰는 '12월의 熱病' 근절해야(사설)」, 『동아일보』, 2008년 11월 5일.

47 김동섭, 「예산 감시, 국민이 두 눈 부릅떠야」, 『조선일보』, 2008년 11월 5일.

48 「보도블록 다 바꾸고 나니 "감사 시~작"(사설)」, 『한국일보』, 2008년 12월 3일.

49 엘리너 오스트롬(Elinor Ostrom), 윤홍근 · 안도경 옮김, 『공유의 비극을 넘어: 공유 자원 관리
    를 위한 제도의 진화』(알에이치코리아, 1990/2010), 41~64쪽; 요차이 벤클러(Yochai Benkler),
    이현주 옮김, 『펭귄과 리바이어던: 협력은 어떻게 이기심을 이기는가』(반비, 2011/2013),
    144~148쪽; 「엘리너 오스트롬[Elinor Ostrom]」, 『네이버 지식백과』.

50 롤프 도벨리(Rolf Dobelli), 두행숙 옮김, 『스마트한 생각들: 사람의 마음을 움직이는 52가지 심
    리 법칙』(걷는나무, 2011/2012), 194쪽.

51 조지프 스티글리츠(Joseph E. Stiglitz), 이순희 옮김, 『불평등의 대가: 분열된 사회는 왜 위험한
    가』(열린책들, 2012/2013), 326쪽.

52 「외부 효과[external effect]」,『네이버 지식백과』; 팀 하퍼드(Tim Harford), 이진원 옮김,『경제학 콘서트 2』(웅진지식하우스, 2008), 153~154, 246~247쪽; 서정환,「외부 효과로 인한 비효율성, 직접 해결하는 방법은?」,『한국경제』, 2013년 8월 17일; 베르나르 마리스(Bernard Maris), 조홍식 옮김,『무용지물 경제학』(창비, 2003/2008), 327~328쪽; 스티븐 레빗(Steven D. Levitt) · 스티븐 더브너(Stephen J. Dubner), 안진환 옮김,『슈퍼 괴짜경제학』(웅진지식하우스, 2009), 243~247쪽; 라즈 파텔(Raj Patel), 제현주 옮김,『경제학의 배신: 시장은 아무것도 주지 않는다』(북돋움, 2009/2011), 239~240쪽; 에릭 브린욜프슨(Erik Brynjolfsson) · 앤드루 맥아피(Andrew McAfee), 이한음 옮김,『제2의 기계시대: 인간과 기계의 공생이 시작된다』(청림출판, 2014), 284쪽.

53 존 케이(John Kay),『세상을 비추는 경제학』(베리타스북스, 2004/2007), 17~20쪽;「network effect」,『Wikipedia』.

54 리처드 플로리다(Richard Florida), 김민주 · 송희령 옮김,『제3차 세계 리셋』(비즈니스맵, 2010/2011), 262쪽; 에드워드 글레이저(Edward Glaeser), 이진원 옮김,『도시의 승리』(해냄, 2011), 64~65쪽.

55 홍종호,「부정적 외부효과 과잉사회」,『경향신문』, 2018년 1월 4일.

제9장 세계화

1 에릭 바인하커(Eric D. Beinhocker), 안현실 · 정성철 옮김,『부는 어디에서 오는가: 진화하는 경제 생태계에서 찾은 '진짜' 부의 기원』(알에이치코리아, 2006/2015), 707쪽.

2 존 베일리스(John Baylis) · 스티브 스미스(Steve Smith) 편저, 하영선 외 옮김,『세계정치론』(을유문화사, 2001/2003), 17쪽.

3 홍찬숙,「세계사회, 지구화, 세계시민주의 사회학: 루만, 기든스, 벡의 세계화 관련 논의 비교」,『한국사회학』, 50권 4호(2016년 8월), 136쪽; 신기섭,「"절반의 성공뿐인 전략": '세계화' 마케팅 용어 등장 20년」,『한겨레』, 2003년 5월 7일, 7면.

4 임혁백,「세계화와 민주화: 타고난 동반자인가, 사귀기 힘든 친구인가?」, 김경원 · 임현진 공편,『세계화의 도전과 한국의 대응』(나남, 1995), 120쪽.

5 지그문트 바우만(Zygmunt Bauman), 홍지수 옮김,『방황하는 개인들의 사회』(봄아필, 2001/2013), 312~313쪽.

6 한스 페터 마르틴(Hans-Peter Martin) · 하랄트 슈만(Harald Schumann), 강수돌 옮김,『세계화의 덫: 민주주의와 삶의 질에 대한 공격』(영림카디널, 1996/1997), 35, 316~317쪽.

7 한스 페터 마르틴(Hans-Peter Martin) · 하랄트 슈만(Harald Schumann), 강수돌 옮김,『세계화의 덫: 민주주의와 삶의 질에 대한 공격』(영림카디널, 1996/1997), 318쪽.

8 한스 페터 마르틴(Hans-Peter Martin) · 하랄트 슈만(Harald Schumann), 강수돌 옮김,『세계화의 덫: 민주주의와 삶의 질에 대한 공격』(영림카디널, 1996/1997), 26쪽.

9 안병영,「세계화와 신자유주의: 충격과 대응」, 안병영 · 임혁백 편,『세계화와 신자유주의: 이념 · 현실 · 대응』(나남, 2000), 34쪽.

10 안병억,「브렉시트, 세계화의 종말인가?」,『황해문화』, 93호(2016년 12월), 273쪽.

11 안병영,「세계화와 신자유주의: 충격과 대응」, 안병영 · 임혁백 편,『세계화와 신자유주의: 이념 · 현실 · 대응』(나남, 2000), 31~32쪽.

12 안병억,「브렉시트, 세계화의 종말인가?」,『황해문화』, 93호(2016년 12월), 276쪽.

13 박태견,『문화일보』, 1995년 1월 13일.

14 존 톰린슨(John Tomlinson),『세계화와 문화』(나남, 1999/2004), 279쪽;「Glocalization」,

『Wikipedia』; 모리타 아키오, 「신자유경제를 위한 제언 1·2·3」, 박태견 편저, 『초국가시대로의 초대: 미·일 두뇌집단이 제시하는 21세기 개혁 프로그램』(풀빛, 1993), 236쪽.

15 존 톰린슨(John Tomlinson), 『세계화와 문화』(나남, 1999/2004), 279쪽.

16 강효정, 「코카콜라의 글로컬라이제이션 전략: 로컬 시장을 배려한 것인가?」, 『글로컬 창의 문화연구』, 4권 2호(2015년 12월), 73~89쪽; 김수자·송태현, 「맥도날드화를 통해 본 세계화와 지구지역화」, 『Trans-Humanities』, 3권 3호(2010년 10월), 63~84쪽.

17 에드워드 허먼(Edward Herman)·로버트 맥체스니(Robert McChesney), 강대인·전규찬 옮김, 『글로벌 미디어와 자본주의』(나남출판, 1999), 84~85쪽.

18 홍성욱, 『네트워크 혁명, 그 열림과 닫힘: 지식기반사회의 비판과 대안』(들녘, 2002), 134쪽.

19 한스 페터 마르틴(Hans-Peter Martin)·하랄트 슈만(Harald Schumann), 강수돌 옮김, 『세계화의 덫: 민주주의와 삶의 질에 대한 공격』(영림카디널, 1996/1997), 51쪽.

20 류웅재, 「한류에 대한 오해」, 『경향신문』, 2007년 7월 6일; 류웅재, 「한국 문화연구의 정치경제학적 패러다임에 대한 모색: 한류의 혼종성 논의를 중심으로」, 『언론과사회』, 제16권 4호(2008년 겨울), 2~27쪽.

21 김성현, 「'J팝'과 맞서 경쟁력 쌓은 아이돌…세계무대 흔든다」, 『조선일보』, 2016년 9월 26일.

22 김진영, 「자유주의 정치경제학의 과제: 신자유주의의 퇴진과 그 이후」, 『국제정치연구』, 19권 2호(2016년 12월), 222쪽.

23 황경식, 「신자유주의 이후의 자유 담론」, 『철학연구회 학술발표논문집』, 2016년 12월, 5쪽.

24 안병영·임혁백, 「머리말」, 안병영·임혁백 편, 『세계화와 신자유주의: 이념·현실·대응』(나남, 2000), 7쪽.

25 고세훈, 「영국 보수당 보수주의와 대처리즘의 일탈」, 안병영·임혁백 편, 『세계화와 신자유주의: 이념·현실·대응』(나남, 2000), 169~231쪽.

26 에드워드 챈슬러(Edaward Chancellor), 강남규 옮김, 『금융투기의 역사: 튤립 투기에서 인터넷 버블까지』(국일증권경제연구소, 1999/2001), 367~368쪽.

27 정진영, 「라틴아메리카와 신자유주의: 희망인가 또 다른 좌절인가」, 안병영·임혁백 편, 『세계화와 신자유주의: 이념·현실·대응』(나남, 2000), 266쪽.

28 임혁백, 「세계화와 민주화: 타고난 동반자인가, 사귀기 힘든 친구인가?」, 김경원·임현진 공편, 『세계화의 도전과 한국의 대응』(나남, 1995), 105~141쪽.

29 놈 촘스키(Noam Chomsky), 강주헌 옮김, 『그들에게 국민은 없다: 촘스키의 신자유주의 비판』(모색, 1999/1999), 258~259쪽.

30 홍기빈, 「한국에서의 신자유주의 20년」, 『경향신문』, 2015년 1월 1일.

31 홍기빈, 「한국에서의 신자유주의 20년」, 『경향신문』, 2015년 1월 1일.

32 조효제, 「[조효제의 인권 오디세이] 신자유주의가 인권에 남긴 교훈」, 『한겨레』, 2017년 9월 20일.

33 리처드 세넷(Richard Sennett), 조용 옮김, 『신자유주의와 인간성의 파괴』(문예출판사, 1998/2001), 33쪽.

34 조효제, 「[조효제의 인권 오디세이] 신자유주의가 인권에 남긴 교훈」, 『한겨레』, 2017년 9월 20일.

35 박미선, 「로렌 벌랜트: "잔인한 낙관주의"와 신자유주의 시대의 감정」, 『여/성이론』, 33권(2015년 12월), 99~125쪽.

36 김기원, 『한국의 진보를 비판한다: 노무현 정권과 개혁 진보 진영에 대한 성찰』(창비, 2012), 185쪽.

37 리처드 세넷(Richard Sennett), 조용 옮김, 『신자유주의와 인간성의 파괴』(문예출판사, 1998/2001), 198~202쪽.

38 김명섭, 「탈냉전기 국제정치학의 문명 패러다임」, 『한국정치학회보』, 37권 3호(2003년 9월),

445쪽.

39 서동찬, 「현대의 폭력적 사태와 관련하여 문명 충돌론에 대한 제고」, 『Muslim-Christian Encounter』, 8권 1호(2015년 7월), 50쪽; Samuel P. Huntington, 『The Clash of Civilizations and the Remaking of World Order』(New York: Simin · Schuster, 1996); 새뮤얼 헌팅턴 (Samuel P. Huntington), 이희재 옮김, 『문명의 충돌』(김영사, 1996/1997).

40 Samuel P. Huntington, 『The Clash of Civilizations and the Remaking of World Order』(New York: Simon · Schuster, 1996), p.97.

41 정의길, 「중국이 포위됐다, 한국은 안전한가」, 『한겨레』, 2012년 7월 14일.

42 서동찬, 「현대의 폭력적 사태와 관련하여 문명 충돌론에 대한 제고」, 『Muslim-Christian Encounter』, 8권 1호(2015년 7월), 46, 70쪽.

43 새뮤얼 헌팅턴(Samuel P. Huntington), 이희재 옮김, 『문명의 충돌』(김영사, 1996/1997), 419~421쪽.

44 새뮤얼 헌팅턴(Samuel P. Huntington), 형선호 옮김, 『새뮤얼 헌팅턴의 미국』(김영사, 2004).

45 안병진, 「배트맨에서 조커의 시대로: 트럼프의 '질서 이탈' 시대에 대한 단상」, 『안과밖』, 42호 (2017년 5월), 147~165쪽.

46 강준만, 「'미디어혁명'이 파괴한 '위선의 제도화': 커뮤니케이션의 관점에서 본 '트럼프 현상'」, 『사회과학 담론과 정책』, 9권 2호(2016년 10월), 85~115쪽; 강준만, 『도널드 트럼프: 정치의 죽음』(인물과사상사, 2016), 363쪽.

47 박장희, 「인터뷰: 美 하버드大 국제전략문제硏 소장 새뮤얼 헌팅턴」, 『중앙일보』, 1995년 6월 3일.

48 에드워드 글레이저(Edward Glaeser), 이진원 옮김, 『도시의 승리』(해냄, 2011), 7쪽.

49 이상훈, 「세계 최고 초고속 인터넷 서비스망 구축」, 『2006년 한국의 실력』(월간조선 2006년 1월호 별책부록), 151쪽.

50 윌리엄 데이비드(William H. Davidow), 김동규 옮김, 『과잉 연결 시대: 일상이 된 인터넷, 그 이면에선 어떤 일이 벌어지는가』(수이북스, 2011/2011), 48쪽.

51 강준만, 『지방 식민지 독립선언: 서울민국 타파가 나라를 살린다』(개마고원, 2015) 참고.

52 윌리엄 데이비드(William H. Davidow), 김동규 옮김, 『과잉 연결 시대: 일상이 된 인터넷, 그 이면에선 어떤 일이 벌어지는가』(수이북스, 2011/2011), 9, 13~14쪽.

53 윌리엄 데이비드(William H. Davidow), 김동규 옮김, 『과잉 연결 시대: 일상이 된 인터넷, 그 이면에선 어떤 일이 벌어지는가』(수이북스, 2011/2011), 29쪽; 강준만, 「왜 한국의 하드웨어는 1류, 소프트웨어는 3류인가?: 문화 지체」, 『우리는 왜 이렇게 사는 걸까?: 세상을 꿰뚫는 50가지 이론 2』(인물과사상사, 2014), 24~33쪽 참고.

54 찰스 페로(Charles Perrow), 김태훈 옮김, 『무엇이 재앙을 만드는가?(개정판)』(알에이치코리아, 1999/2013), 13~14쪽; 강준만, 「왜 사고는 반드시 일어나게 되어 있는가?: 정상 사고」, 『독선사회: 세상을 꿰뚫는 50가지 이론 4』(인물과사상사, 2015), 331~335쪽 참고.

55 이상욱, 「늘 모든 것과 연결되어 있는 삶」, 『경향신문』, 2014년 5월 12일.

56 김재섭, 「왜 호들갑인가요? 뒷감당 어쩌려고」, 『한겨레』, 2014년 5월 8일.

57 임미진 · 김유경 · 김도년, 「랜섬 웨어 280개 변종 등장…두 번째 파도 밀려온다」, 『중앙일보』, 2017년 5월 16일.

58 리처드 왓슨(Richard Watson), 이진원 옮김, 『퓨처 마인드: 디지털 문화와 함께 진화하는 생각의 미래』(청림출판, 2010/2011), 37~43쪽.

59 차두원 · 진영현, 『초연결 시대, 공유 경제와 사물인터넷의 미래』(한스미디어, 2015), 207~211쪽.

찾아보기

사회 지식 프라임

ⓒ 강준만, 2018

초판 1쇄 2018년 3월 15일 펴냄
초판 2쇄 2019년 1월 22일 펴냄

지은이 | 강준만
펴낸이 | 강준우
기획 · 편집 | 박상문, 김소현, 박효주, 김환표
디자인 | 최원영
마케팅 | 이태준
관리 | 최수향
인쇄 · 제본 | 대정인쇄공사

펴낸곳 | 인물과사상사
출판등록 | 제17-204호 1998년 3월 11일

주소 | 04037 서울시 마포구 양화로7길 4(서교동) 2층
전화 | 02-325-6364
팩스 | 02-474-1413

www.inmul.co.kr | insa@inmul.co.kr

ISBN 978-89-5906-493-9 03300

값 16,000원

이 도서의 국립중앙도서관 출판예정도서목록(CIP)은 서지정보유통지원시스템 홈페이지
(http://seoji.nl.go.kr)와 국가자료공동목록시스템(http://www.nl.go.kr/kolisnet)에서
이용하실 수 있습니다. (CIP제어번호: CIP2018007239)